市域轨道交通专业技能培训教材

轨道列车司机

温州市铁路与轨道交通投资集团有限公司运营分公司　编

视频学习

西南交通大学出版社

·成　都·

图书在版编目（CIP）数据

轨道列车司机 / 温州市铁路与轨道交通投资集团有限公司运营分公司编. —成都：西南交通大学出版社，2020.12
市域轨道交通专业技能培训教材
ISBN 978-7-5643-7721-2

Ⅰ. ①轨… Ⅱ. ①温… Ⅲ. ①城市铁路－轨道交通－列车－驾驶员－教材 Ⅳ. ①U239.5

中国版本图书馆 CIP 数据核字（2020）第 195220 号

市域轨道交通专业技能培训教材
Guidao Lieche Siji
轨道列车司机
温州市铁路与轨道交通投资集团有限公司运营分公司　编

责任编辑　唐元宁
封面设计　吴　兵

出版发行　西南交通大学出版社
（四川省成都市金牛区二环路北一段 111 号
西南交通大学创新大厦 21 楼）
邮政编码　610031
发行部电话　028-87600564　028-87600533
网址　http://www.xnjdcbs.com
印刷　四川煤田地质制图印刷厂

成品尺寸　185 mm × 260 mm
印张　14.25
字数　347 千
版次　2020 年 12 月第 1 版
印次　2020 年 12 月第 1 次
定价　88.00 元
书号　ISBN 978-7-5643-7721-2

课件咨询电话：028-81435775
图书如有印装质量问题　本社负责退换

编委会

本书编写人员

主　　编　张冠男

副 主 编　郑乔峰　薛维佳　陈　铎

参编人员　林周瑜　涂诗尧　丁海洋　丁海嘉
　　　　　何林斌　金卫君

主　　审　乐明娇

参　　审　姜天琦

序 言

温州市铁路与轨道交通投资集团有限公司（以下简称“温州铁投集团”）是温州市唯一承担城市轨道交通项目前期规划、工程建设、投融资、运营管理及沿线资源开发等“五位一体”建设的市级国资企业。温州市铁路与轨道交通投资集团有限公司运营分公司（以下简称“运营分公司”）成立于2014年3月21日，为温州铁投集团全资控股子公司，主要承担温州轨道交通的建设、运营、管理等职责。自成立以来，温州铁投集团紧紧围绕市委市政府总体部署，坚持“轨道交通+新型城镇化+智慧化”发展理念，秉承“用心温暖每一程”的服务理念，努力践行“幸福轨道，链接温州新未来”的企业使命，着力把温州轨道交通真正打造成温州的“民生线、幸福线、安全线、风景线、致富线”。

温州地处我国东南沿海，山水分隔、土地稀少、海相冲积，素有“七山二水一分田”之称，加之民营经济发达、人口密集、城镇化程度高，块状经济、城镇组团特征明显。为构建紧凑集约、资源要素配置合理的城市格局，打造温州1小时“交通圈”“经济圈”，温州铁投集团发扬“敢为人先、特别能创业创新”的新时代温州人精神，围绕打造“全国性综合交通枢纽”的目标，结合《温州市城市总体规划（2003—2020年）》，制定了“国家干线铁路+城际铁路+市域铁路S线+城区地铁M线”四层功能互补、融合发展的轨道交通发展体系。

温州轨道交通S1线作为全国首条制式模式创新的轨道交通线路，被国家发改委列为“国家战略新兴产业示范工程”，拥有“市域动车组项目”“点式ATC信号系统”“基于TD-LTE的通信技术”“同相供电系统”四项创新关键技术，并凭借上述技术在轨道交通业内获得了多项科技进步奖项。另外，温州轨道交通 S1 线还被授予“城市轨道交通技术创新推广项目（工程类）”荣誉称号，在全国轨道交通建设中予以推广。该线于 2019 年 9 月 28 日全线开通运营，标志着温州正式迈入城市轨道交通时代。

近年来，随着我国综合实力与科技水平的提升，城市轨道交通建设和运营得到快速发展，但“日益增长的运营专业技术人才需求与现有市场人才供应不足之间的矛盾”已成为轨道交通行业和企业发展的主要矛盾。在这样的大环境下，企业的人才自主孵化和自主培养显得尤为重要，开发贴合温州轨道交通运营人才培养需求的教材迫在眉睫。运营分公司于 2019 年开始着手编写培训教材，结合规章及实际运营的优秀经验，历时一年开发出了一套符合专业技能人才培训的系列教材。本套教材涵盖了客运、乘务、调度和市域铁路机电设备接口调试实践等多个模块内容，可应用于全国市域轨道交通“订单班”“定向班”、员工上岗取证等人才培养项目，希望能对轨道交通行业，尤其是市域线的人才培养有所帮助。

最后祝愿各行业同仁能学有所获、学有所用、学有所长，立足岗位，创出佳绩。

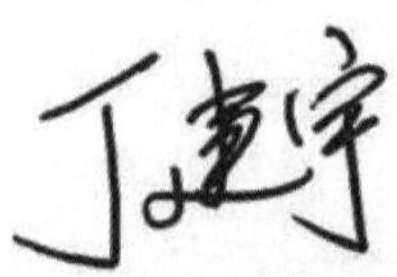

温州市铁路与轨道交通投资集团有限公司 董事长

前 言

轨道列车司机包含电力机车司机、动车组司机、内燃机车司机、城市轨道交通列车司机、厂矿用车机车司机等。本书所述的市域动车组司机归属城市轨道交通列车司机。

根据《交通运输部办公厅关于印发城市轨道交通初期运营前安全评估技术规范》的要求，为合理、全面培养符合社会需要的市域动车组司机人才，使企业员工的岗位培训更加规范，并使员工能够尽快掌握技能、胜任岗位作业要求，特编制了市域动车组司机专业培训教材。

本书结合市域铁路运营实际需要，突出应用性和实践性，注重培养市域动车组司机在运营过程中及时、正确处理各种突发事件的能力。市域动车组司机作为运营安全最后一道防线，其工作质量直接影响旅客的安全和运营分公司的整体服务水平。对于市域动车组司机来说，遇到各种突发事件时的应急处理能力是其核心的职业能力，需要认真学习、反复演练和牢固掌握。

本书共分为 7 章，以市域动车组司机技能作业标准确定章节内容，以完成日常工作任务的顺序为线索，培养初学者从理论学习向实践工作转化的能力。

本书可用于市域动车组司机岗前培训及在岗培训，也可作为其他城市轨道交通企业员工、大中专院校学生的培训和学习教材，或供其他相关人员学习参考。

编　者

2020 年 9 月

目　录

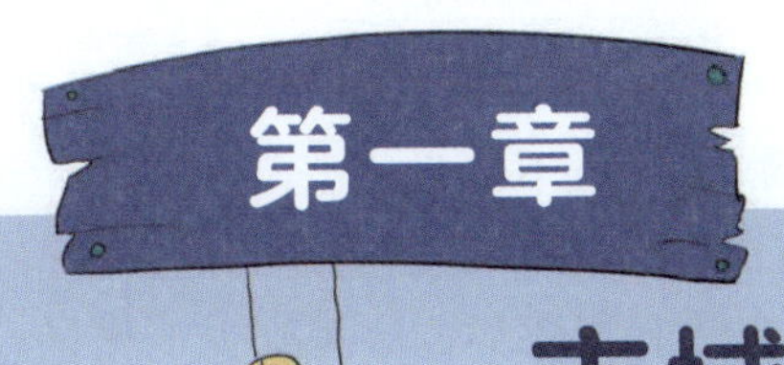

第一章 市域动车组基础知识

本章主要介绍市域动车组的设计特点、基本构造及组成，车辆机械部件的结构和原理，电气装置的结构和作用；通过本章的学习，初学者能够尽快认识车辆各系统，掌握重要的技术参数，对保证安全驾驶列车起到至关重要的作用，并为将来故障排查、应急处理打下良好的基础。

第一节 设计特点

一、概　况

市域动车组是基于 CRH6 型城际动车组，针对市域铁路需求，融合高速动车组平台技术和地铁的运营特性，为市域铁路“量身打造”的动车组。市域动车组既具有城轨地铁的载客能力和公交化运营能力，又具有动车组的快速运行、安全平稳、高舒适性特点，其平均旅行速度为 55 ~ 80 km/h，有效服务于城市群一体化经济圈建设和构筑 1 h 都市圈。市域动车组填补了我国市域铁路客运装备的空白，完善了市域城轨车辆的型谱。

二、技术特点

（1）安全可靠：故障导向安全设计+成熟可靠技术，遵循动车组研发流程，确保运行安全。

（2）公交化运营：适应站站停运营，满足城市群、大都市圈的通勤、通商、通学等出行需求。

（3）性能优越：加减速能力强、乘降快捷、载客量大、舒适平稳，车内噪声低，宽敞明亮，国内领先。

（4）节能环保：运用先进控制技术，实现轻量化设计，降低了运行能耗，减少了对环境的影响。

（5）知识产权：自主研发，具有完全自主知识产权。

（6）环境适应性：适应湿热海洋性气候，以及台风、暴雨、雷电等恶劣气候；9 级风时，在高架区段安全可靠运行，空载列车 11 级风安全停留、12 级风不侧翻。

（7）车辆限界：动态包络线计算采用动力学时域仿真方法，并考虑动力学不能包含的静态和准静态偏移量，以此精确仿真结果制定车辆限界，实现有效利用限界，从而减少工程量。

（8）噪声控制：140 km/h ×（1 ± 5%）时，客室噪声不超过 75 dB（A）。

（9）设备接口适应性：单主机的点式 ATC（列车自动控制）系统及 TD-LTE（分时长期演进）无线通信系统。

三、技术创新

（1）运行速度高：最高持续运行速度 140 km/h。

（2）加速性能强：起动加速度≥0.8 m/s^2，平均加速度≥0.4 m/s^2。

（3）运行能耗低：市域流线头型，降低运行能耗；AC 25 kV 供电，满足列车高速运行，电制动 100% 利用。

（4）车体断面大：车体最大宽度 3.3 m、中间车长 22 m，保证客室宽敞、大空间。

（5）大轴重转向架：动车组技术，轻量化设计，17 t 轴重转向架，大气囊空簧 + 抗侧滚扭杆装置二系悬挂。

（6）高强度、轻量化车体：等强度、等刚度、轻量化整体承载铝合金车体，强度优于 EN12663 规定的 PⅢ标准；超员 8 人/m^2 时，轴重不大于 16.5 t。

（7）被动安全设计：车体结构满足 EN15227C-I 规定的 36 km/h 撞击碰撞能量吸收要求。

（8）密封性能良好：动态密封指数 τ≥6 s，适应最小截面面积 30.02 m^2 的隧道运行。

① 气密性设计，包括气密性车体、气密性客室侧门和贯通道、司机室紧急疏散门及侧门等。

② 设被动式压力保护装置，减小列车通过隧道或交会时车内的压力波动，提高乘坐舒适度。

（9）客室布局新颖：国内城际市域首次采用座椅横纵结合的客室平面布置，座椅占比达 21%（建标 104—2008 规定为 15% ~ 20%），以提高乘坐舒适度。

四、技术规格对比

市域动车组与地铁 A 型车主要技术规格对比见表 1-1。

表 1-1　技术规格对比

序号	主要技术规格	市域动车组	地铁 A 型车
1	动拖比	1∶1	2∶1 或 3∶1
2	起动加速度（0→40 km/h）	≥0.8 m/s^2	≥0.82 m/s^2

续表

序号	主要技术规格	市域动车组	地铁 A 型车
3	平均加速度（0→140 km/h）	≥0.4 m/s^2	—
4	最高运行速度	140 km/h	80、100 km/h
5	最大常用制动减速度	≥1.0 m/s^2	≥1.0 m/s^2
6	紧急制动减速度	≥1.2 m/s^2	≥1.2 m/s^2
7	气密性	τ≥6 s	τ< 0.5 s
8	被动安全	25 km/h、36 km/h	—
9	车内噪声	≤75 dB（A）（140 km/h）	≤75 dB（A）（75%v_{max}）
10	车体长度（头车）	23 800 mm	23 600 mm
11	车体长度（中间车）	22 000 mm	22 000 mm
12	车体宽度	3 300 mm	3 000 mm
13	车辆最大高度	3 880 mm	3 810 mm
14	车内净高	2 180 mm	2 100 ~ 2 150 mm
15	地板面距轨面高	1 280 mm	1 130 mm
16	轴重	≤16.5 t	≤16 t
17	固定轴距	2 500 mm	2 200 ~ 2 500 mm
18	车门数	4	5

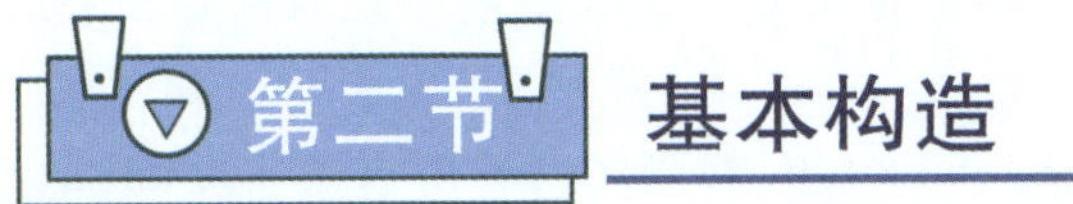

第二节 基本构造

一、市域动车组编组形式

1. 列车编组方式

市域动车组由两个单元共 4 辆车组成，每个单元由 1 辆拖车（Tc 车）和 1 辆动车（Mp 车）组成，每辆车之间通过半永久牵引杆进行连接，编组方式为 + Tc1 – Mp1 – Mp2 – Tc2 +。其中“Tc”表示带有驾驶室的拖车，“Mp”表示带受电弓的动车，“ + ”表示自动车钩，“ – ”表示半永久牵引杆。每列车采用 2 动 2 拖的编组形式（见图 1-1）。

图 1-1 列车编组形式

2．车辆Ⅰ、Ⅱ位端定义

市域动车组Ⅰ位端定义如下（另一端定义为Ⅱ位端）:

Tc 车：全自动车钩处的一端为Ⅰ位端；

Mp 车：靠近受电弓的一端为Ⅰ位端（见图 1-2）。

左和右侧门的定义：从车辆的Ⅱ位端面向Ⅰ位端看去，人的左侧定义为车辆的左侧（也称Ⅱ位侧），人的右侧定义为车辆的右侧（也称Ⅰ位侧）。

3．车门编号原则

每辆车安装 8 套对开客室侧门，左右 2 侧各 4 对。沿每节车辆的右侧车门用奇数编号，即每节车右侧车门由Ⅰ位端往Ⅱ位端方向分别为 1、3、5、7；沿每节车辆的左侧车门用偶数编号，即每节车左侧车门由Ⅰ位端往Ⅱ位端方向分别为 2、4、6、8（见图 1-2）。

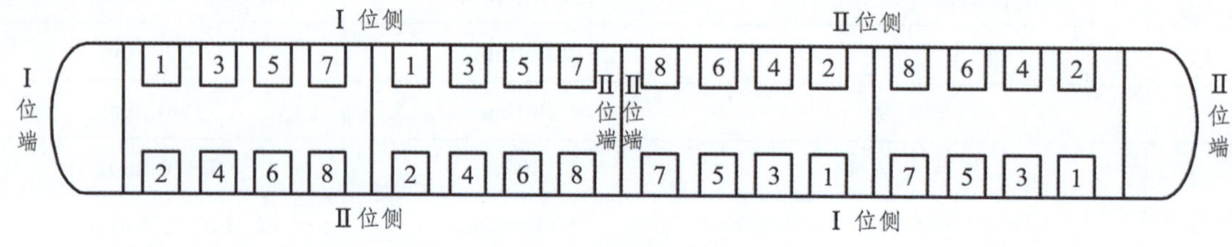

图 1-2　车门编号

二、车辆技术参数

一列市域动车组总长度（含 Tc 车两端车钩）为 94.9 m，宽度为 3.3 m，高度（降弓状态）为 4.64 m。其中 Tc 车长度为 24.65 m，Mp 车长度为 22.8 m，每辆车有 4 对客室门，门开宽度为 1.3 m。驾驶室两侧设有司机室侧门，驾驶室前端设有乘客紧急疏散门，驾驶室后端设有通往客室的间壁门。

市域动车组列车设计速度 160 km/h，最高运营速度可达 120 km/h，平均旅行速度 55 km/h（以每小时走行里程计算，它是指从列车的出发站到终点站，全区间的平均速度，包括沿途各站的停留时间），起动加速度≥0.8 m/s^2，平均加速度≥0.4 m/s^2，退行时（不换端）最高速度为 10 km/h。市域动车组列车额定载客时可容纳 902 名乘客，超员载客时可容纳 1 328 人，定员和载重见表 1-2。

表 1-2　市域动车组定员和载重

序号	工况	工况定义	每节车乘客数/人		列车乘客数/人	车辆质量/t		列车质量/t
			Tc	Mp		Tc	Mp	
1	AW0	无乘客（空载）	0	0	0	43.05	43.75	173.6
2	AW1	坐客载荷	48	48	192	45.93	46.63	185.12
3	AW2	定员载荷（5 人/m^2）	218	233	902	56.13	57.73	227.72
4	AW3	超员载荷（8 人/m^2）	320	344	1328	62.25	64.39	253.28

注：乘客每人质量按 60 kg 计算。

三、线路技术参数

1．轨　距

线路直线的轨距为 1 435 mm。

2．最小曲线半径

正线的最小平面曲线半径，区间一般情况是 800 m，困难条件下是 700 m，限速地段不小于 350 m；辅助线的最小平面曲线半径，出入段线为 250 m，车场线为 200 m。

3．钢轨道岔

正线及辅助线采用 60 kg/m 号钢轨，12 号道岔。车场线采用 50 kg/m 号钢轨，9 号道岔。

4．道　床

道床满足减振降噪要求。其中地下及高架轨道铺设混凝土道床，地面轨道为碎石道床。

5．站　台

站台有效长度为 140 m，站台边缘距线路中心线水平距离为 1 750 mm，车辆与站台水平间距为 100 mm，站台面距轨顶垂直高度为 1 250 mm。

四、列车供电条件

全线采用单相工频 AC 25 kV 架空接触网，地面、高架和山岭隧道内采用柔性悬挂接触网，地下线采用刚性悬挂接触网，车场范围内采用柔性悬挂接触网。

接触网采用带回流线的直接供电方式，接触网额定电压为 AC 25 kV，长期最高电压为 AC 27.5 kV，短时（5 min）最高电压为 29 kV，设计最低电压为 20 kV。隧道外接触线悬挂点距轨面高度一般为 5 300 mm，隧道内接触线悬挂点距轨面高度一般为 5 250 mm，最低点高度不小于 5 150 mm。接触网与车辆装载货物的净空距离不少于 350 mm。

各车站和车辆段、控制中心均设置降压变电所，各车站将环网 20 kV 交流电降为 380 V/220 V 交流电供给动力、照明等低压用电设备使用；车辆段和控制中心将市电 10 kV 交流电降为 380 V/220 V 交流电供给动力、照明等低压用电设备使用。

五、列车动态特征

在 AW3 状态下，当损失 1/4 动力时，市域动车组可以在正线 30‰ 的坡道上起动并运行到线路终点站。

在 AW3 状态下，当损失 1/2 动力时，市域动车组可以在正线 30‰ 的坡道上起动并运行到下一车站。

一列空载市域动车组牵引/推进一列 AW3 状态故障市域动车组，可以在正线 30‰ 的坡道上起动并运行到下一车站。

一列空载市域动车组牵引/推进一列 AW0 状态故障市域动车组，可以在正线 30‰ 的坡道上起动并运行到车场。

六、列车设备

1. 客室设备

1）乘客紧急报警器

每个客室装有 2 个乘客紧急报警器，用于司机与乘客之间的对讲。

紧急报警器设置有“听”“讲”状态指示灯，以提醒乘客车辆目前的状态。报警按钮设置有报警按钮保护盖，防止乘客误触，报警按钮为红灯不带卡锁的机械按钮，按下一次后，即可发起呼叫。

在乘客在需要报警时，打开报警按钮保护盖并按下报警按钮，听讲状态指示灯同时闪烁，同时人贴近报警器下方话筒处，等待报警器上“讲”指示灯亮起，即可与司机通话（见图 1-3）。

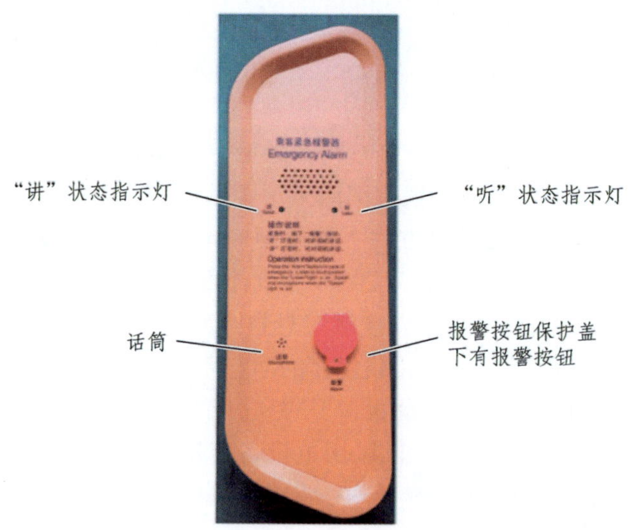

图 1-3　乘客紧急报警器

2）安全锤

每个客室配置 2 个安全锤，每列车共 8 个（见图 1-4）。使用时，先将安全锤的铅封拧断，并取下安全锤，然后根据需要锤击车窗玻璃的四角位置（不要敲击中间部位），玻璃击碎后如未立即脱落，可用脚踹开。

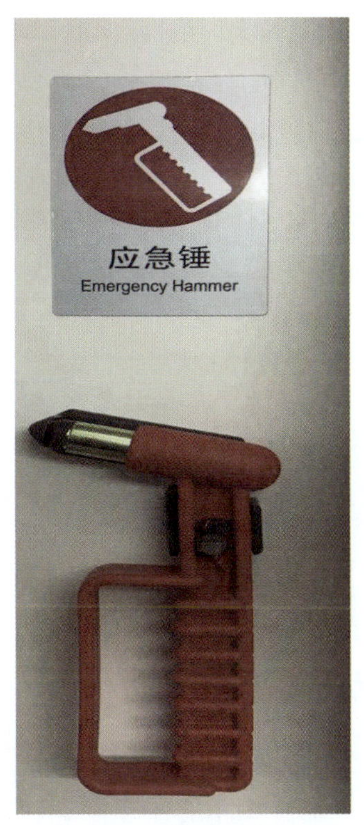

图 1-4　安全锤

3）内部紧急解锁装置

每个车门在车内门罩板上均设置有内部紧急解锁装置，全车共 32 个（见图 1-5）。内部紧急解锁装置采用机械式解锁，通过钢丝绳使门驱动装置上的丝杆转动，从而使传动螺母旋转将门解锁。在发生紧急情况时，乘客可在不用钥匙的情况下打开（停车状态）车门进行逃生。

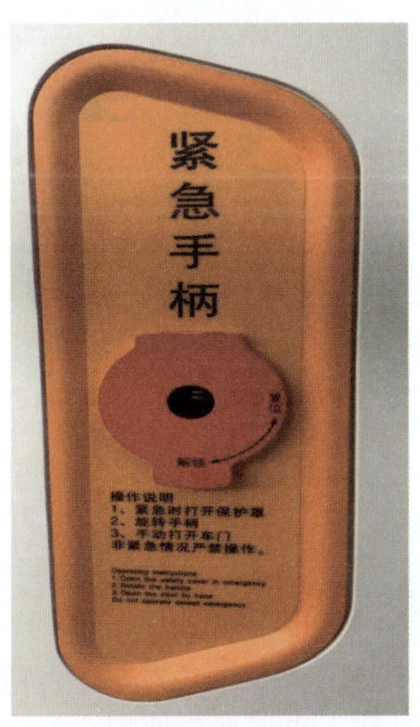

图 1-5　内部紧急解锁装置

在车辆速度大于 10 km/h 时，操作内部紧急解锁装置不能打开车门，但是会在 HMI（人机操作界面）上弹屏显示，以提示司机注意，同时牵引将会封锁。

在乘客需要继续解锁车门时，需拧断内操作装置盖板下部铅封，打开盖板后旋转红色手柄，并将手柄旋转 90° 以上，方可对车门进行解锁。车门锁钩松开后，可用双手将门页往两侧推拉，车门即可打开。

司机等其他检修人员可以通过四角钥匙在不破坏盖板的情况下旋转锁芯进行紧急开门。

4）外部紧急解锁装置

每辆车每侧有一套外部紧急解锁装置，全车共 8 个（见图 1-6）。外部紧急解锁装置采用机械式解锁，通过钢丝绳使门驱动装置上的丝杆转动，从而使传动螺母旋转将门解锁。在发生紧急情况时，车外人员可使用四角钥匙从车外对车门进行解锁。

在使用外部紧急解锁装置时，将四角钥匙插入外部紧急解锁装置锁芯中，旋转 90° 以上，方可对该车门进行解锁。车门锁钩松开后，可用双手将门页往两侧推拉，车门即可打开。

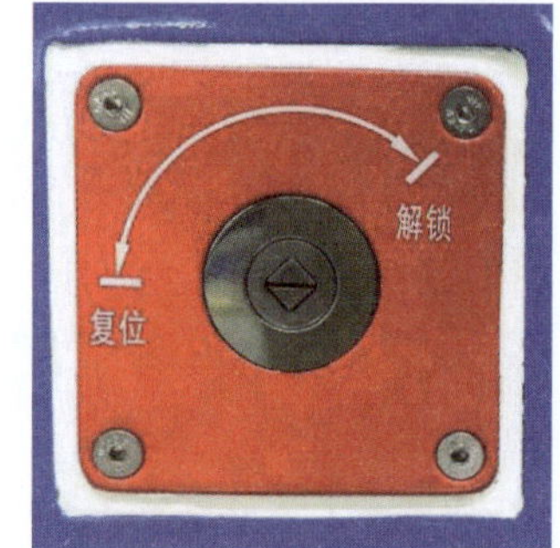

图 1-6　外部紧急解锁装置

5）灭火器

在两端司机室各配置 1 个灭火器，每个客室（除司机室外）两端各配置 2 个灭火器，其布置位置靠近地面，能够满足大部分人的取用（见图 1-7）。每列车共配置 10 个灭火器（型号：磷酸铵盐干粉灭火器 5 kg，可用于扑灭各种油类、易燃液体、可燃气体和电气设备的初期火灾，还能有效地扑救木材、纸张、纤维等 A 类固体物质引起的火灾）。

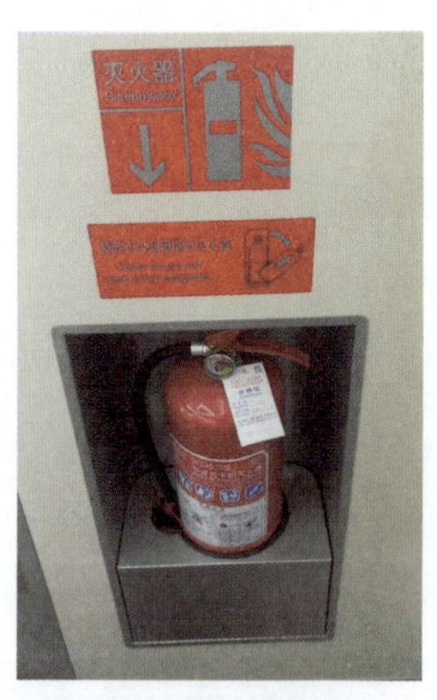

图 1-7　灭火器

车载灭火器箱采用翻转式灭火器箱，在使用时直接握住灭火器把座并将灭火器向外翻转，便可将灭火器从灭火器箱中垂直取出。该灭火器箱结构可以有效保证灭火器在列车正常运行时的稳定性，也能够保证在使用时迅速取出使用。

使用灭火器时，先拔出灭火器的保险销，一手握住喷头软管对准火源并保持一定距离，另一只手的大拇指按下压把，干粉即刻喷出。在灭火过程中，一手应始终压下压把，待火灭后方可放开，否则中途放开压把喷射会中断，从而造成灭火失败。

6）客室显示器及摄像头

客室内安装有液晶显示器（LCD）（每节车安装 6 个，每列共计 24 个），平时播放新闻、乘车须知等内容供乘客观看。当有突发事件发生时（如火灾），控制中心可通过网络将文字、音频、视频等疏散信息传递到显示器（见图 1-8）指导乘客疏散。每个客室安装有两个摄像头（见图 1-9），可实现对全列客室的视频监控。当发生异常情况时，司机在司机室即可查看客室内的实时视频监控（控制中心可同时同步查看车上视频监控），以应对突发状况。

图 1-8　液晶显示器

图 1-9　摄像头

7）其他补充说明

客室的Ⅱ位端设置有废排风机和空调控制设备柜、电气柜，设备柜的外部与客室内部装修进行整体化设计，保证客室的完整美观性。

客室照明在侧顶上方采用隐形 LED（发光二极管）灯带，门区中顶采用环形 LED 灯带。紧急照明时，采用降功率方式，以保证当列车出现紧急情况时客室内的照明。

每个客室侧门上部设置有 8 个电子地图，采用 LED 显示。

2．Tc 车车下设备

（1）Tc 车车下主要设备有：牵引变压器、主供风单元、辅助控制单元、撒砂装置、制动控制单元、蓄电池箱等设备（见图 1-10），同时还布置着所有相关线管及线槽等。库用插座设在 Tc 车下Ⅰ位侧，供库内辅助供电使用。

（2）Tc 车的走行部为 2 个非动力转向架，转向架上还安装有速度传感器及其线管等。

（3）转向架的设计考虑所有安装在转向架上的电气及制动系统的设备、部件及其线管的安装与布置，以确保其安全可靠。

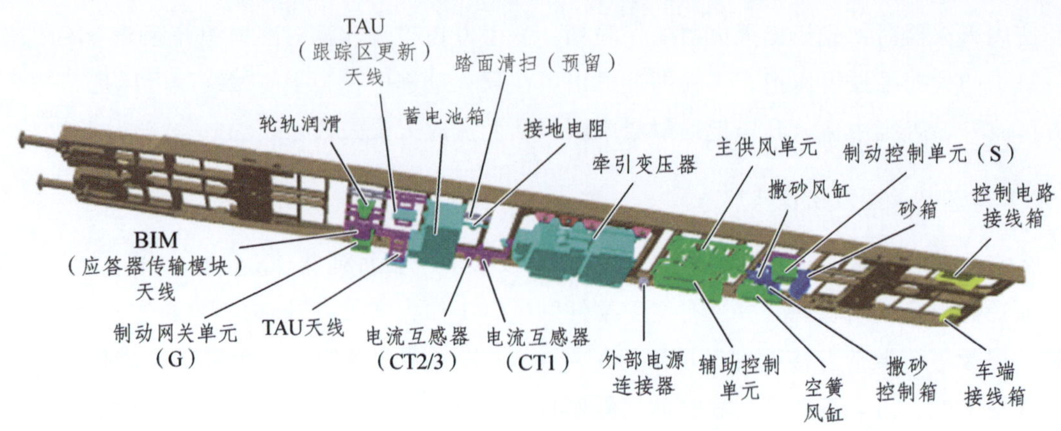

图 1-10　Tc 车车下设备

3．Mp 车车下设备

（1）Mp 车车下主要设备有：牵引变流器、辅助空压机、辅助控制单元、制动网关单元、撒砂装置等设备（见图 1-11），同时布置着所有相关线管及线槽等。

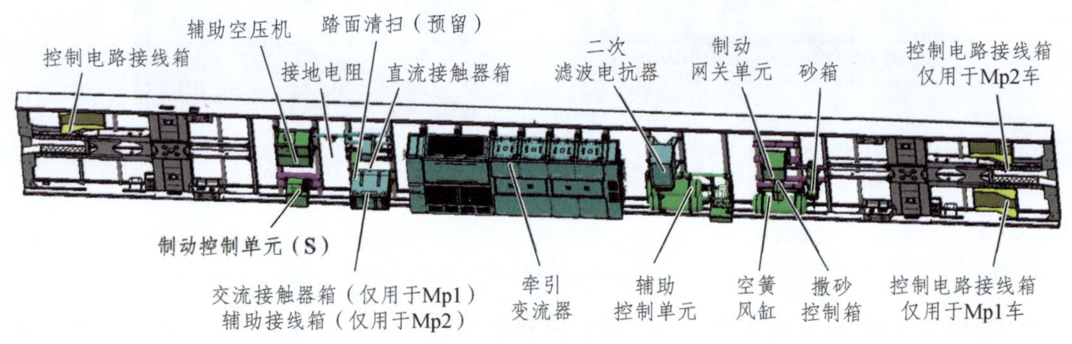

图 1-11　Mp 车车下设备

（2）Mp 车的走行部为 2 个动力转向架，转向架上安装有电气牵引系统设备。

（3）转向架上还安装有速度传感器及其线管等。

4．车钩连接装置

全自动钩缓装置位于列车编组的头尾两端，由连挂系统、压溃装置、缓冲系统、安装吊挂系统和过载保护几大部分组成（见图 1-12），其作用是实现列车之间机械、电气和风路的自动连接。

半永久牵引杆用于单元内部两车之间的连接（见图 1-13），其作用是保证车组单元内部车辆的机械连接和风路连接，连接和分解时需要人工手动操作。

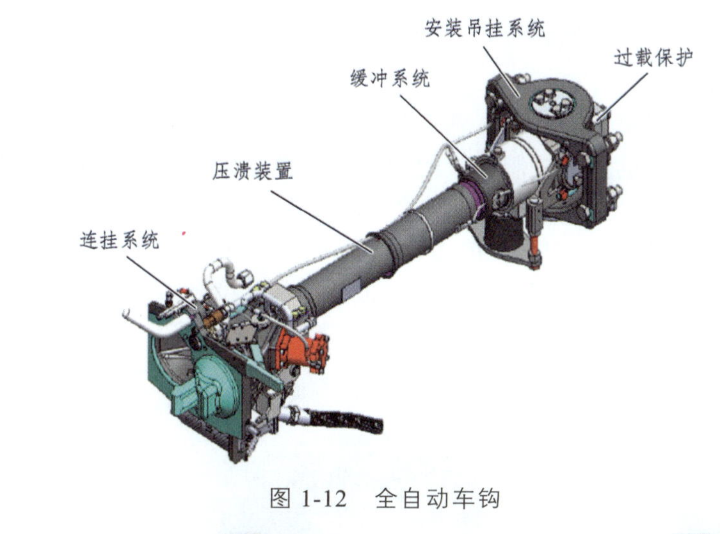

图 1-12　全自动车钩

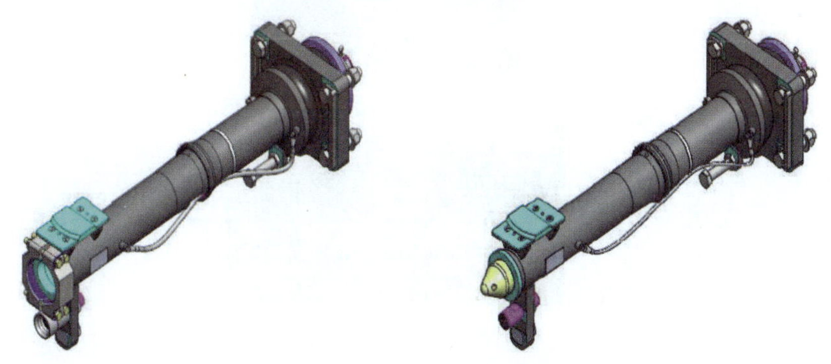

图 1-13　半永久牵引杆

第三节　司机室设备功能

一、司机室主要功能及特点

1．司机室主要功能

市域动车组每个 Tc 车前端设有一个司机室。司机室内有列车驾驶与显示设备、列车通信与显示设备和客室侧门按钮。司机室与客室之间设置一个间壁门，供司机换端时通过。司机在运行端司机室内通过主要设备对列车进行控制，并查看列车状况，遇非正常行车时可及时进行处理。

2．司机室主要特点

（1）司机室左侧设置操作台，右侧设置一个紧急疏散门，该门可以从内部打开或锁闭，区间疏散时乘客可通过该门离开列车。

（2）当司机坐在座位上操纵列车时，能方便而清楚地观察到前方信号、接触网、轨道设备、前方线路和车站等。

（3）在阳光直射下司机能清楚地看到驾驶台上的仪表、显示灯、诊断显示器等所显示的各种信息和驾驶台上所有的操纵控制装置的位置及其状态，确保其正确地操纵列车，而又不使司机产生疲劳感。

（4）司机室前方安装有前照灯（DC 24 V，氙气灯泡）、标志灯（红色和白色，LED）、尾灯（红色，LED）。司机室前窗玻璃采用高强度、高抗冲击性、带电热夹层的安全玻璃，并附带电动刮雨器和遮阳帘（见图 1-14）。

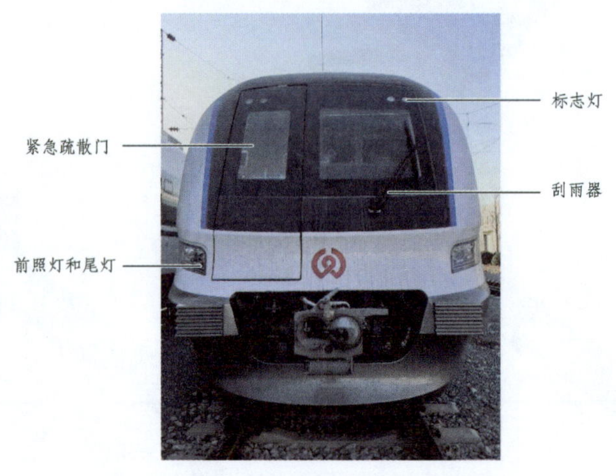

图 1-14　司机室外观

二、司机室布局

司机室主要包括操作台、紧急疏散门、电气柜、信号柜、司机室座椅等设备（见图 1-15），并配置 PIS（乘客信息系统）监控触摸屏、摄像头、灭火器、司机室采暖通风单元及照明。

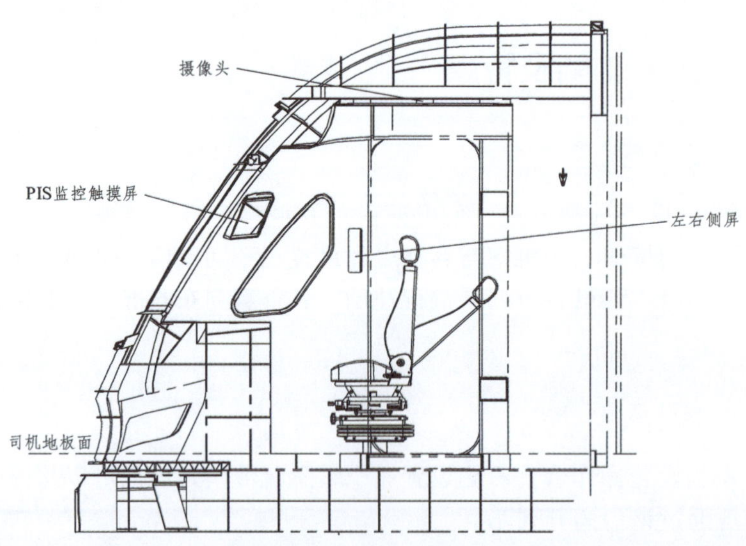

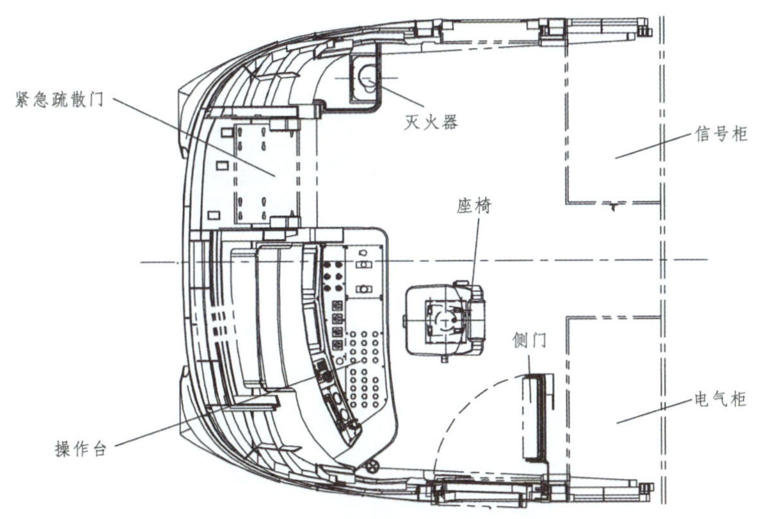

图 1-15　司机室侧、俯视图

三、司机操作台

司机操作台安装在 Tc 车司机室内，供司机驾驶列车使用；台面采用玻璃钢材料，下部柜体采用铝合金材料。整个操作台在底部通过螺栓与车体固定。

在功能上，操作台具有列车牵引控制、制动控制、空压机控制、照明控制（司机室及客室照明）、门控制、无线电台控制、自动/手动列车控制、前照灯控制、刮雨器控制、电热控制、列车监控、列车广播、紧急对讲等功能。

1．司机操作台正视图

司机操作台集中了与司机驾驶操作有关的大部分功能（见图 1-16）。

1—无线电台控制器；2—网压表；3—双针压力表；4—广播控制盒；5—信号屏；6—车辆屏；7—阅读灯。

图 1-16　操作台台面

对应功能如下。

（1）无线电台控制器：用于与地面通信。

（2）网压表：显示 AC 25 kV 电压，正常范围为 17.5 ~ 29 kV。

（3）双针压力表：红针指示总风压力，白针指示制动压力。

（4）广播控制盒：用于操作列车广播系统。

（5）信号屏（TOD 屏）：用于信号系统的提示和操作。

（6）车辆屏（HMI 屏）：采用可触摸显示器，用于车辆状态监控和远程操作。

（7）阅读灯：给司机提供阅读照明，通过阅读灯按钮开启或者关闭阅读灯。

2．司机操作台俯视图

司机操作台俯视图见图 1-17。

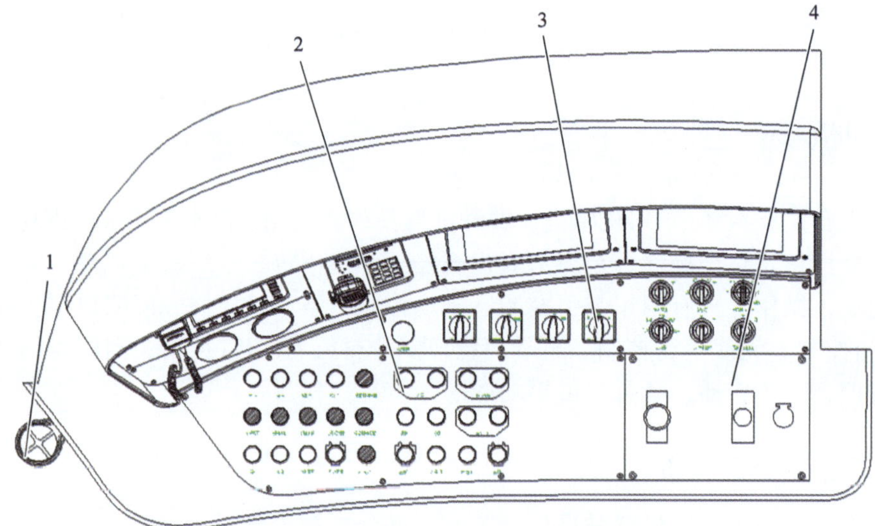

1—水杯托；2—面板组件 1；3—面板组件 2；4—控制器。

图 1-17　司机台俯视图

（1）面板组件 1 按钮布局见图 1-18。

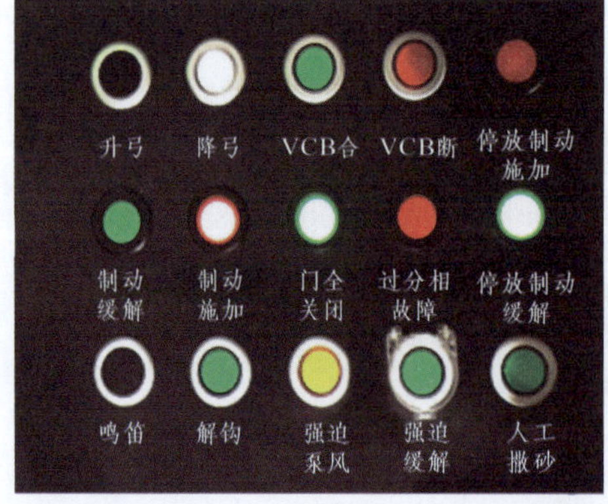

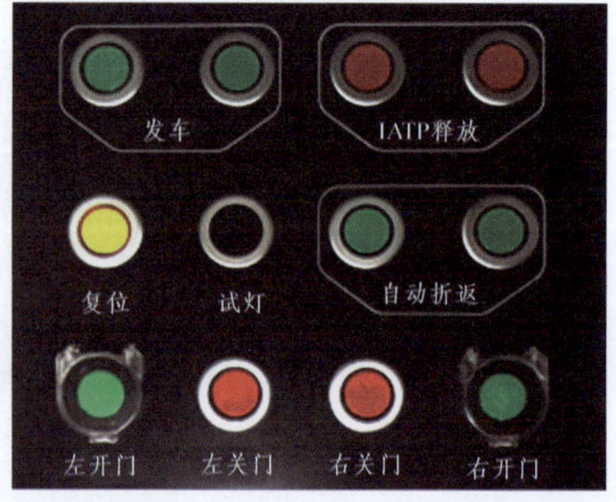

图 1-18　面板组件 1

面板组件 1 各按钮功能见表 1-3。

表 1-3　面板组件 1 各按钮功能

设备名称	设备描述	功能介绍
升弓	自复位按钮	按下保持 2 s 以上受电弓升起
降弓	自复位按钮	按下受电弓下降
VCB 合	自复位按钮	按下闭合真空断路器（VCB）
VCB 断	自复位按钮	按下断开真空断路器
停放制动施加	自复位按钮	按下施加停放制动
发车	自复位按钮	启动 ATO（列车自动驾驶）模式双按钮
IATP 释放	自复位按钮	IATP（点式列车自动防护）模式双按钮
制动缓解指示灯	指示灯	灯亮（绿色）表明列车空气制动缓解
制动施加指示灯	指示灯	灯亮（红色）表明列车空气制动施加
门全关指示灯	指示灯	灯亮（绿色）表明车门全关
过分相故障指示灯	指示灯	灯亮（红色）表明过分相设备故障
停放制动缓解	自复位按钮（带灯）	按下列车停放制动缓解，灯亮表示缓解状态
复位	自复位按钮	牵引变流器故障复位
试灯	自复位按钮	测试操作台及侧屏各指示灯（含按钮指示灯）是否正常
自动折返	自复位按钮	自动折返模式启动双按钮
鸣笛	自复位按钮	按下风笛鸣叫
解钩	自复位按钮	Tc 车车端车钩解锁
强迫泵风	自复位按钮	强制两台空压机同时启动，快速打风
强迫缓解	自复位按钮	主控钥匙、司控器、模式开关等各控制器件在正常位时，若制动无法缓解，按此按钮强迫缓解制动力
人工撒砂	自复位按钮	按下按钮，撒砂装置开始撒砂
左开门	自复位按钮（带灯）	灯亮表示具备门使能，按压到底保持 1 s 以上，打开列车客室左侧（行进方向）车门
左关门	自复位按钮	按压到底保持 1 s 以上，关闭列车客室左侧（行进方向）车门
右开门	自复位按钮（带灯）	灯亮表示具备门使能，按压到底保持 1 s 以上，打开列车客室右侧（行进方向）车门
右关门	自复位按钮	按压到底保持 1 s 以上，关闭列车客室右侧（行进方向）车门

（2）面板组件 2 开关布局见图 1-19。

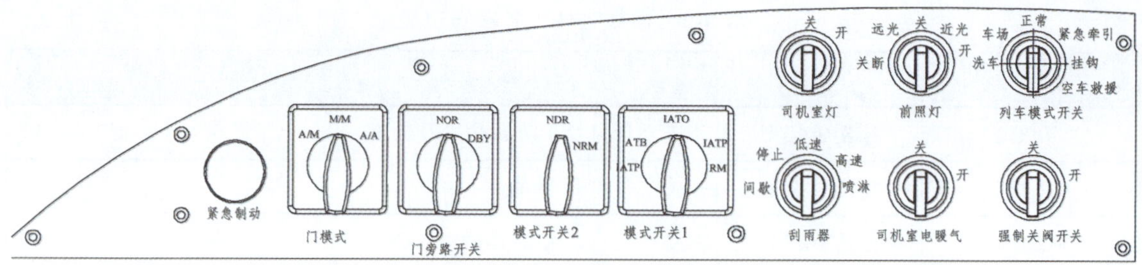

图 1-19　面板组件 2

面板组件 2 各开关按钮功能见表 1-4。

表 1-4　面板组件 2 各开关按钮功能

设备名称	功能介绍	样　式
紧急制动按钮	自保持蘑菇按钮，按下列车施加紧急制动	
门模式开关	信号系统控门模式三位自保持选择开关，分为 ADO/MDC（自动开门/人工关门）、MDO/MDC（人工开门/人工关门）、ADO/ADC（自动开/自动关门）	
门旁路开关	信号系统控门旁路自保持开关，分为 NOR（非人工模式）、DBY（车门旁路，人工模式）。 当信号系统故障时，将其置于【DBY】，人工操作开关门	
模式开关 2	信号自保持开关，分为 NRM（人工模式）、NOR（非人工模式）。 当信号系统故障时，将其置于【NRM】，隔离信号系统	
模式选择开关 1	信号运行模式选择开关，五位自保持开关	
司机室灯	司机照明自保持开关	

续表

设备名称	功能介绍	样　式
前照灯	自保持开关，控制前照灯，进行近光、远光调节	
列车模式开关	自保持开关，列车运行模式选择开关	
刮雨器	自保持开关，控制刮雨器动作，并进行挡位调节，按下进行喷淋	
司机室电暖气	自保持开关，司机室电暖风开关	
强制关阀开关	自保持开关，压力波装置强制关阀开关	

（3）司机控制器是司机对列车进行激活控制、运行方向选择和人工驾驶时进行牵引、制动控制的操作装置。司机控制器由钥匙开关、方向手柄、牵引制动手柄三个主要操作构件组成（见图 1-20）。

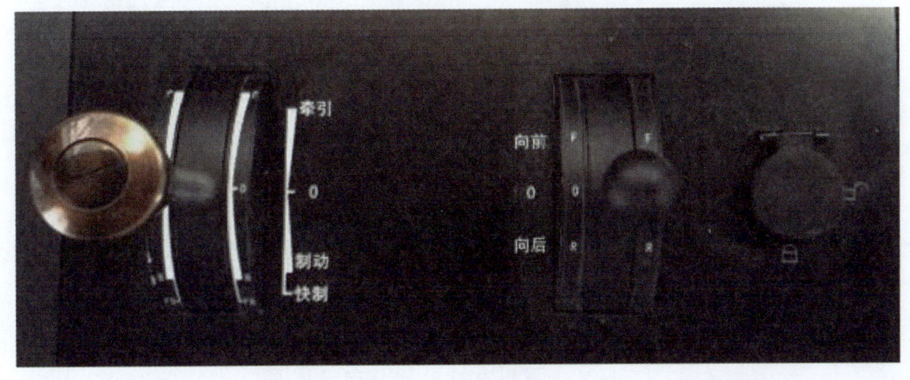

图 1-20　司机控制器

图 1-20 从左至右依次为牵引制动手柄、方向手柄、钥匙开关，具体功能详见表 1-5。

表 1-5　控制器手柄、开关功能

序号	设备名称	功能介绍
1	牵引制动手柄	向前推为牵引，向后拉为制动，最下方为快速制动（手柄上设置警惕按钮，司机手动驾驶时须按压）
2	方向手柄	对列车前后向进行控制
3	钥匙开关	司机对列车主控进行控制，钥匙旋至车辆激活，旋至车辆解除激活

当钥匙开关处于激活位时，方向手柄才能向前或者向后；当方向手柄达到向前或者向后时，牵引制动手柄方能动作。

牵引制动手柄置于“0”位，方向手柄方能置于“0”位。当方向手柄置于“0”位后，车辆激活钥匙才能返回“”位。

四、司机室电气柜

电气柜设置在司机室座椅后方，主要用于安装继电器、断路器、开关与按钮等电气设备。与司机操作有关的开关、按钮、显示仪表等主要集中安装在电气设备柜的控制面板上。

（1）司机室继电器分布见图 1-21。

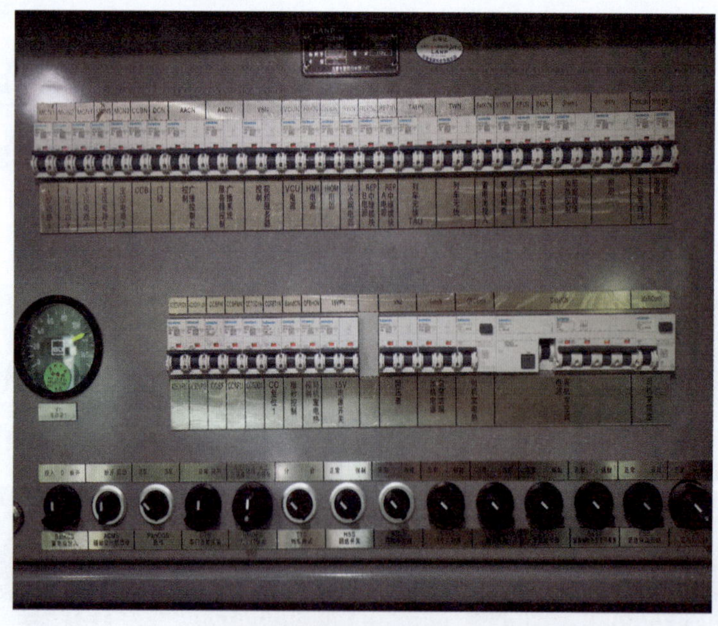

图 1-21　司机室继电器分布示意图

（2）司机室继电器故障现象见表 1-6。

表 1-6　司机室继电器故障现象

缩写	设备名称	功能
MCN1	主控电路 1 断路器	给主控钥匙、激活继电器和车辆模式开关供电，断开后，车辆无法激活，信号系统接收不到模式信号
MCN2	主控电路 2 断路器	给方向手柄和相关继电器回路供电，断开后，车辆无方向信号
MCN3	主控电路 3 断路器	给停放制动指令回路供电，断开后，无法施加停放制动
MCN4	主控电路 4 断路器	给正常牵引制动指令回路供电，断开后，车辆无法牵引
MCN5	主控电路 5 断路器	给紧急制动回路和回送回路供电，断开后，触发紧急制动
CCBN	CCBN 断路器	给信号系统 MS2 和 DCBS 开关回路供电，断开后，信号系统失电
DCN	门控断路器	给门模式开关、门控指令线相关回路供电，断开后，无法输出开关门指令
AACN	广播控制台控制断路器	广播控制台电源，断开后，广播控制台失电
AADN	广播系统服务器控制断路器	广播系统服务器电源，断开后，无法发送广播
VSN	视频服务器控制断路器	视频服务器电源，断开后，视频监控系统工作异常
VCUN	VCU 电源断路器	断开后，网络故障
HMIN	HMI 电源断路器	断开后，网络显示失电
RIOMN	RIOM 电源断路器	断开后，网络故障
SWN	SWN 电源断路器	断开后，以太网故障
REPN1	中继器模块 A 电源断路器	断开后，MVB（多功能列车总线）故障
REPN2	中继器模块 B 电源断路器	断开后，MVB 故障
TAUN	列车无线 TAU 断路器	断开后，车辆无法与地面通信
TWN	列车无线断路器	断开后，车辆无法与地面通信
BatKCN	蓄电池投入断路器	断开后，蓄电池无法投入
MXRN1	连挂解联断路器	断开后，车钩无法解钩
PPUN	压力波电源断路器	压力波电源，断开后，压力波装置无法工作
BALN	状态指示断路器	操作台指示灯电源，断开后，操作台所有指示灯熄灭
GHeN1	前窗玻璃加热控制断路器	前窗玻璃加热控制电源，断开后，前窗玻璃不加热
WPN	刮雨器断路器	雨刷器电源，断开后，刮雨器不动作
CabLpN	司机室照明断路器	司机室照明电源，断开后，司机室无照明
HMLpN	前部标识灯电源断路器	前部标识灯电源，断开后，前照灯、尾灯、标志灯无照明
V1	电压表断路器	蓄电池电压表，断开后，不显示蓄电池电压
ACSDVP22	ACSDVP22 断路器	信号系统 ACSDVP22 模块电源，断开后，信号报电源模块 2 故障

续表

缩写	设备名称	功能
ACSDVP12	ACSDVP12 断路器	信号系统 ACSDVP12 模块电源，断开后，信号报电源模块 1 故障
CCSFN	CCSF 断路器	断开后，信号系统交换机失电
CCTOD1N	信号系统断路器	断开后，信号系统故障
CCRET1N	信号系统复位 1 断路器	断开后，信号系统断电
SandCN	撒砂控制断路器	断开后，无法输出撒砂指令
QFEHCN	司机室电热控制断路器	断开后，司机室电热器无法工作
15VPN	15 V 电源控制断路器	DC 15 V 模块电源，断开后，无牵引制动指令
VN2	网压表断路器	操作台网压表断路器，断开后，不显示网压
GHeN	前窗玻璃加热电源断路器	前窗玻璃加热电源，断开后，前窗玻璃不加热
QFCEHN	司机室加热断路器	司机室加热电源，断开后，司机室加热无法工作
CabUCN	司机室空调电源断路器	司机室空调电源，断开后，空调电源无法工作
MaRConN	司机室插座断路器	司机室插座电源，断开后，司机室插座无电
BatKCS	蓄电池投入	蓄电池投入旋钮(自复位旋钮)，打到“投入”位 2 s 松开，全列蓄电池供电，打到“断开”位，全列蓄电池断开
ACMS	辅助空气压缩机启动	辅助空气压缩机启动旋钮(自复位)，打到启动位 2 s 松开，空气压缩机开始供风
PanCGS	选弓	自保持旋钮，选择升 2 车受电弓或 3 车受电弓
DTS	车门压紧试验	自保持旋钮，置于【强制】位用于静态下模拟 10 km/h 信号使客室车门压紧，正常运行时处于【正常】位
RMDES	人工门使能	司机手动开左/右门，将人工门使能旋钮打到“人工左使能”“人工右使能”，然后按操纵台上“左开门”“右开门”保持 1 s 以上，实现开左/右门
TTS	列车试验	打到【合】位，开始列车试验
HSS	回送开关	车辆回送时，将其置于【强制】位用于列车回送
STSS	同型车救援	备用
DIRS	门全关旁路	当部分客室车门关闭锁故障，造成门全关回路无法闭合时，将其置于【强制】位，旁路门可牵引车辆
DMBS	警惕旁路	当警惕回路故障，无法让警惕继电器得电时，将其置于【强制】位，旁路警惕电路，警惕装置失效
ZSBS	零速度旁路	当车辆无法输出零速时，需要开门。将其置于【强制】位时，输出零速信号，同时将操作台门旁路开关置于【DBY】后，操作左右侧屏中的使能按钮和开门按钮，强制开启车门
EBSS	紧急制动触发条件隔离	将其置于【强制】位，旁路警惕装置触发、145 km/h 和列车完成性的条件

续表

缩写	设备名称	功　能
ESS	紧急制动旁路	将其置于【强制】位，旁路紧急制动蘑菇按钮、总风压低、停放制动触发紧急制动的条件。紧急制动回路。当激活端 Tc 车制动单元 G 阀故障时，触发紧急制动需要将其置于【强制】位
DFRKS	前照灯旁路	同类车救援过程中，司机在被救援车非连挂端司机室内执行瞭望需要打开前照灯时，将此旋钮打到【强制】位，瞭望执行完成后，司机将此旋钮打到【正常】位
BRS	制动不缓解旁路	若操作台上制动施加指示灯常亮，同时双针压力表显示未施加制动，司机将此旋钮打到【强制】位，推牵引时，时刻关注双针压力表是否显示施加制动，若列车有制动施加，则制动停车，报行调等待指示；若列车无制动施加，则正常行车

五、列车控制和诊断系统（TCMS/HMI）

列车控制和诊断系统是一种在控制列车的牵引与制动、主断路器、受供电装置等重要设备以及空调装置、PIS 等服务设备的同时，监控各种车载设备的状态、显示故障发生时的引导、记录累计行驶里程等各种信息的系统。列车控制和诊断系统通过列车网络与车辆子系统进行数据交互，实现对车辆的管理。列车激活后，两个司机室的 HMI 屏幕（配有触摸屏）同时开启，激活端司机室的 HMI 正常显示（见图 1-22），非激活端司机室的 HMI 显示为黑屏。

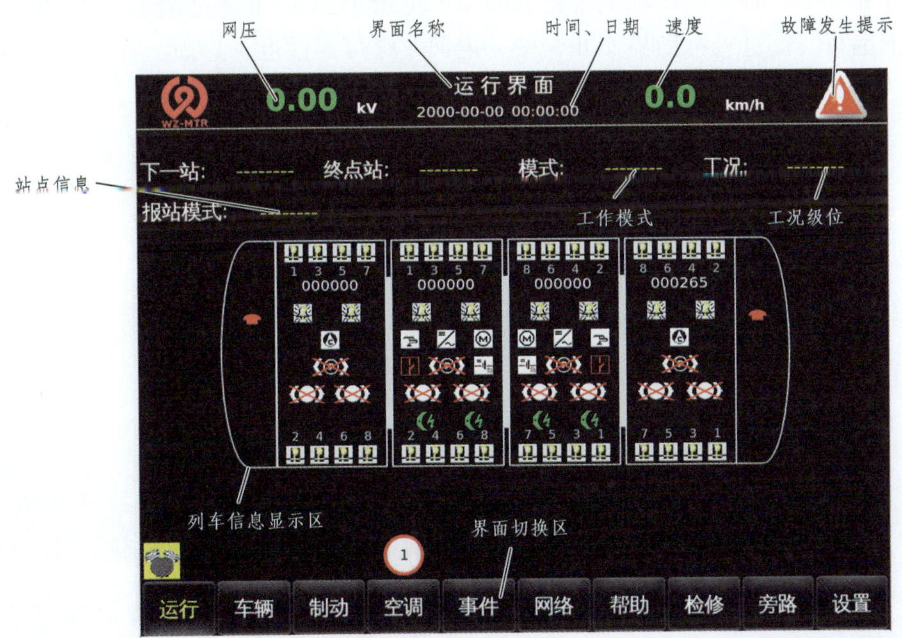

图 1-22　HMI 显示内容

1. HMI 界面

HMI 显示内容中各模块说明见表 1-7。

表 1-7 HMI 显示内容中各模块说明

内 容	说 明	备 注
界面名称	当前界面的名称	
时间、日期	当前时间与日期	
站点信息	显示下一站和终点站	
网压	当前电网电压	
速度	当前列车速度	
故障发生提示	当有故障发生时进行提示	闪烁
工作模式	模式包括 ATO、ATP、洗车、人工、紧急牵引、强迫缓解和未知等	
工况级位	形式为 XY，X 为工况、Y 为级位百分比。X 包括牵引、惰行、制动、紧急制动等	
列车信息显示区	列车信息包括车门状态、编组信息、空气制动状态、空气压缩机状态、变流器状态、紧急呼叫、停放制动状态、司机室激活、列车方向信息、制动缸压力、牵引/电制动力、客室温度等	详细说明见帮助界面
界面切换区	按键，可实现界面间的切换	

运行界面的图标含义说明参见帮助界面Ⅰ（见图 1-23）、Ⅱ（见图 1-24）。在帮助界面Ⅰ下，按“下翻页”键进入帮助界面Ⅱ，按“返回”键可返回上一界面。在帮助界面Ⅱ下，按“上翻页”键进入帮助界面Ⅰ。

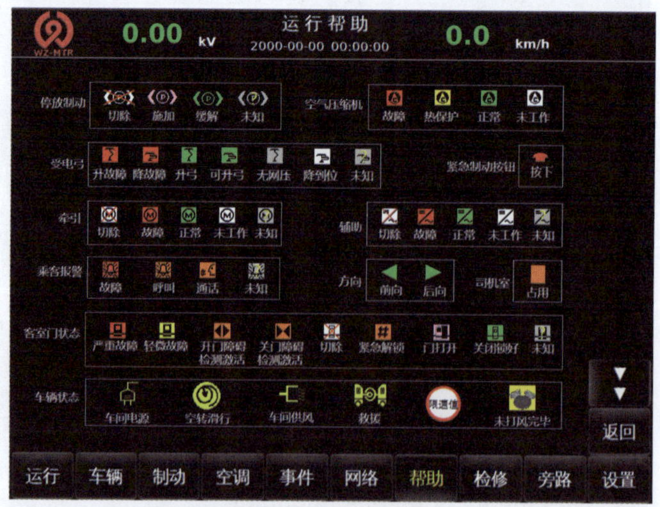

图 1-23 帮助界面Ⅰ

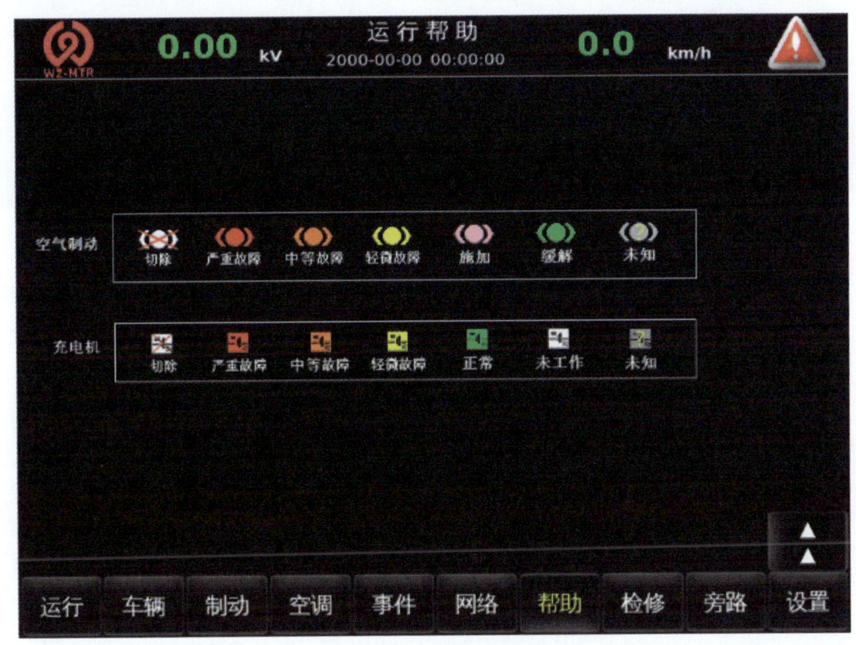

图 1-24　帮助界面 Ⅱ

2．“设置”界面。

设置界面见图 1-25。

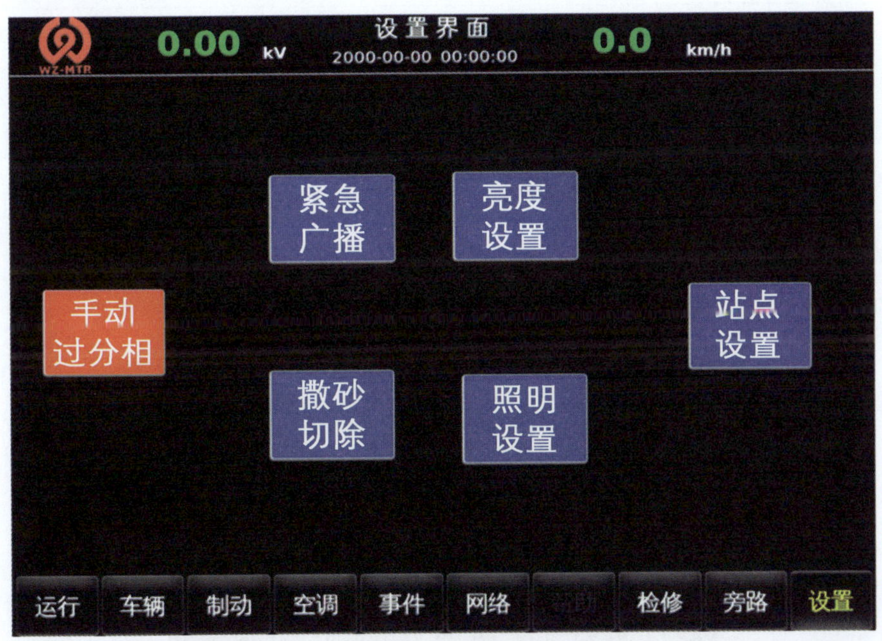

图 1-25　设置界面

1）“亮度调节”界面

亮度调节界面见图 1-26，各部分显示说明见表 1-8。

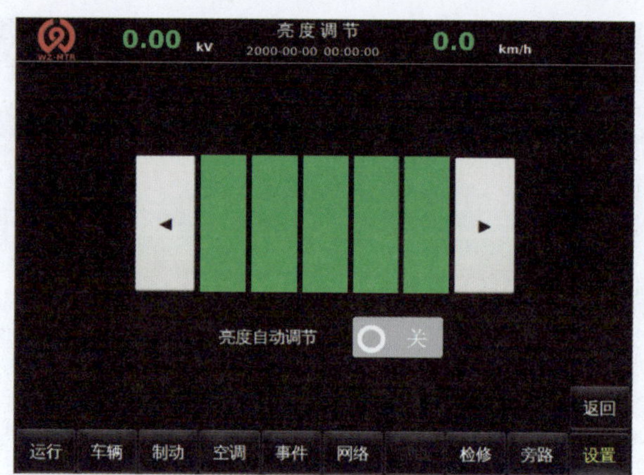

图 1-26　亮度调节界面

表 1-8　亮度调节界面各部分显示说明

按键名称	图示	功能	备注
加	▶	增加亮度	
减	◀	减少亮度	
亮度自动调节按钮	开	亮度自动调节开	
亮度自动调节按钮	关	亮度自动调节关	
返回	返回	切换到设置界面	

2）“站点设置”界面

站点设置界面见图 1-27，各部分显示说明见表 1-9。

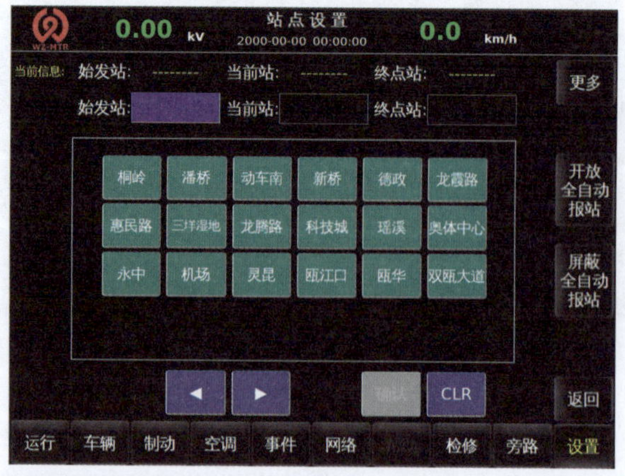

图 1-27　站点设置界面

表 1-9　站点设置界面各部分显示说明

按键名称	图　示	功　能	备　注
站点选择	桐岭站	选择文本显示站点	
左移	◀	左移站点信息输入框	
右移	▶	右移站点信息输入框	
确认	确认	设置站点 ID 发送给 TCMS	当始发站或终点站输入框为空时，“确认”按键为灰色，此时不可进行设置
返回	返回	切换到设置界面	

3）“照明设置”界面

照明设置界面见图 1-28，各部分显示说明见表 1-10。

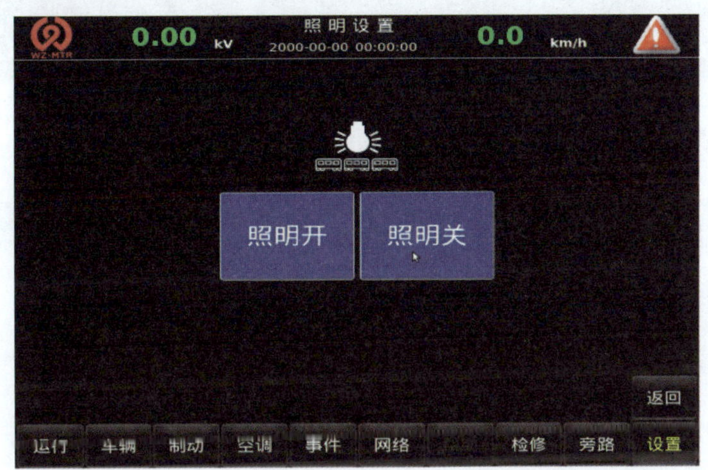

图 1-28　照明设置界面

表 1-10　照明设置界面各部分显示说明

按键名称	图　示	功　能	处　理	备　注
照明开	照明开	打开客室照明	显示图标	只有当本端激活时，点击有效
照明关	照明关	关闭客室照明	显示图标	只有当本端激活时，点击有效

4）“紧急广播”界面

紧急广播界面见图 1-29，各部分显示说明见表 1-11。

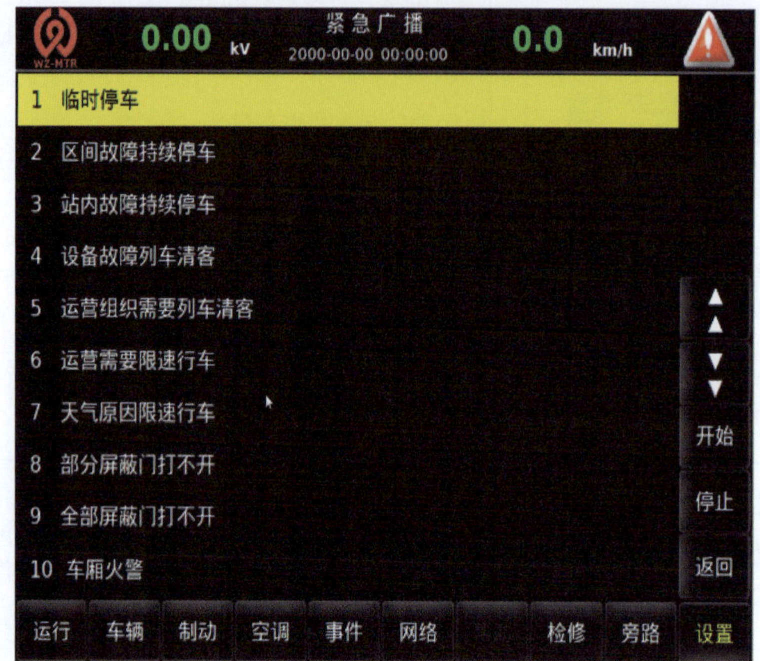

图 1-29 紧急广播界面

表 1-11 紧急广播界面各部分显示说明

按键名称	图 示	功 能	备 注
上翻页		切换到紧急广播上一页	
下翻页		切换到紧急广播下一页	
开始	开始	开始广播	
停止	停止	停止广播	
返回	返回	切换到设置界面	

3.“车辆”界面 I

“车辆”界面 I 见图 1-30。

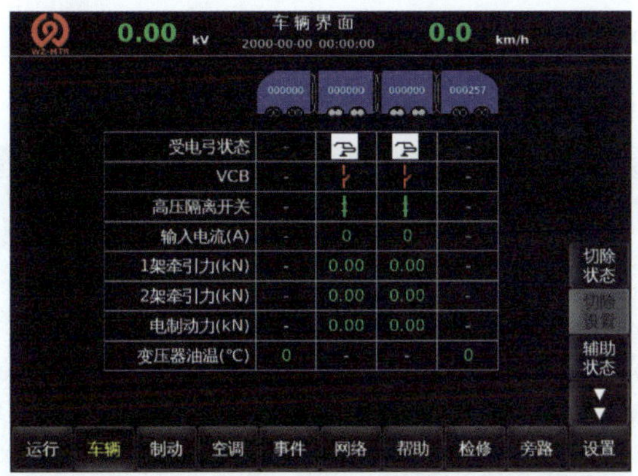

图 1-30 “车辆”界面Ⅰ

4．“车辆”界面Ⅱ

“车辆”界面Ⅱ见图 1-31。

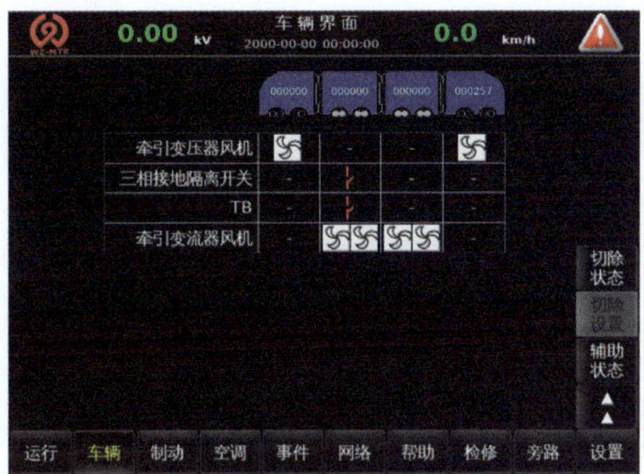

图 1-31 “车辆”界面Ⅱ

1）“车辆帮助”界面

“车辆帮助”界面见图 1-32。

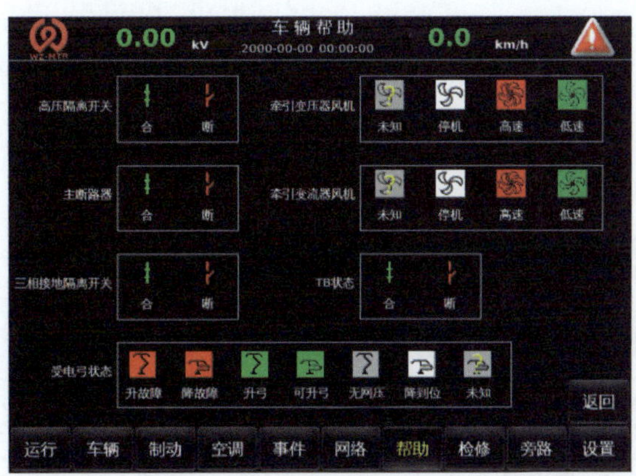

图 1-32 “车辆帮助”界面

2）“切除状态”界面

“切除状态”界面见图 1-33。

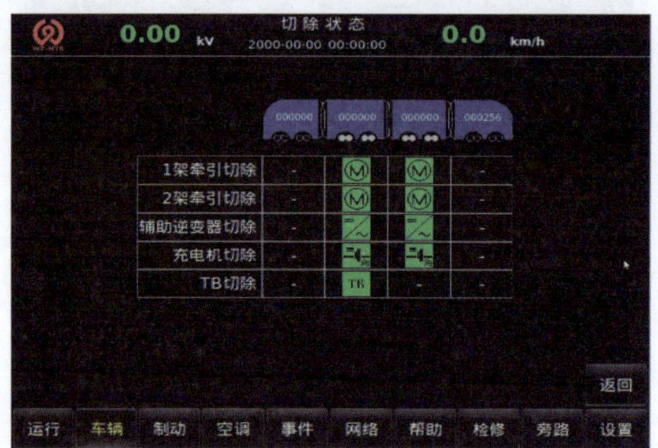

图 1-33 “切除状态”界面

3）“设备切除”界面

“设备切除”界面见图 1-34，各部分图示说明见表 1-12。

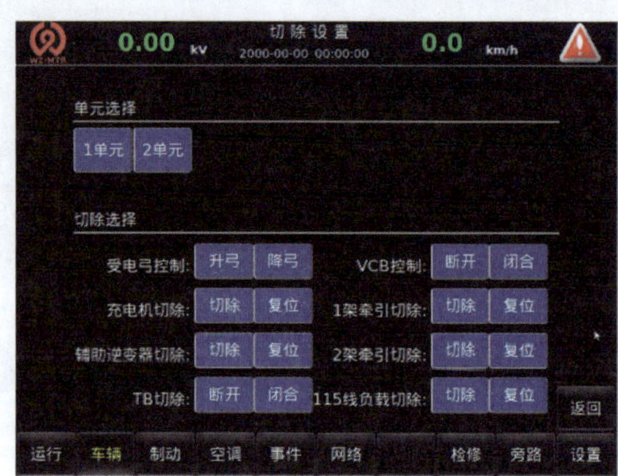

图 1-34 “设备切除”界面

表 1-12 “设备切除”界面各部分图示说明

按键名称	图 示	功 能	备 注
1 单元	1单元	选择列车 1 单元	
2 单元	2单元	选择列车 2 单元	
受电弓远程控制	上升 下降	受电弓上升、下降	
远程切除/远程复位	切除 复位	设备切除、复位	
VCB 远程控制	断开 闭合	VCB 断开、闭合	
返回	返回	切换到设置界面	

4）“辅助”界面

“辅助”界面见图 1-35。

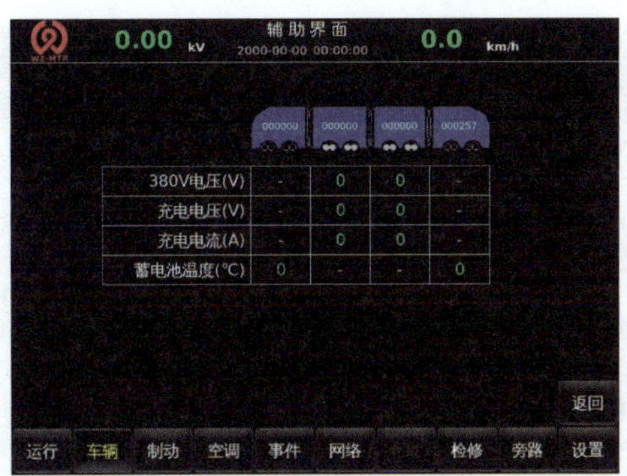

图 1-35 “辅助”界面

5.“制动”界面

1）“制动”界面

“制动”界面见图 1-36。

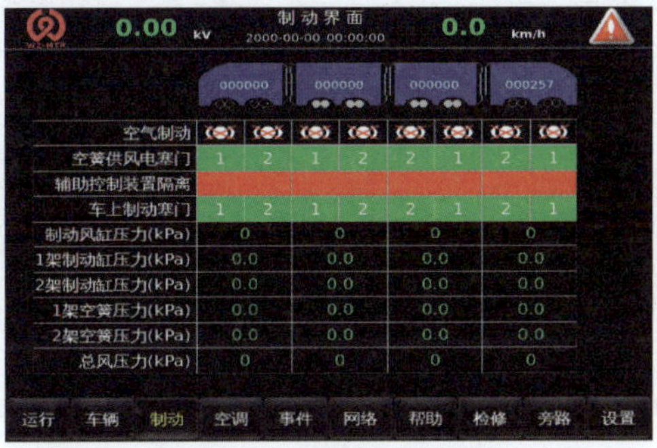

图 1-36 “制动”界面

2）“制动帮助”界面

“制动帮助”界面见图 1-37。

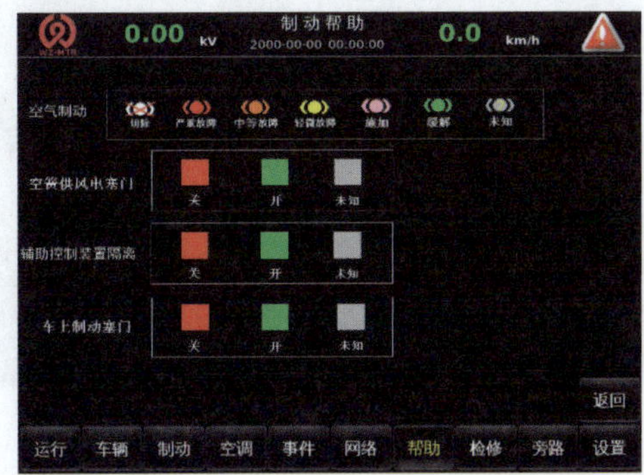

图 1-37 “制动帮助”界面

6．“空调”界面、“空调帮助”界面、“空调设置”界面

“空调”界面、“空调帮助”界面、“空调设置”界面见图 1-38。

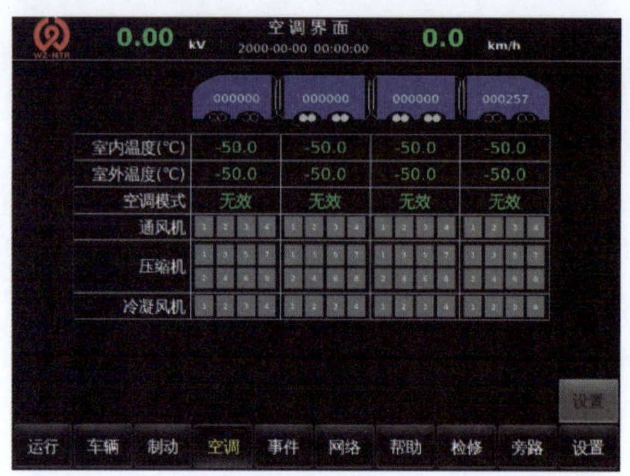

（a）“空调”界面

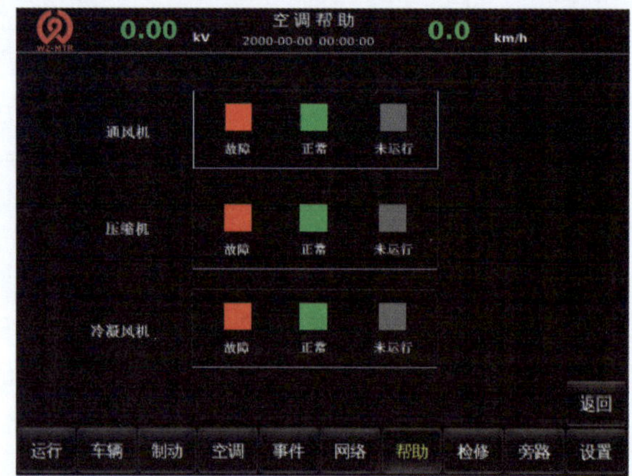

（b）“空调帮助”界面

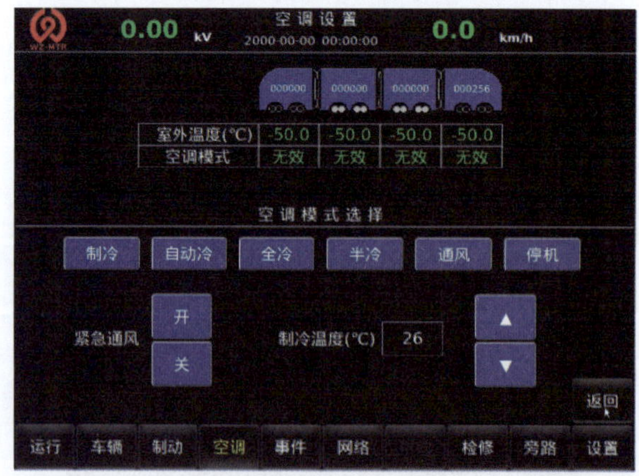

（c）“空调设置”界面

图 1-38 “空调”界面、“空调帮助”界面、“空调设置”界面

7.“现存故障”界面

“现存故障”界面见图 1-39，“现存故障”界面各部分图示说明见表 1-13。

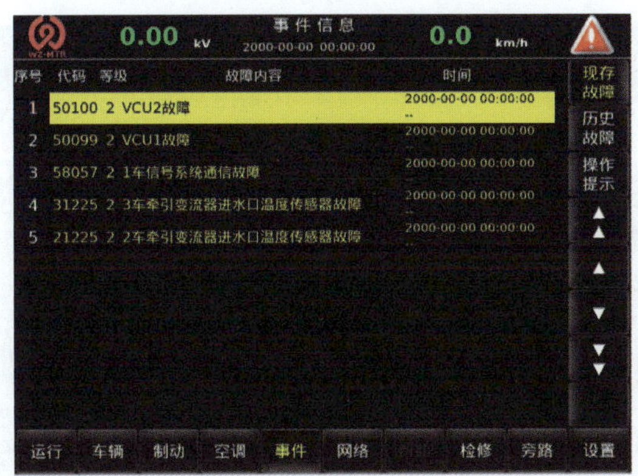

图 1-39 “现存故障”界面

表 1-13 “现存故障”界面各部分图示说明

按键名称	图 示	功 能	备 注
确认	确认	切换到故障提示界面	
下一页		切换到故障界面下一页	到第 10 页或堆栈第一层时不执行任何操作
上一页		切换到故障界面上一页	到第 1 页时不执行任何操作
上一条		提亮上一条故障	进入“现存故障”页面后，默认第一条提亮。到第 1 条时不执行任何操作
下一条		提亮下一条故障	到最后一条时不执行任何操作

1）“历史故障”界面

“历史故障”界面见图 1-40。

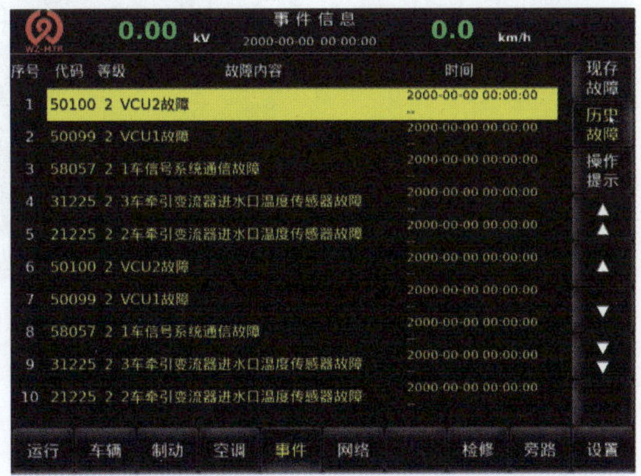

图 1-40 “历史故障”界面

2）“故障提示”界面

“故障提示”界面见图 1-41。

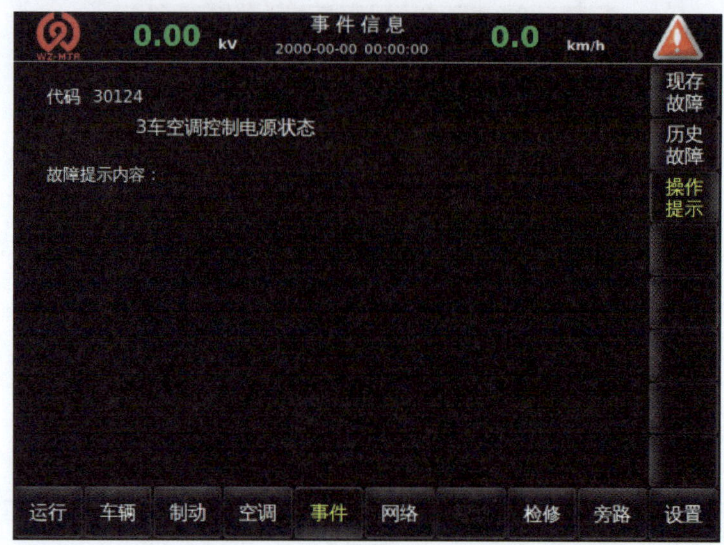

图 1-41 “故障提示”界面

8．“牵引状态”界面Ⅰ

“牵引状态”界面Ⅰ见图 1-42。

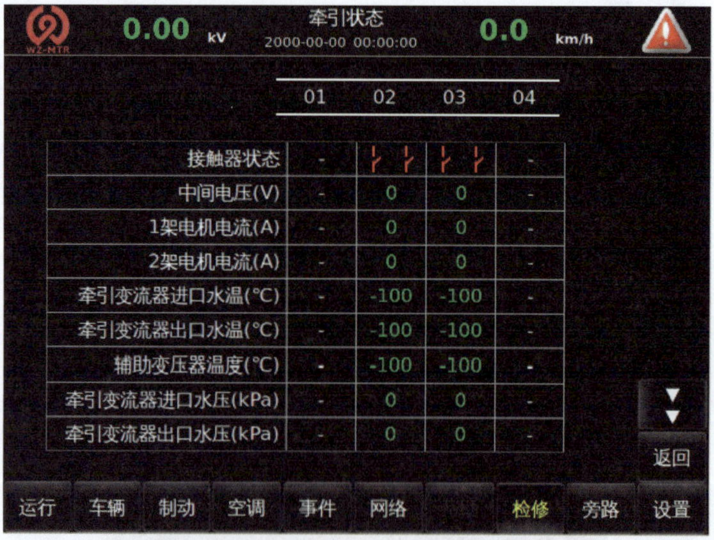

0.00 kV 牵引状态 2000-00-00 00:00:00 0.0 km/h

	01	02	03	04
接触器状态	-			-
中间电压(V)	-	0	0	-
1架电机电流(A)	-	0	0	-
2架电机电流(A)	-	0	0	-
牵引变流器进口水温(℃)	-	-100	-100	-
牵引变流器出口水温(℃)	-	-100	-100	-
辅助变压器温度(℃)	-	-100	-100	-
牵引变流器进口水压(kPa)	-	0	0	-
牵引变流器出口水压(kPa)	-	0	0	-

返回

运行 车辆 制动 空调 事件 网络 检修 旁路 设置

图 1-42 “牵引状态”界面Ⅰ

9．“牵引状态”界面Ⅱ

“牵引状态”界面Ⅱ见图 1-43。

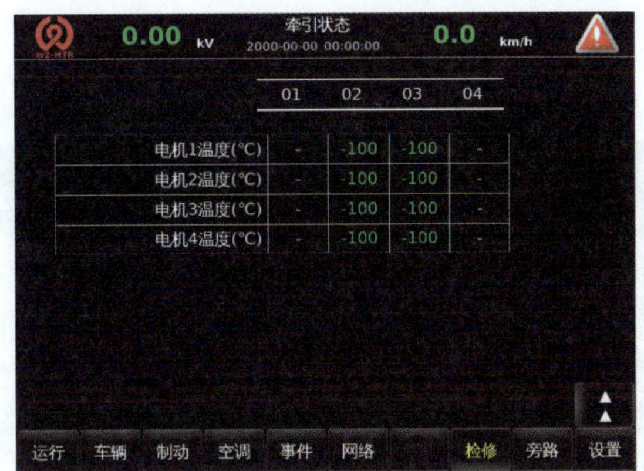

图 1-43 “牵引状态”界面Ⅱ

10．“旁路信息”界面

“旁路信息”界面见图 1-44。

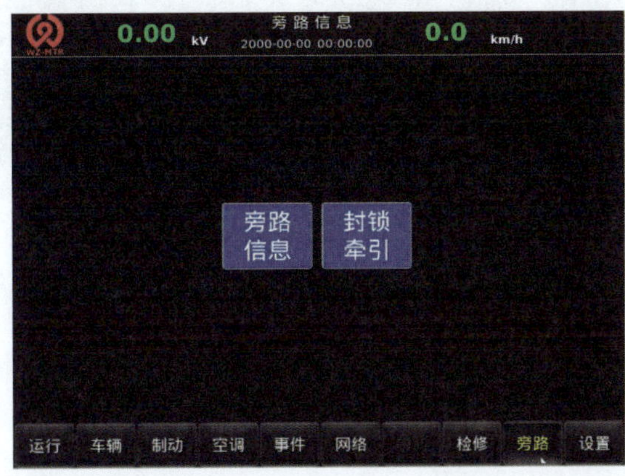

图 1-44 “旁路信息”界面

1）“旁路”界面

“旁路”界面见图 1-45。

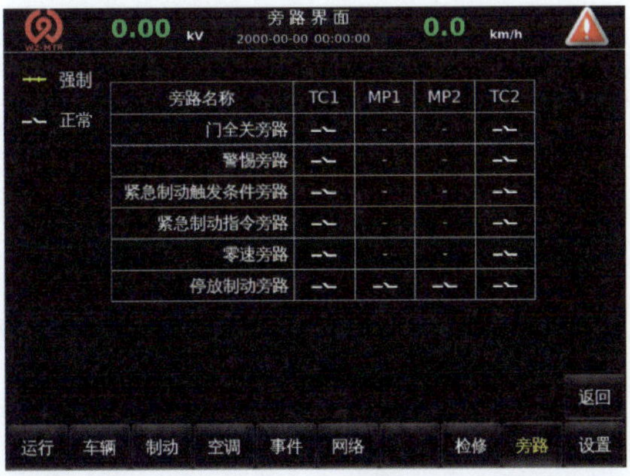

0.00 kV　旁路界面　2000-00-00 00:00:00　0.0 km/h

强制　正常

旁路名称	TC1	MP1	MP2	TC2
门全关旁路	-~-	-	-	-~-
警惕旁路	-~-	-	-	-~-
紧急制动触发条件旁路	-~-	-	-	-~-
紧急制动指令旁路	-~-	-	-	-~-
零速旁路	-~-	-	-	-~-
停放制动旁路	-~-	-~-	-~-	-~-

返回

运行 车辆 制动 空调 事件 网络 检修 旁路 设置

图 1-45 “旁路”界面

2）“牵引封锁”界面

“牵引封锁”界面见图 1-46。

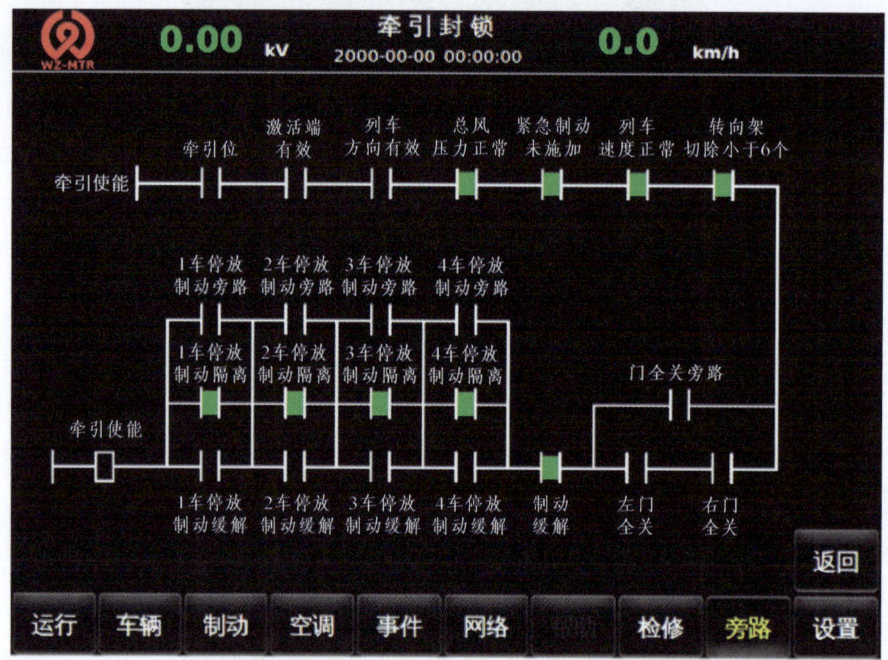

图 1-46 “牵引封锁”界面

六、其他设备功能介绍

其他设备功能见表 1-14。

表 1-14 其他设备功能

序号	设备名称	功能介绍	外形图
1	PIS 监控触摸屏	用于列车视频监视，通过可触摸显示器可选监视车辆	
2	左侧屏	操作左侧门	
2.1	左使能	带灯自复位透明按钮。人工模式下，按下强制给出使能信号，此时灯亮	
2.2	左关门	自复位红色按钮，按压到底保持 1 s 以上，客室左侧门关闭	
2.3	左开门	带灯自复位绿色按钮。当绿灯亮时，左侧客室车门允许开，按压到底保持 1 s 以上，客室左侧门开	

续表

序号	设备名称	功能介绍	外形图
3	右侧屏	操作右侧门	
3.1	右使能	带灯自复位透明按钮。人工模式下，按下强制给出使能信号，此时灯亮	
3.2	右关门	自复位红色按钮，按压到底保持 1 s 以上，客室右侧门关闭	
3.2	右开门	带灯自复位绿色按钮。当绿灯亮时，右侧客室车门允许开，按压到底保持 1 s 以上，客室右侧门开	
4	司机通风模式开关	自保持切换开关，分别为通风、停机和制暖	
5	司机通风风速开关	自保持切换开关，分为低速、中速和高速	

第四节 牵引高压系统

高压系统包括受电弓、网压互感器、避雷器、主断路器（含保护接地开关）、高压隔离开关、电流互感器、高压电缆组件（见图 1-47），采用 AC 25 kV 供电，并采用单弓受流，另

图 1-47　车顶高压设备

一台受电弓备用，同时设置主断路器和高压隔离开关对主回路进行开关和隔离。牵引变流器需要供电网压同步信号，同时车辆需要采集特高压信号，因此车顶需要设置网压互感器采集网压信号。另外，电流互感器采集主回路电流信号，当主回路接地故障时及时保护主回路，同时配备避雷器对车辆进行保护。

牵引系统包括牵引变压器、牵引变流器和牵引电机。1 个基本动力单元包括 1 个变压器、1 个变流器（1 拖 1），变流器采用架控式、主辅一体（见图 1-48）。

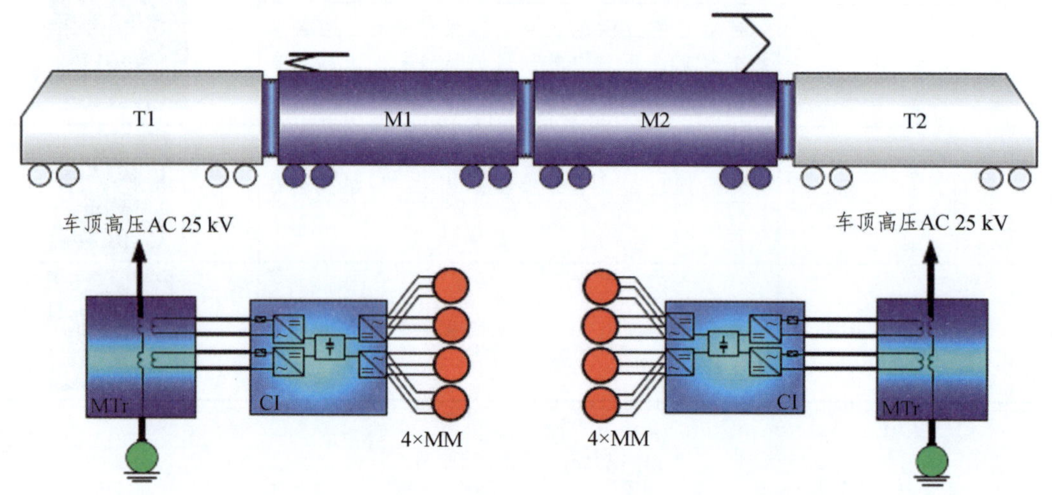

T—拖车；M—动车；MTr—主变压器；CI—主变流器；MM—牵引电机。

图 1-48　牵引系统

牵引变压器将从电网得到的 25 kV 单相交流电转换为 AC 970 V，作为四象限整流器的输入，经整流后转换成 DC 1 800 V；牵引逆变器将直流电逆变成频率及电压可变的三相交流电，并采用架控模式，分别给每台转向架上 2 台异步牵引电机供电，实现车辆的牵引。电制动工况时，牵引电动机作为发电机使用，将车辆的动能转化为电能输入牵引变流器中间直流环节，再经四象限整流器单相逆变后通过牵引变压器、受电弓反馈回电网。电气牵引系统的辅助逆变器从牵引主回路的中间环节取电，输出 3 相 AC 380 V，充电机从 3 相 AC 380 V 取电，输出 DC 110 V（见图 1-49）。

在 AC 25 kV 供电情况下，牵引供电网压波动时，牵引传动系统保证：

（1）网压在 29 ~ 31 kV 时，牵引功率线性下降至零，各设备均能正常工作；

（2）网压在 25 ~ 29 kV 时，发挥额定功率；

（3）网压在 22.5 ~ 25 kV 时，输出功率不低于额定功率的 90%；

（4）网压在 17.5 ~ 22.5 kV 时，牵引功率将线性降至 0，而辅助设备正常工作；当网压低于 19 kV 时，列车只能运行不超过 2 min，牵引封锁，辅助正常供电。

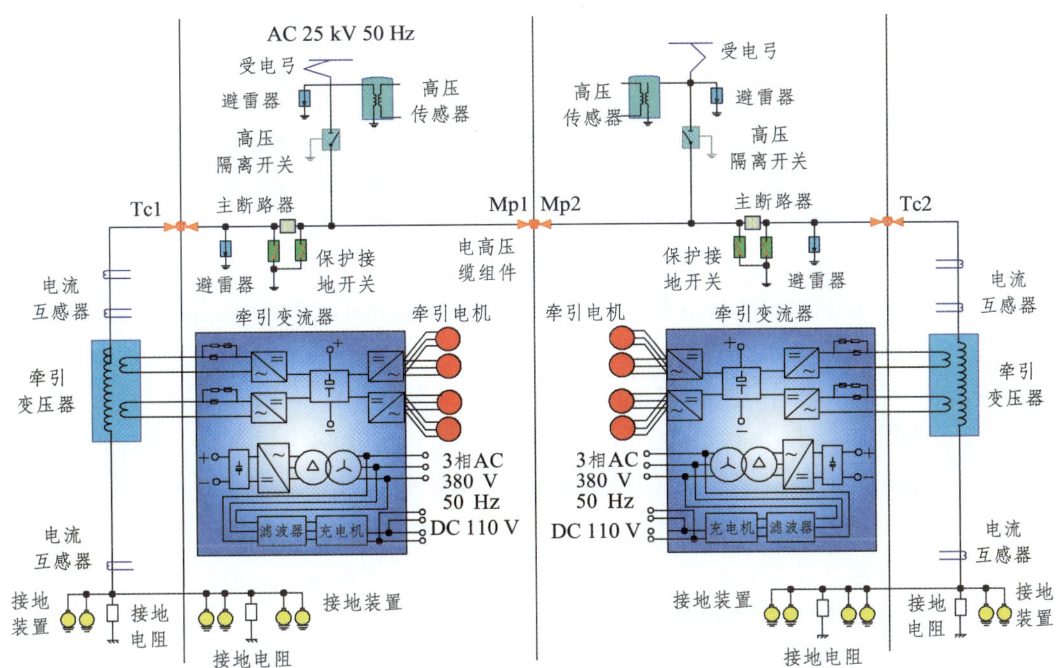

图 1-49　牵引系统主电路示意图

一、受电弓

受电弓主要由底架、下臂、上臂、弓头、绝缘子等部件组成，气动升弓装置安装在底架上，通过钢丝绳作用于下臂。下臂、上臂和弓头使用轻型铝合金焊接而成（见图 1-50）。

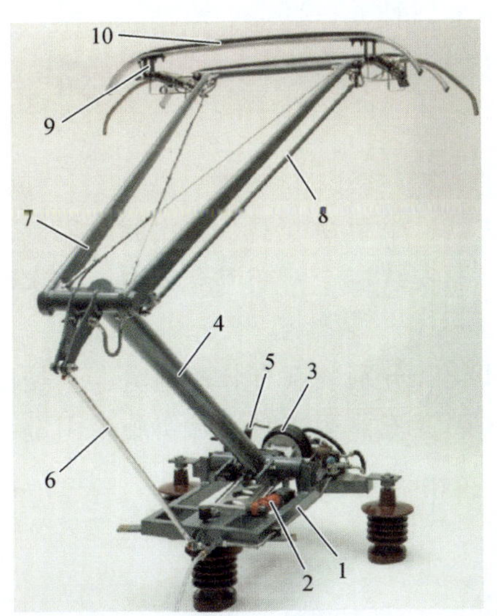

1—底架组装；2—阻尼器；3—升弓装置；4—下臂组装；
5—弓装配；6—下导杆；7—上臂组装；8—上导杆；
9—弓头；10—碳滑板。

图 1-50　受电弓结构

碳滑板安装在U形弓头支架上，弓头支架垂悬在4个拉簧下方，两个扭簧安装在弓头和上臂间，这种结构使碳滑板在机车运行方向上移动灵活，而且能够缓冲各方向上的冲击，达到保护碳滑板的目的。

二、牵引变压器

牵引变压器装载于拖车车体底部，用于把接触网上取得的25 kV高电压降至供低压电气设备使用的970 V低电压。

1．牵引变压器的特点

（1）冷却系统与变压器本体一体化结构设计，运输整体性好与安装效率高；
（2）储油柜侧面布置，实现扁平化设计；
（3）采用整体弹性悬挂；
（4）采用难燃、环保冷却绝缘油。

2．保护措施

保护系统设有温度保护、压力保护、液位保护及其油流保护功能。

（1）温度保护：监控变压器油温，达到警戒值时报警，以保证变压器的运行安全。

（2）压力保护：当变压器内部压强超过压力释放阀设定值时，压力释放阀释放压力，保证变压器的安全。

（3）液位保护：监控变压器液位。

（4）油流保护：油流继电器监控变压器油的流动。

三、牵引变流器

牵引变流器由四象限整流器、牵引逆变器、二次滤波回路、辅助逆变器和充电机组成。二次滤波回路的二次滤波电容器安装在牵引变流器柜内，二次滤波电抗器安装于牵引变流器柜外。

牵引变流器采用主辅一体化，分别装载有脉冲整流器、逆变器模块，中间回路连接辅助变流器装置进行辅助供电。牵引变流器运行时，除实施牵引电机电力供应和再生制动电流反馈外，还具备保护功能。

四、牵引电机

牵引电机主要为整车提供牵引动力。电机通入三相电后，电机产生电磁力，并通过联轴节与齿轮箱将力传递到车轮，电机旋转带动车轮旋转，从而使得整车向前运行。

牵引电机采用自通风式三相鼠笼式异步电机，设置速度传感器，向牵引变流器、制动控制装置提供转速信号（转子频率）。

五、过分相控制

过分相指的是在交流牵引电气化区段的两个供电分区之间的接触网无电区（见图 1-51）。

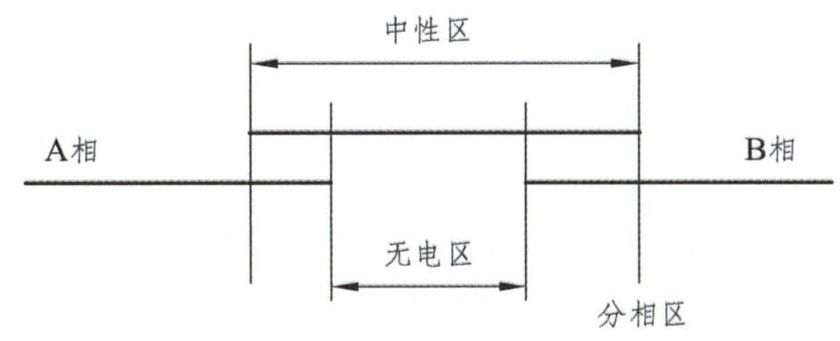

图 1-51　供电分区

因为接触网—受电弓—列车—钢轨形成一个完整的电流回路，而相邻的供电分区之间的电流方向是相反的，一个是 A 相电，一个是 B 相电，如果此时受电弓同时跨接了两个供电分区，就相当于相间短路，很容易造成变电所跳闸、变压器被击穿，甚至接触网塌架等严重事故，所以列车经过分相区时必须保持隋行通过，不得施加牵引力，并断开主断路器。

1．车载自动过分相装置过分相

系统由车载感应器（简称车感器，含地面感应器）、自动过分相信号处理器和信号指示三部分组成（见图 1-52）。

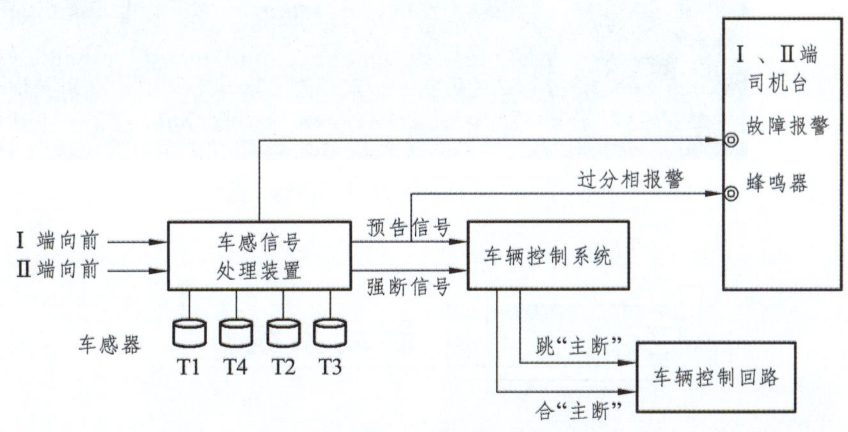

图 1-52　过分相装置原理图

车辆通过感应地面定位信号确定车辆与分相点的相对位置，地面定位和车辆感应信号分别采用斜对称埋设和备份接收，以保证自动过分相的安全和可靠（见图 1-53）。

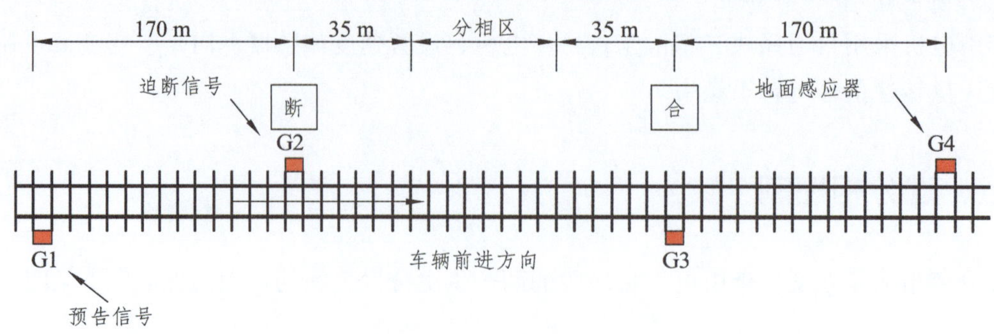

图 1-53 过分相区段图

2．手动过分相

当过分相装置故障时，司机通过地面标志确认车辆需要进行过分相。通过操作 HMI 设置界面中的【手动过分相】按钮，实现手工过分相，当车辆检测网压中断后，待网压恢复后自动闭合真空断路器（见图 1-54）。

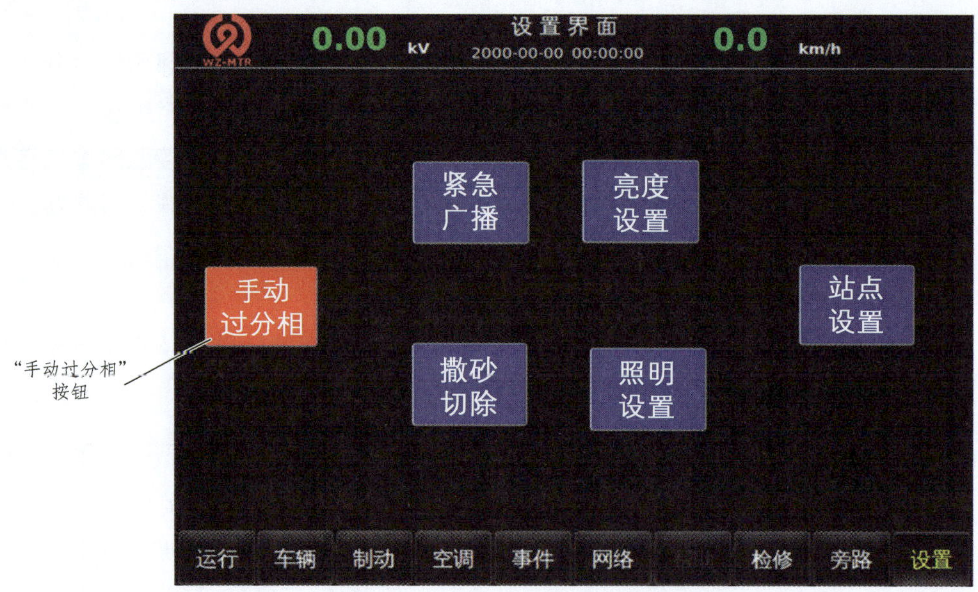

图 1-54 "手动过分相"按键

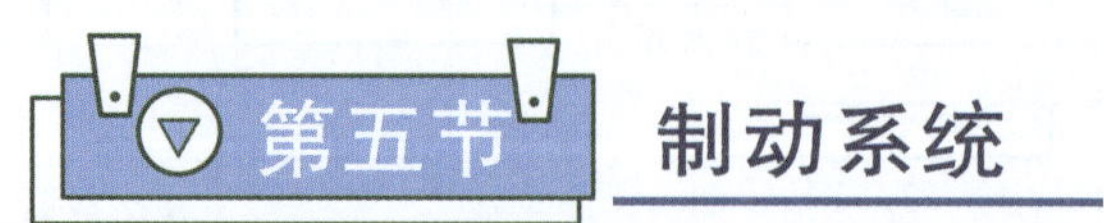

第五节 制动系统

一、制动系统工作原理

制动系统采用 1 动 1 拖为一个控制单元的微机控制直通式电空混合制动系统。制动力管理采用列车级管理模式，采用单管供风方式。

全列车分为两个制动控制单元，每个控制单元内的主 G 阀接收到列车制动指令后，进行制动力的管理和分配，并将分配后的制动力通过内部控制器局域网络（CAN）传输到各个电子制动控制单元（EBCU）（见图 1-55）。

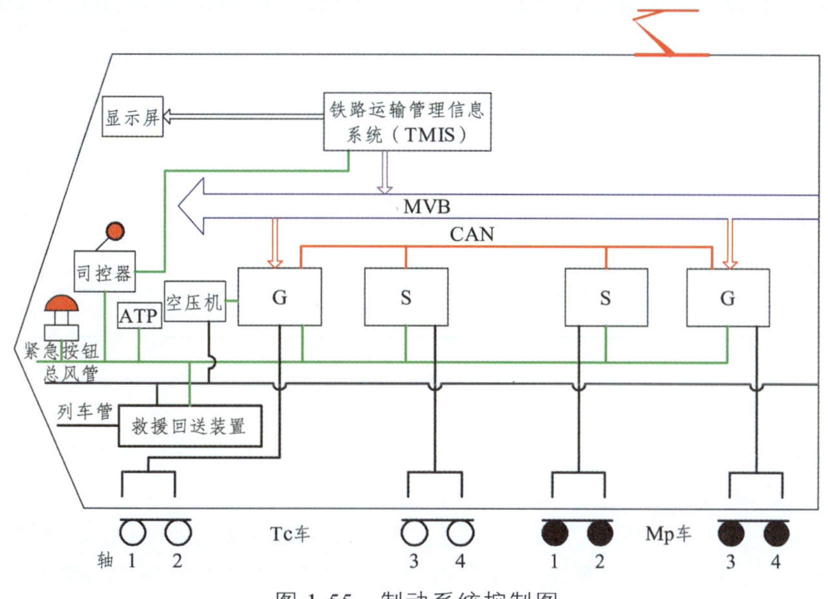

图 1-55　制动系统控制图

二、系统功能

1．常用制动

通过司机控制器实施 0%～100% 的常用制动；常用制动为复合制动，电制动优先；具有列车冲击限制、空重车载荷调整功能。

2．快速制动

通过司机控制器的最后一位触发快速制动，快速制动为复合制动，制动时电制动优先，与常用制动一样，具有列车冲击限制、空重车载荷调整功能。

3．紧急制动

通过紧急制动安全环路失电控制制动控制装置实施紧急制动，紧急制动为纯空气制动，紧急制动无冲击限制功能，具有空重车调整功能。市域动车组紧急制动距离见表 1-15。

4．停放制动

司机操作台设有停放制动施加和缓解按钮，通过操作按钮分别使贯穿全列车的停放制动施加和缓解列车线得电，控制停放制动施加和缓解；转向架两侧设有手动缓解装置，通过它可进行停放制动的手动缓解。

表 1-15　市域动车组紧急制动距离

制动初速/（km/h）	制动距离/m	
	AW0 ~ AW2	AW3
140	≤639	≤639
120	≤468	≤468
100	≤329	≤329
80	≤215	≤215
60	≤125	≤125
40	≤59	≤59
20	≤18	≤18

5．保持制动

保持制动施加：制动控制单元（BCU）检测到无硬线牵引信号且列车零速（小于 1 km/h）时，自动施加保持制动。

保持制动缓解：网络正常时，BCU 根据 TCMS 发出的缓解指令缓解保持制动；网络故障或紧急牵引模式下，BCU 检测到有硬线牵引指令、无硬线制动指令且列车速度大于 2 km/h 时，将自动缓解保持制动；BCU 检测到速度大于 5 km/h（牵引位）后，自动缓解保持制动。

三、制动切除操作

常用制动、快速制动、紧急制动不能正常缓解时，需要操作相应转向架的制动切除塞门（位于客室座椅下），进行强制制动切除（见图 1-56）。

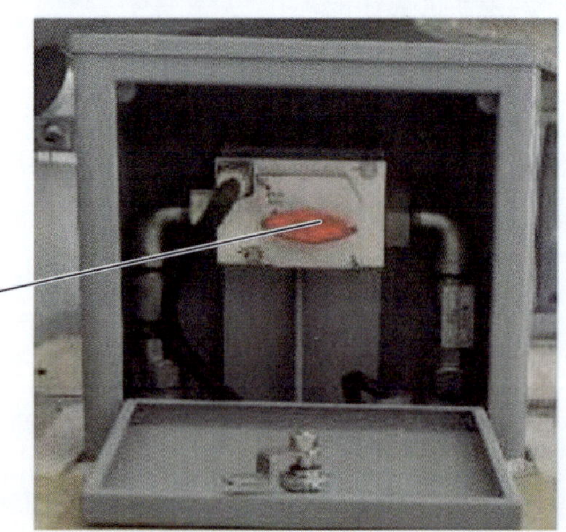

图 1-56　制动切除塞门

当需要切除停放制动时，操作相应的停放制动切除塞门（位于车下的辅助控制模块内），同时操作相对应的停放制动手动缓解拉绳进行强制切除（见图 1-57）。

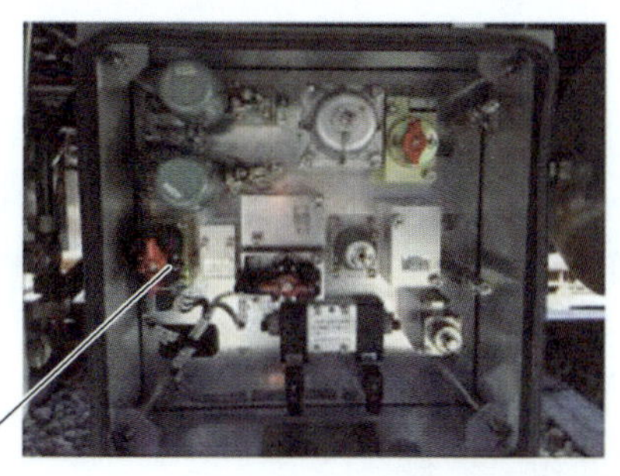

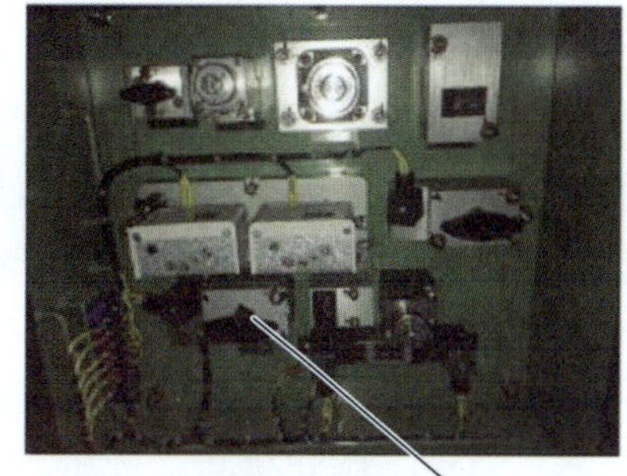

图 1-57　停放制动隔离

四、撒砂装置

为了提升进站制动效果，缩短制动距离，在 1、2、3、4 车 3 轴安装有撒砂装置（见图 1-58）。相应转向架安装有撒砂口。撒砂口通过安装托架安装在轴箱体下方，包括撒砂喷嘴和电加热装置。撒砂石通过撒砂管及线缆与车体上的撒砂装置连接，按列车指令向钢轨上撒砂，以达到增加轮轨黏着的目的。

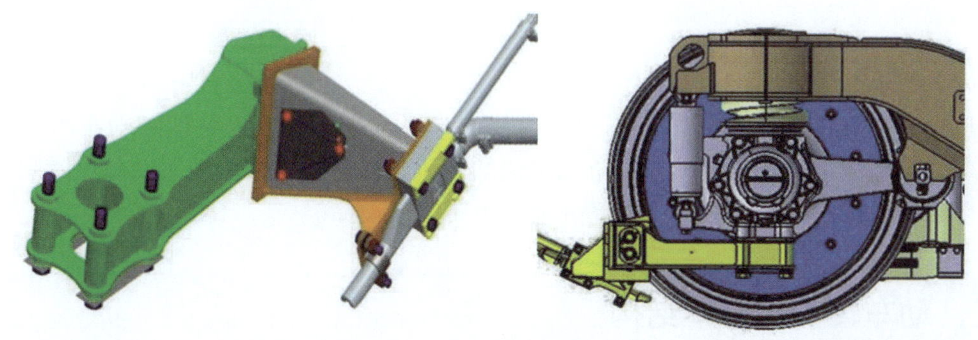

图 1-58　撒砂装置

撒砂单元安装于车轴的轮对附近，受车辆制动控制装置中撒砂控制模块的控制，具有自动撒砂和手动撒砂两种功能，具体如下：

1．自动撒砂

（1）最大常用、紧急、快速制动工况下出现严重滑行时，单个或多个 BCU 向 MON（动车组车辆信息控制装置）传输撒砂请求信号，MON 收到后统一下发送撒砂指令，控制 BCU 输出前进方向自动撒砂（1 车 3 轴、3 车 3 轴或者 2 车 3 轴、4 车 3 轴），此时司机无须进行操作。

（2）可以通过网络显示屏的“设置”界面切除/复位撒砂功能。

撒砂切除：点击“撒砂切除”按钮，即可切除撒砂。

撒砂复位：再次点击“撒砂切除”按钮，即可复位撒砂。

2．手动撒砂

（1）司机操作操纵台上的“人工撒砂”按钮（见图 1-59）可进行人工撒砂。

图 1-59 “人工撒砂”按钮

（2）当车辆频繁报滑行或者空转、同类车救援时，可以操作人工撒砂。

（3）5 km/h 以上可手动持续撒砂，5 km/h 以下每次允许手动撒砂 10 s。

第六节 转向架

一、概　述

市域动车组转向架是以城际动车组转向架技术平台为基础，保持城际动车组转向架安全、成熟、可靠的结构及特点，针对市域车辆站站停、起动制动加速度大、站停时间短、乘降速度快的技术特点研制的城际市域系列动车组转向架产品。

二、动车转向架基本结构

动车转向架主要由构架、轮对组成、轴箱装置、一系悬挂、二系悬挂、牵引装置、驱动装置、基础制动装置、撒砂装置等部分构成（见图 1-60）。

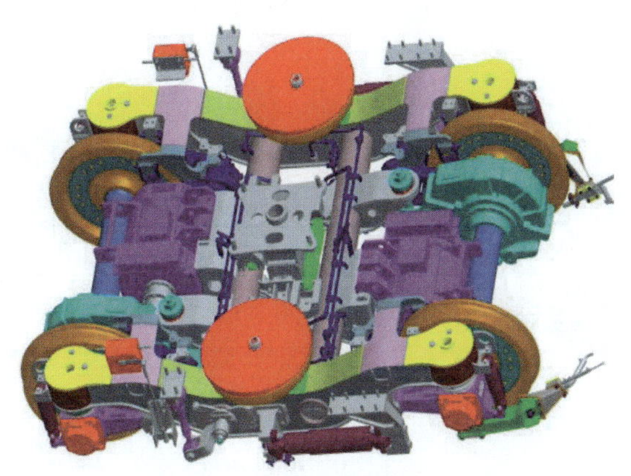

图 1-60　动车转向架

三、拖车转向架基本结构

拖车转向架可分为中间转向架和端部转向架两类，两者结构基本相同，只是端部转向架上装有排障器、轮缘润滑装置。中间转向架主要由构架、轮对组成、轴箱装置、一系悬挂、二系悬挂、牵引装置、基础制动装置、速度传感器、撒砂装置等部分构成（见图 1-61）。

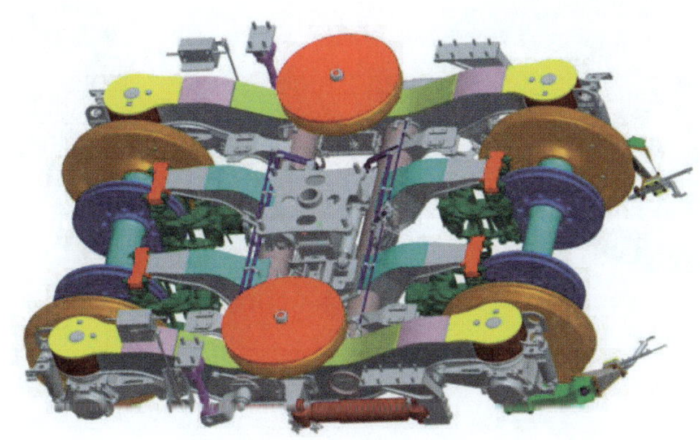

图 1-61　拖车转向架

四、构架组成

构架分为动车构架和拖车构架两种（见图 1-62），为 H 形焊接结构。构架由侧梁、横梁、纵向辅助梁、电机吊座、制动吊座及其他焊接附件组成。侧梁为箱形断面，横梁采用无缝钢管型材。

动车构架和拖车构架主结构相似，不同之处主要是动车构架设有电机吊座和齿轮箱吊座，侧梁设有轮盘制动吊座；拖车构架设有轴盘制动吊座和轮缘润滑安装座；同时，动、拖车构架预留踏面清扫器安装座。

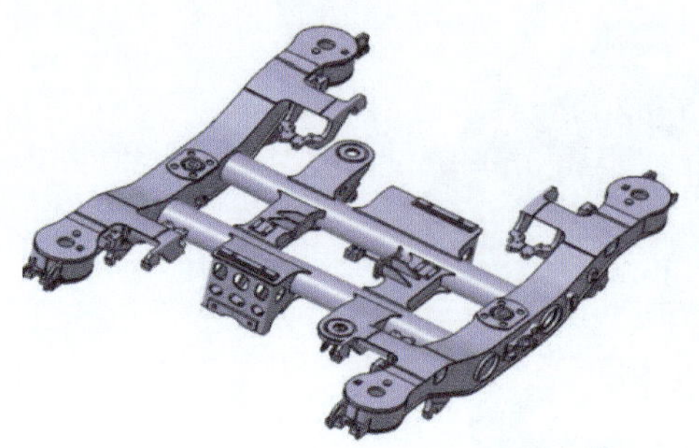

（a）动车构架组成

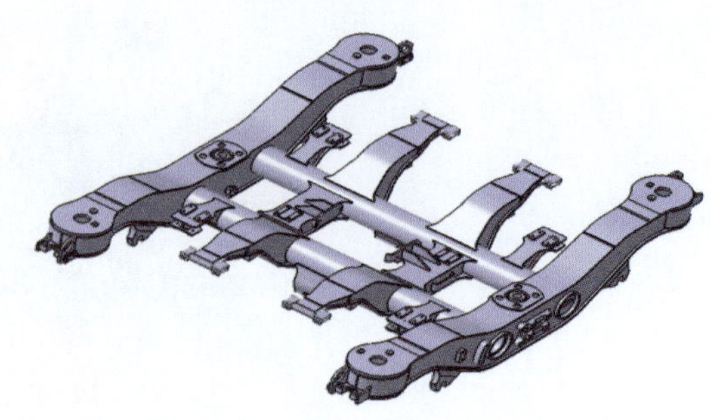

（b）拖车构架组成

图 1-62　构架组成

五、轮对组成

轮对组成主要包括车轮、车轴、制动盘（轮盘和轴盘）、齿轮箱等。轮对分为动车轮对和拖车轮对（见图 1-63），动车轮对车轴上安装齿轮箱装置，而拖车轮对安装有轴盘。此外，拖车轮对因安装有不同速度传感器齿轮而略有差异。

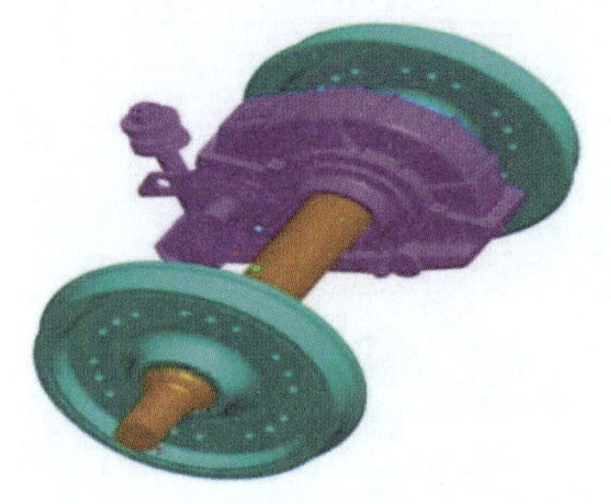

（a）动车轮对组成

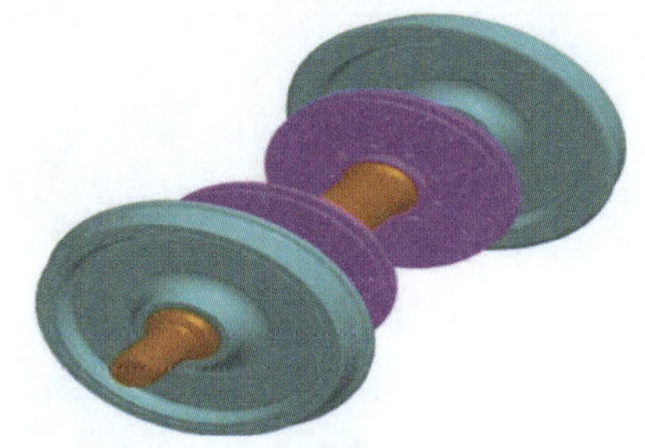

（b）拖车轮对组成

图 1-63　轮对组成

六、一系悬挂装置

一系悬挂装置（见图 1-64）主要包括轴箱弹簧、垂向油压减振器、弹性定位节点、弹簧夹板、绝缘罩和轮对提吊等零部件。

图 1-64　一系悬挂装置

七、二系悬挂装置

二系悬挂装置（见图 1-65）主要由空气弹簧系统、牵引装置、横向减振器、抗蛇形减振器及横向止挡等零部件组成。

图 1-65　二系悬挂装置

八、空气弹簧装置

空气弹簧装置（见图 1-66）主要包括空气弹簧及其附属的高度调整阀、差压阀等。空气弹簧采用自由膜式气囊，与下部的锥形橡胶堆组成一体。

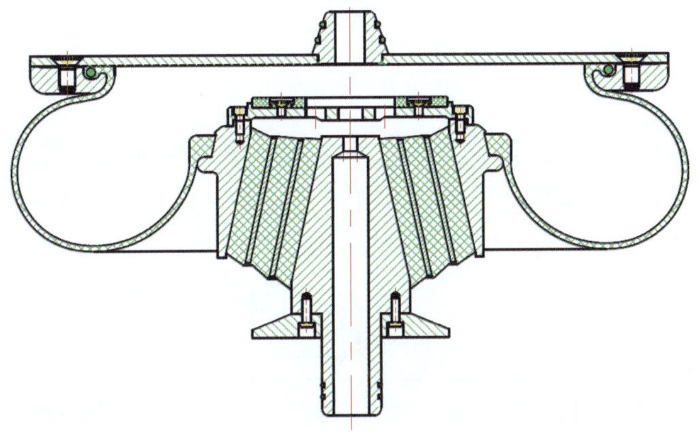

图 1-66　空气弹簧装置

九、牵引装置

牵引装置（见图 1-67）主要包括中心牵引销、牵引拉杆等零件。中心牵引销为钢板焊接结构，材料采用耐候钢板，焊接后通过退火处理消除残余应力。牵引拉杆是传递车体与转向架之间纵向载荷的主要承载构件，牵引拉杆通过两端的橡胶节点与构架和牵引销连接，在满足纵向载荷传递的同时提供拉杆和连接座的垂向及横向位移。同时牵引装置还设置整体提吊安装座，满足整车提吊功能。

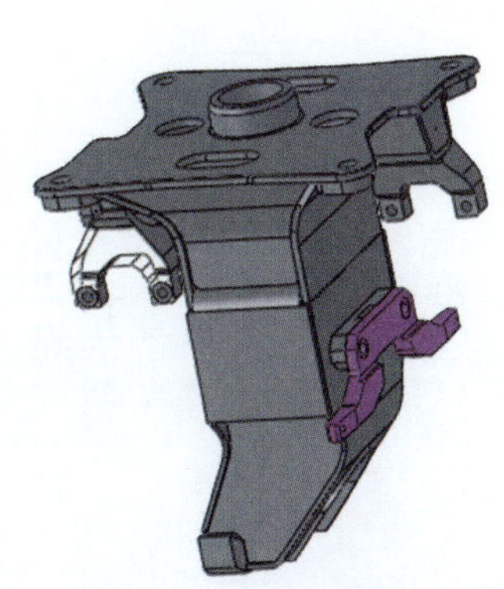

图 1-67　牵引装置

十、驱动装置和齿轮箱

驱动装置（见图 1-68）采用简单而实用的挠性浮动齿式联轴节、牵引电机架悬结构，即通过挠性浮动齿式联轴节将牵引电机输出轴与齿轮箱的输入轴连接起来，在传递扭矩的同时，允许两者间有相对运动。

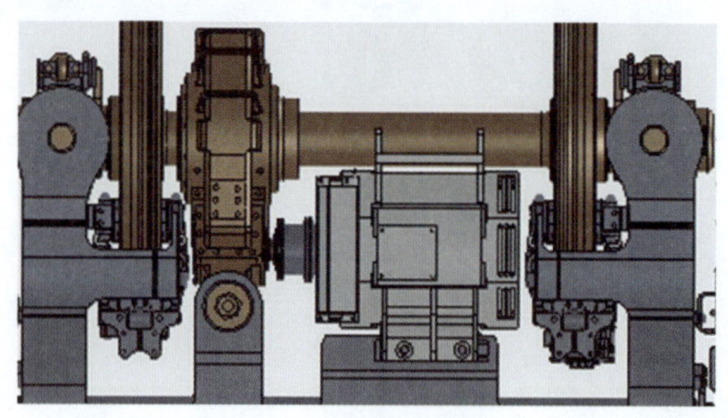

图 1-68 驱动装置

牵引电机采用架悬方式，电机安装在横梁外端的电机吊座上，安装时将电机安装槽卡在吊座上的矩形安装座上，并由上下 4 个紧固螺栓连接。

十一、转向架制动装置

动车采用 2 轮装制动盘（见图 1-69），拖车采用 2 轴装制动盘（见图 1-70），并设置有停放制动夹钳。当需要手动缓解停放功能时，可通过设置于转向架两侧的手制动缓解装置进行缓解。每个制动夹钳在转向架两侧均有缓解装置，便于操作。

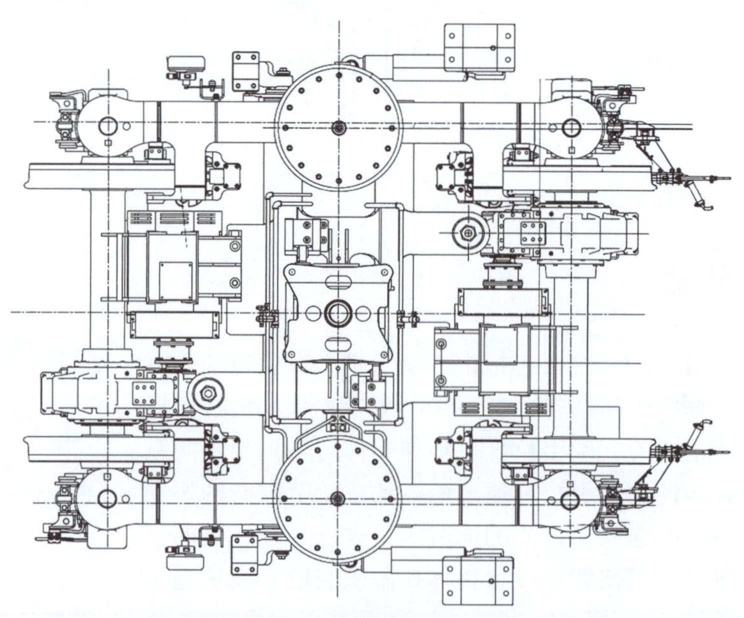

图 1-69 动车基础制动装置

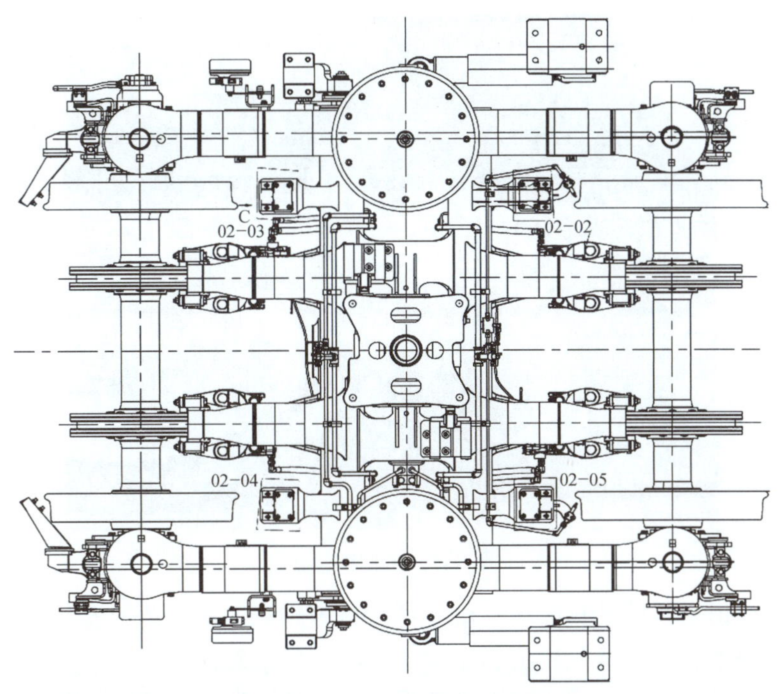

图 1-70　拖车基础制动装置

十二、轮缘润滑装置

头、尾车转向架设置轮缘润滑装置（见图 1-71）。轮缘润滑装置采用液体润滑装置，保证经济、有效地减小轮轨之间的磨损。列车两端第一个转向架各装一套湿式轮缘润滑装置。

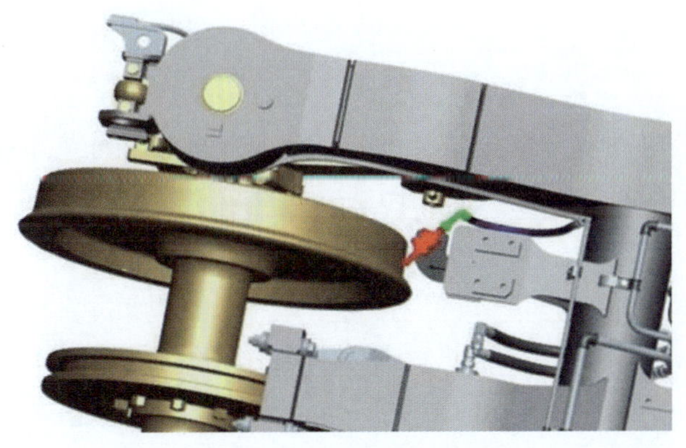

图 1-71　轮缘润滑装置

十三、排障装置

在车辆两个端部拖车的最外端两个轮对的轴箱体底部安装了转向架排障装置（见图 1-72），其目的是排除轨道上的道砟等小型障碍物。排障装置结构形式同 CRH2 型车。

图 1-72　排障装置

排障装置主要由安装臂、排障板支座、排障板等组成。排障装置安装在轴箱的下部，因此应具有足够的强度，即使承受较大的振动，也不宜发生破损。

为了能够在车轮直径磨耗减小的条件下保持排障板与轨面的高度，在安装臂和支座上设计了齿轮配合的调节机构。

第七节　车门系统

一、概　述

客室侧门采用电控电动双开塞拉门，每列车有 4 节车厢，每节车厢装 8 套客室侧门。车门系统主要由驱动导向装置、锁闭装置、门扇、门框、紧急开门装置、隔离装置等组成。

二、主要功能

1．开关门功能

采用集中控制和本地控制两种方式来开关门；司机驾驶台两侧设置开门、关门和释放按钮；司机需先操作释放按钮才能操作开门按钮开门，并直接按关门按钮关门；车门由司机集控开关，司机释放后也可由乘客操作门口处的单门控制开关。

2．障碍检测功能

关门时，遇到障碍物后车门停止关闭并自动打开，1 s 后重新关门，循环 3 次后全开，报故障。开门时，遇到障碍物后车门停止开门，3 s 后再次尝试开门，循环 3 次后报故障。障碍检测力和可检测障碍物的大小符合 EN14752 的规定；车门系统通过电机电流、时间位移、敏感边缘三种方式来检测障碍物。

3．故障隔离功能

车门故障时可锁闭隔离锁，机械锁闭车门的同时将门设置为非使用状态，动车组可继续运行；车门被隔离后，车门退出使用，不再执行控制指令；隔离的车门不能通过紧急开门装置打开。

4．紧急开门功能

每个塞拉门均设有车内、车外紧急开门装置；车内需先操作请求，然后拉动把手开门，车外可用四角钥匙开门；操作开门时，拉动把手并保持，同时拉动门扇离开锁闭位。当列车速度大于 10 km/h 时，车内紧急装置不能打开车门，车外则不受速度限制。

5．网络通信功能

采用 MVB + CAN 网络进行塞拉门的状态监控和故障诊断信息传递，即时传递故障信息，提示司机执行相应操作；开关门指令、释放指令、安全回路、速度信号等采用硬线传输。

6．牵引连锁功能

车门关闭状态与动车组的牵引联锁，全部车门关闭到位才能正常牵引。

7．零速保护功能

速度低于 5 km/h 释放信号才有效，允许开门；速度大于 5 km/h 自动发出关门指令。

三、开关门操作

1．开门操作

1）电动开门前提条件

（1）车辆控制信号“零速度”有效；
（2）门没有因隔离而退出服务；
（3）车门未被紧急解锁。

2）司机操作

启动车辆控制信号“开门”：有信号控车时，信号系统发出“门使能”信号后，操纵台上的“开门”按钮灯会点亮，司机操作点亮的“开门”按钮按压到底并保持 1 s 以上，车门打开。无信号控车时，司机首先确认开门侧，在相应侧操作侧墙上的“使能”按钮点亮“开门”按钮后，立刻按下“开门”按钮，然后保持“使能”按钮和“开门”按钮同时按压到底并保持 3 s 以上，车门打开。开门过程中，HMI 屏车门状态由绿色图标（关门状态）变为紫色图标（开门状态）。门只有在具备上述条件时才能打开，在延时一段时间（时间可调）后，车门开启。被打开的门将保持在开启状态直到车辆控制信号“关门”启动。在整个开门过程中，门口设置有灯光和警报音来提示车门的状态。

2．关门操作

1）电动关门前提条件

（1）车辆控制线“零速度”有效（车辆不运动）；

（2）门没有因隔离而退出服务；

（3）车门未被紧急解锁。

2）司机操作

门只有在具备上述条件时才能关闭。启动车辆控制信号“关门”，按下“关门”按钮按压到底并保持 1 s 以上。如发现有车门未关闭，再次操作“关门”按钮按压到底并保持 1 s 以上。在延时一段时间（时间可调）后，门开始关闭运动。在整个门系统关门运动过程中，门口设有灯光和警报来提示车门的状态。

第八节 列车操作显示器

列车操作显示器（TOD）是列车操作台的一部分，提供司机和车载控制系统之间的人机交互界面，TOD 向市域动车组司机提供运行模式、故障、操作等信息（见图 1-73）。

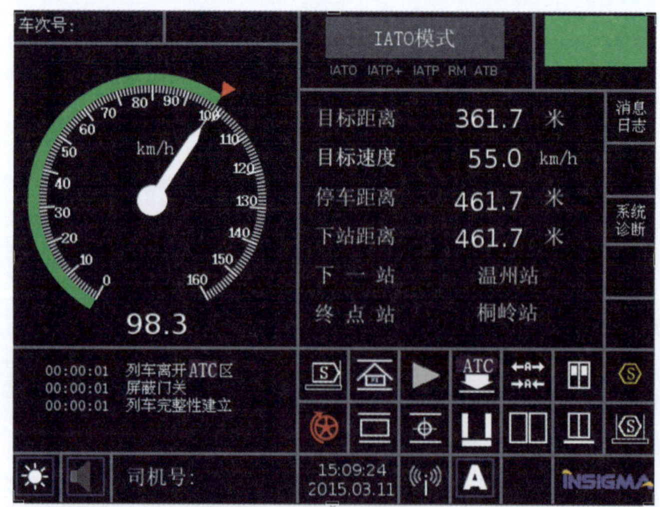

图 1-73 列车操作显示界面

从列车操作显示器中可以看到列车当前采用的驾驶模式，下方显示白色的是当前可用的模式。当某一模式不可用时，该模式变为灰色状态。当前 IATP + 、RM、ATB 三种模式可用，IATP 模式不可用，“IATO”为当前模式（见图 1-74）。

图 1-74 驾驶模式

一、速度显示

TOD 屏速度显示见图 1-75，其中绿色光带表示的是推荐速度，用于司机以人工模式驾驶列车时按该速度行车，指针为列车当前速度，对应于速度盘下方数字部分。如果列车速度超过推荐速度，指针变为黄色。黄色三角为 FSB（快速制动）速度，如果列车速度超过 FSB 速度，指针变为红色。在 IATP+和 IATP 模式下，需要司机调整牵引/制动力，使得列车速度回到安全范围，从而缓解 FSB；在 IATO 模式下，由车载控制器（CC）自动调整缓解。红色三角为 EB（紧急制动）速度，可引起紧急制动，一旦引起紧急制动，只能通过人工才能缓解。

红色的报警灯闪烁时，表示 EB 施加发生。当引起 EB 的原因解除后，红色报警灯静态显示。EB 缓解后，红色报警灯消失。当快速制动（FSB）发生时，黄色报警灯闪烁。当引起 FSB 的原因解除后，黄色报警灯静态显示。FSB 缓解后，黄色报警灯消失。如果当 FSB 和 EB 同时发生，显示 EB 的状态，即红色报警灯闪。

图 1-75 TOD 屏速度显示

二、消息显示

消息显示区用于显示最近收到的几条消息（见图 1-76），司机如果需要查看历史消息，可在停车状态下打开消息日志浏览窗口。

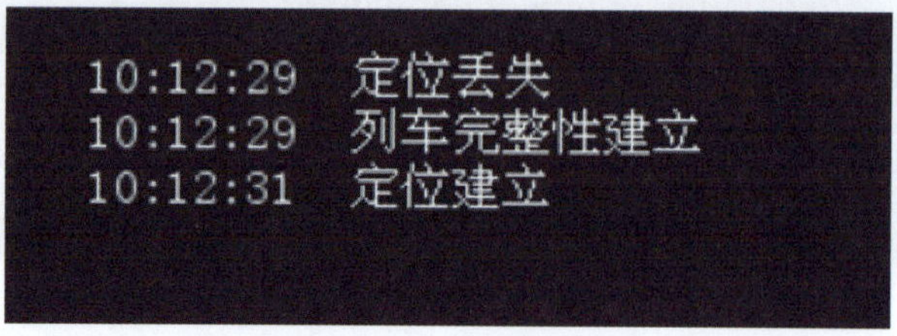

10:12:29 定位丢失
10:12:29 列车完整性建立
10:12:31 定位建立

图 1-76 消息显示

三、目标信息

目标信息区显示目标速度、目标距离、停站距离、下站距离、下一站站名、终点站站名（见图 1-77）。

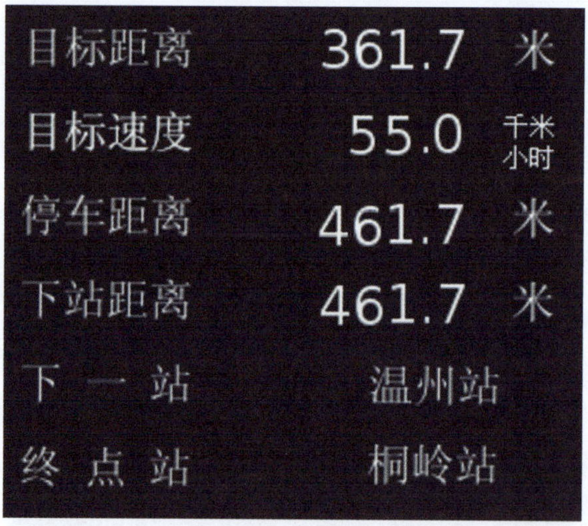

目标距离	361.7	米
目标速度	55.0	千米/小时
停车距离	461.7	米
下站距离	461.7	米
下 一 站	温州站	
终 点 站	桐岭站	

图 1-77 目标信息

（1）目标速度：列车必须遵循运行前方限速条件所约束的速度值，即列车的目标速度。

（2）目标距离：列车目标距离（列车距目标点的距离）与目标速度密切相关，是列车距前方预先知道的限速点（速度变化点）的距离。

（3）停车距离：当目标速度为零时，列车运行前方的目标点就是停车点。在这种情况下，列车距目标点的距离值与距停车点的距离值相等。

（4）下站距离：列车与前方车站头端停车点的距离。

四、状态信息

状态信息见图 1-78，各图标含义见表 1-16。

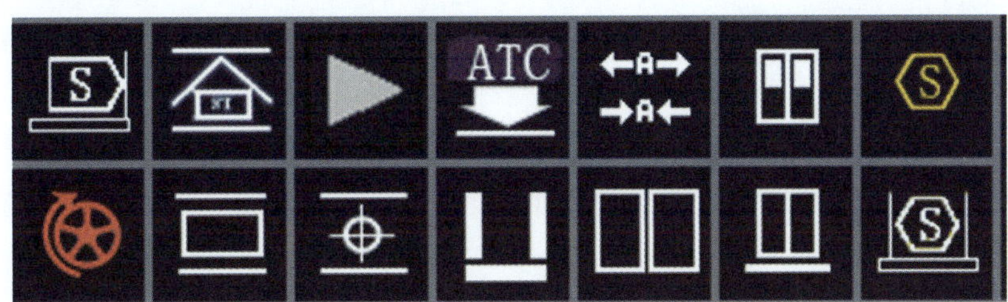

图 1-78　状态信息

表 1-16　状态信息图标含义

图　标	说　明	备　注
	停车到位	后退时需按发车按钮
	停车过位恢复可用（尾端有道岔）	
	停车过位恢复可用（尾端无道岔）	
	停车过位恢复中	
	过位恢复不可用，不允许后退	
	发车释放按钮允许	表明司机允许释放发车按钮
	发车释放	表明司机已按下发车按钮
	发车	表示列车获得移动授权发车

续表

图　标	说　明	备　注
	列车接近 ATC 区域	
	ATB 就绪	
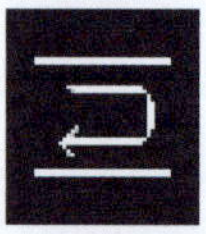	正在进行自动折返	
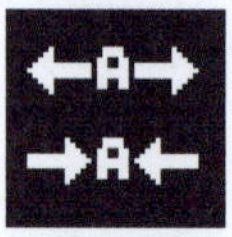	自动开、自动关	开门模式
	手动开、手动关	
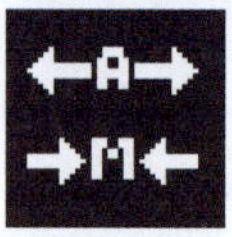	自动开、手动关	
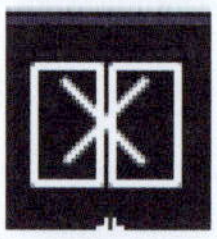	车门旁路开关处于 DBY	
	关门状态	车门状态显示
	开门状态	
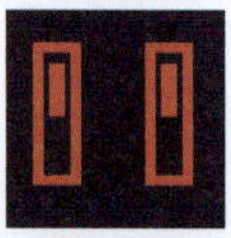	门出错状态	
	收到 ATS 发出的立即停车命令并伴随声音提示	

续表

图　标	说　明	备　注
	列车轮径需要校准	
	列车轮径校准完成	
	完整性丢失	
	完整性正常	
	定位丢失	
	定位建立	
	列车接近分相区	
	列车离开分相区	
	门无使能	
	门使能	门使能显示
	门使能（左）	

续表

图标	说明	备注
	门使能（右）	
	站台门关	站台门状态显示
	站台门开	
	该站无站台门	
	IATP 模式下站台门状态未知	
	IATP+、IATO、ATB 模式下站台门状态未知	
	列车静止	当车速为 0 时，显示该图标

第九节 辅助设备

一、辅助逆变器

辅助逆变器从牵引变流器中间直流回路取电，经过逆变、降压和滤波后输出三相 AC 380 V、50 Hz 电，为空调系统、主空压机、牵引系统冷却风机等设备供电。充电机从辅助逆变器输出的三相 AC 380 V 取电，经过整流、降压和滤波后输出 DC 110 V 电，为控制系统、照明、影视广播等设备供电。辅助逆变器、充电机分别设置在 2 号车和 3 号车车下，蓄电池分别设置在 1 号车和 4 号车车下，每车各一组。

当辅助交流电源故障时，客室、司机室的应急通风（通风量为额定载客情况时，人均应急新风量不低于 10 m^3/h）和紧急照明由蓄电池供电，能够维持 45 min，具体配置见图 1-79。

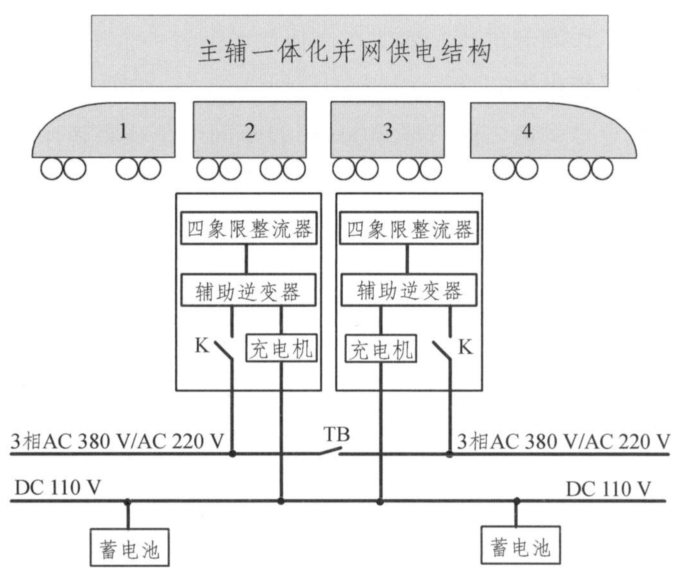

图 1-79　辅助系统配置图

2 台辅助逆变器采用并网供电模式：正常情况下，2 台辅助逆变器同时向全列交流负载供电，并留有一定的冗余。当某一台辅助逆变器发生故障时，通过切断故障辅助逆变器的输出接触器 K 将其隔离，另一台正常的辅助逆变器向全列负载供电，此时全列空调半载运行，且可启动一台空气压缩机，其他负载正常工作。

AC 380 V 母线上在 2、3 号车之间设置隔离接触器 TB（设置在 2 号车交流接触器箱内），当任一台辅助逆变器输出端 3 相 380 V 交流母线发生接地短路等故障时，司机可通过 TCMS 显示器远程控制 TB 的分断，将故障单元的 3 相 380 V 母线隔离，避免故障进一步扩大。

二、充电机

充电机集成在牵引变流器箱体内部，从辅助逆变器输出的 3 相 AC 380 V 取电，经过整流、降压和滤波后输出 DC 110 V 电，为控制系统、照明、影视广播等设备供电。

三、蓄电池

蓄电池箱包括电池箱与电气控制箱，电池箱内部有承载蓄电池组的电池台车。蓄电池电气系统主要由蓄电池电气安装板、接线端子、电缆等组成。

列车在无网压时，系统能够使列车内部事故照明、外部照明、紧急通风、车载安全设备、广播、通信系统等辅助设备在停车计划规定的时间内保持运行。

四、车间电源

地面电源连接器用于车辆在车库、地面检修等工况下高压电路断电后的低压供电，以保障车辆的保养、检修等工作顺利进行。两头车高压侧各配置一台车间电源插座，当车间电源接入时，仅给全车辅助系统供电。

车间电源供电与受电弓供电之间有联锁关系，当车间电源插座被操作时，VCB 自动断开、受电弓自动降下，并在 HMI 上显示车间电源被操作的状态，以提醒司机操作。车间电源插座间有互锁，即当一个插座接上后，其他插座失效。

一、填空题

1. 市域动车组编组方式为：（　　　　　　　　　　　　　　　　　　）。“Tc”表示（　　　　　　　　　），“Mp”表示（　　　　　），“+”表示（　　　　　），“-”表示（　　　　　）。

2. 在车辆两个端部拖车的最外端两个轮对的轴箱体底部安装了转向架（　　　）装置，其目的是排除轨道上的道砟等小型障碍物。

3. 动车采用 2（　　　）装制动盘；拖车采用 2（　　　）装制动盘，并设置有停放制动夹钳。

4. 为了提升进站制动效果，缩短制动距离，在 1、2、3、4 车 3 轴上安装（　　　）装置。

5. 全自动车钩正常情况下车钩能实现自动（　　　）和（　　　）。

6. TOD 屏目标信息区显示包括目标速度、（　　　　　）、（　　　　　）、下站距离、下一站站名、（　　　　）。

7. 图标的含义是（　　　　）；图标的含义是（　　　　）。

8. 图标的含义是（　　　　）；图标的含义是（　　　　）。

9. 图标的含义是（　　　　）；图标的含义是（　　　　）。

10. 每个客室装有 2 个（　　　　　）装置，用于司机与乘客对讲。

11. 客室车门净通过宽度为（　　　　　）mm，净通过高度≥1 850 mm，开关门时间为（3±0.5）s，开、关门延时时间 0～3.0 s 可调，最小障碍物探测尺寸为（　　　　）mm，障碍物探测次数为 3 次。

12. 动车转向架主要由构架、（　　　　）、轴箱装置、（　　　　）、二系悬挂、（　　　　）、驱动装置、基础制动装置、配管配线、（　　　　）等部分构成。

二、简答题

1. 简述市域动车组的编组方式。
2. 简述市域动车组的车辆定位。
3. 市域动车组车下设备有哪些？
4. 简述市域动车组供电方式、供电电压、网压正常范围。
5. 简述市域动车组全长、最高运行速度、车体最大宽度、侧门高度。
6. 简述市域动车组灭火器的分布及个数。
7. 简述市域动车组车辆载客能力。

第二章 市域动车组司机基本设备操作

本章对市域动车组列车行车基本设施设备，PSL 盘（就地控制盘）操作功能以及通信设备司机室语音控制单元的使用方法进行了描述；通过本章的学习，相关人员能够灵活运用司机通信设备，并对站台门进行操作。

第一节 通信设备操作

一、市域动车组车载台

1. 车载台组成

车载台主体分为三部分：主机、控制盒和天线（见图 2-1）。

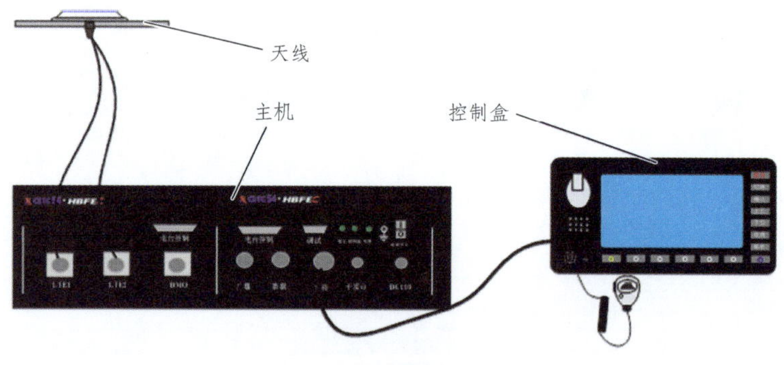

图 2-1 车载台组成

车载台主机：用于给电台供电、信号收发和提供外部接口等。
车载台控制盒：用于人机交流、信息显示、语音通信、录音存储和数据导出等。
天线：用于无线信号的传输。

2. 控制盒面板按键定义

控制盒面板见图 2-2，控制盒面板按键定义见表 2-1。

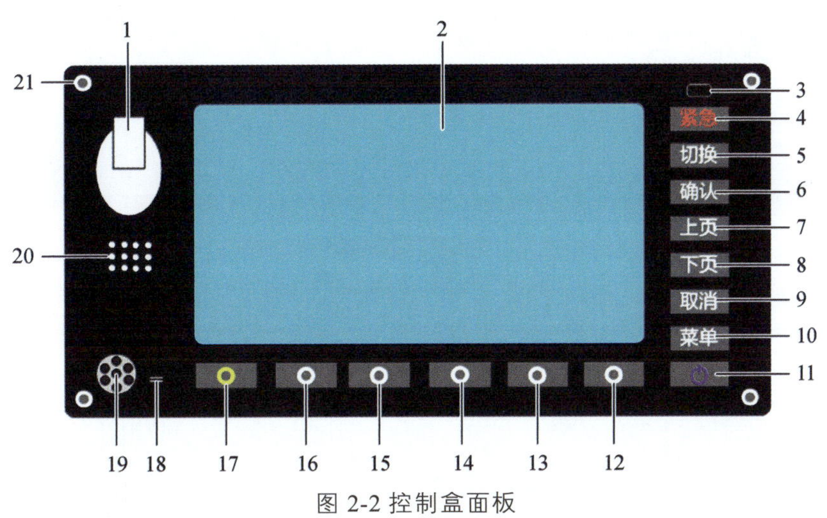

图 2-2 控制盒面板

表 2-1 控制盒面板按键定义

序号	定 义
1	麦克风挂架
2	带电容式触摸屏的 7 英寸 TFT（薄膜晶体管）液晶显示屏
3	光线传感器，可以感应环境光线强度，根据光线强度自动调节屏幕背光亮度
4	紧急键，长按该键使车载台进入紧急呼叫模式
5	切换键，“音量调节”和“通话组选择”切换
6	确认键，执行选择的某项功能
7	上页键，主界面下用于音量调节或者进入通话组选择界面；其他菜单界面用于在当前菜单条目滚动选择
8	下页键，主界面下用于音量调节或者进入通话组选择界面；其他菜单界面用于在当前菜单条目滚动选择
9	取消键，返回上一菜单，长按取消键退出紧急呼叫模式
10	菜单键，按该键可以进入车载台主菜单界面
11	控制盒电源按键，关机状态下，长按该键 3 s，控制盒加电开机；开机状态下，长按该键 3 s，控制盒断电关机
12 ~ 17	可定义快捷功能按键，按键当前功能由对应的快捷图标指示
18	USB 接口，用于车载台固件升级、导出录音文件和操作日志文件
19	手持麦克风插口，用于连接手持式麦克风，采用的是推拉自锁连接器
20	扬声器开孔
21	固定孔位，4 个 M5 沉孔均布

二、手持台

1．市域动车组司机手持台

市域动车组司机使用的手持台见图 2-3。

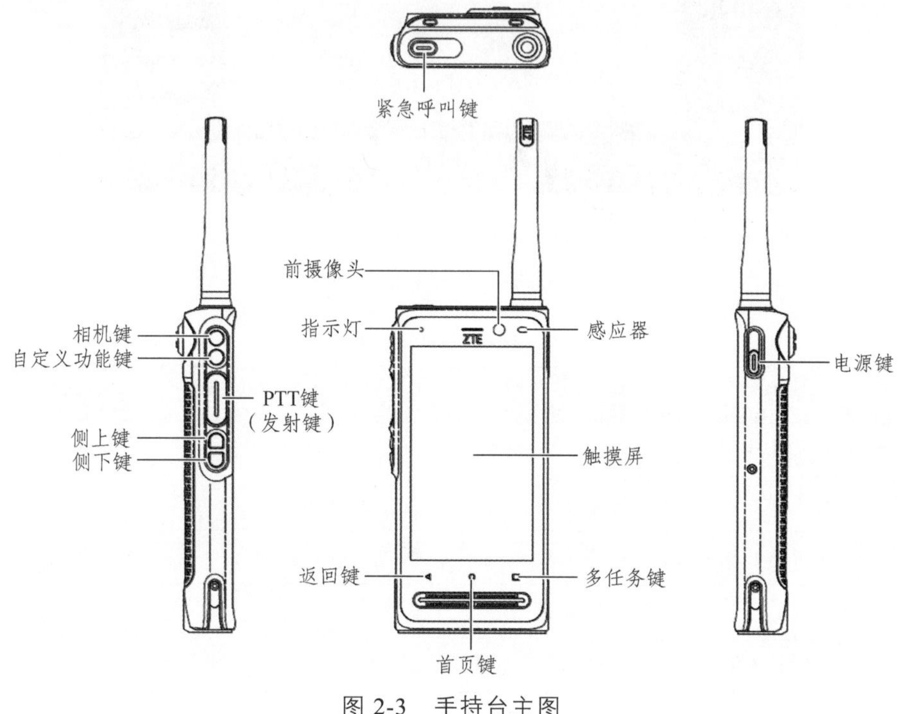

图 2-3　手持台主图

2．市域动车组司机手持台组别

市域动车组司机手持台包括调度组、车场组、车辆段通话组、乘务组、市域动车组司机组、应急抢险组、预留组 1、预留组 2、预留组 3 共 9 个组别。

3．手持台组别使用说明

1）调度组

出段时，司机在列车转换轨一度停车后调至调度组。

正线司机正常作业期间须保证所携手持台在调度组，作为车载电台（或 OCC 无线调度台）故障时的备用。

2）车场组

场内调车作业时，司机需要与车辆段控制中心（DCC）值班员联控。

在场段内和进入转换轨后的列车司机须将手持台调至车场组，作为车载电台（或 DCC 无线调度台）故障时的备用。

3）车辆段通话组

车场组班组内部员工进行培训、演练时使用。

4）乘务组

乘务内部所有专业员工进行培训、演练时使用。

5）市域动车组司机组

市域动车组班组内部员工进行培训、演练时使用。

6）应急抢险组

市域动车组车辆故障应急、正线（车场）设备故障等相关救援抢险时使用。

7）预留组 1、2、3

车辆段施工人员的内部作业时使用。

8）“紧急呼叫”

“紧急呼叫”只限在出现危及行车、人身安全等紧急情况时使用，非紧急情况下禁止使用“紧急呼叫”。

4. 使用注意事项

（1）使用人员有责任爱护手持台，切忌将手持台乱扔乱放、抛甩玩耍。发生突发情况时，需抓稳手持台，防止其摔落。洗手、上卫生间时需将手持台摆放在合适地点，以防掉入水池造成进水。雨天时，注意手持台的摆放，防止将其置于雨水中。

（2）使用人员不得私自拆装手持台的天线，不得用手拉天线，以防损坏天线。

（3）严禁擅自更改手持台参数。手持台按键属于易磨损部件，请按压时注意力度适中。

（4）正常情况下，严禁擅自使用私密呼叫，擅自使用而造成的后果由使用者承担。

（5）手持台不能进行长时间充电，在确认电池充满的情况下，请及时断开充电器，以确保电池的寿命。

第二节 PSL 盘操作功能

一、功能介绍

就地控制盘（PSL）（见图 2-4）位于每侧站台的头端，以温州轨道交通 S1 线为例，桐岭站下行站台、动车南站上行站台、新桥站下行站台、三垟湿地站上行站台、奥体中心站上行站台、机场站上行站台和双瓯大道站上行站台尾端单独有 1 套，PSL 可实现整侧滑动门开关操作、互锁解除和安全防护装置报警旁路等功能。PSL 设有多个指示灯，可观察关闭且锁紧、就地控制、安全防护报警等信息。

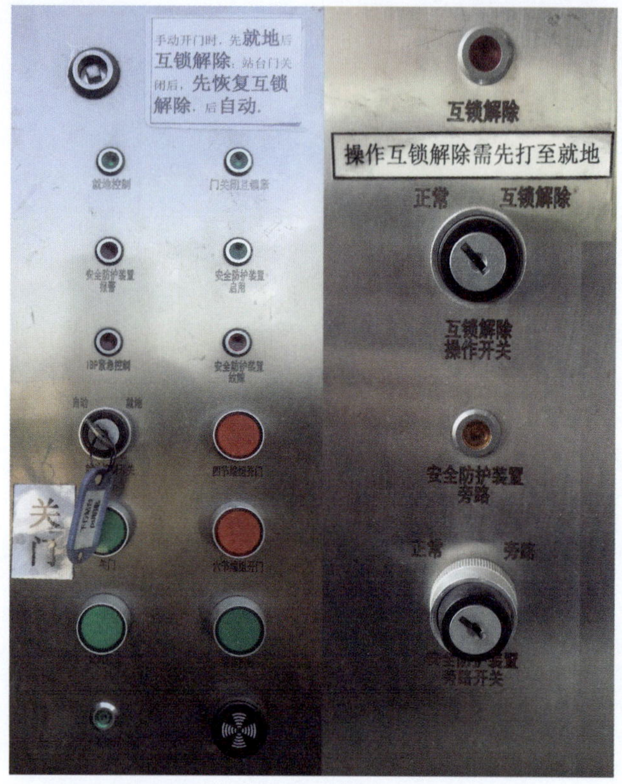

图 2-4　就地控制盘（PSL）

二、操作说明

1．开门操作

将 PSL 钥匙插入就地控制开关中，打至“就地”位置，按下“四节编组开门”按钮或“六节编组开门”按钮（前期只能开四节，后两节开门功能被切除），前四节滑动门进行开门过程。

2．关门操作

将 PSL 钥匙插入就地控制开关中且打至“就地”位置，按下“关门”按钮，前四节滑动门进行关门过程。

3．试灯操作

按下“试灯按钮”，所有指示灯均点亮，且蜂鸣器鸣响。

“就地控制”指示灯：PSL 就地控制开关打至“就地”位时点亮。

“门关闭且锁紧”指示灯：整侧滑动门和应急门全部关闭且锁紧时点亮。

“IBP紧制控制”指示灯：IBP（综合后备盘）盘使能开关打至“允许”位时点亮。

“安全防护装置启用”指示灯：所有滑动门和应急门关闭且锁紧时，激光防护装置开始检测5～10 s，无异常后熄灭。

“系统测试”指示灯：站台门系统进行系统测试时点亮。

“互锁解除”指示灯：互锁解除钥匙开关切换至“互锁解除”位时点亮。

“安全防护装置旁路”指示灯：安全防护装置旁路开关打至“旁路”位置时点亮。

4. 消音操作

当激光防护装置报警，蜂鸣器响起时，按下“消音按钮”，蜂鸣器停止鸣响。

5. 互锁解除操作

当列车接收不到“门关闭且锁紧”信号，或无法找到立即故障门体时，通过“互锁解除”开关保证列车正常进出站。首先将“就地控制开关”中的钥匙打至“就地”位置；然后将钥匙从PSL“就地控制开关”中拔出，插入“互锁解除操作开关”中，并切换至“互锁解除”位，直至“门关闭且锁紧”信号恢复或故障门体已处理。

6. 安全装置旁路操作

当安全防护装置报警时，需将PSL钥匙插入“安全防护装置旁路开关”中，并打至“旁路”位置。

三、注意事项

（1）只有试灯操作、消音操作和安全防护装置报警旁路不需要将PSL就地控制开关打至“就地”位，其他操作均需要打至“就地”位。

（2）单侧滑动门和应急门故障，会影响安全回路的闭合，对上下行的列车产生影响，不能第一时间找到故障门体时，需及时在故障侧的PSL进行互锁解除操作。

（3）通过PSL进行开门时，需要确保站台边缘无乘客，或者列车在站台已停稳，防止门打开后，有乘客或物品掉落轨行区，对正常运营产生影响。

四、应急处置

（1）单个滑动门故障，将故障滑动门LCB（就地控制盒）打至“手动关门”位置；若手动关门失败，无“门关闭且锁紧”信号，需第一时间在PSL进行互锁解除操作。

（2）单个应急门故障，无“门关闭且锁紧”信号，需第一时间在PSL进行互锁解除操作。

（3）整侧站台门无法与列车门联动开关门时，首先采用PSL进行开关门；PSL开关门无效时，采用IBP盘进行开关门；若IBP盘仍开关门无效，需要在站台用LCB钥匙手动打开前四节“X-2”滑动门；LCB 也无法开关门时，需要用方孔钥匙手动打开前四节“X-2”滑动门。

第三节 紧急疏散门操作

一、设备介绍

紧急疏散门设在司机室前端一侧，由上翻式门板和下翻式坡道两部分组成，可从车内打开和锁闭。紧急疏散门采用纯机械结构，不设检测开关。门上部设有玻璃窗，外形、大小与司机室前窗相协调。当门扇关闭时，胶条紧贴门框，保证良好的密封性能。

紧急疏散门锁闭机构为机械式二级锁闭结构，使用时先将红色锁闭机构手柄的保险销从安装孔中取出，将锁闭机构手柄扳至开位使锁闭机构解锁，向外只要轻轻推动门扇一定距离，以空气弹簧为动力源、上部转轴机构为转轴的门扇将自动完全打开。紧急疏散坡道采用折叠结构，在打开时向下扳动红色锁机构手柄将车门解锁，向外推出一定距离，整个疏散坡道就可以完全展开并形成通道，乘客可以顺着逃生梯进行疏散。逃生梯两侧形成扶手并设有编织绳充当护栏，防止乘客疏散时不慎掉下梯子。

二、打开操作

正常情况下，紧急疏散门应处于锁闭状态。当发生紧急情况时，可按照操作标识打开紧急疏散门（见图 2-5）。

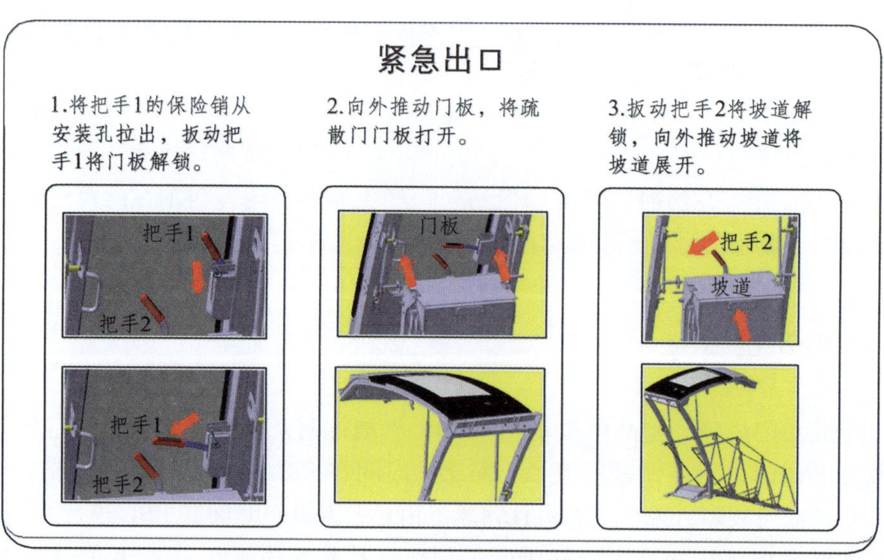

图 2-5 紧急疏散门打开步骤

三、关闭操作

整个疏散系统的回收必须由通过培训的专业人员来完成。整个疏散系统回收方法的正确与否将直接影响疏散系统下次能否顺利打开。

（1）打开操纵台下部刮雨器水箱检查门，取出回收吊带并展开，将回收吊带一端（没有挂钩端）与门板上连接座连接，同时将回收吊带另一端放在车体内（见图 2-6）。

图 2-6　紧急疏散门关闭

（2）将坡道逐级折叠回收至图 2-7 所示状态时停止回收。

图 2-7　坡道逐级折叠回收

（3）将回收吊带挂钩端从空气弹簧处取下（见图 2-8），并将挂钩与坡道上拉手连接，同时将坡道拉回并锁闭（见图 2-9）。

（4）拉动回收吊带将门板拉回（见图 2-10），将回收吊带从门板和坡道上取下放置在车内固定处（见图 2-11）。

（5）向上扳动锁机构把手至关位（见图 2-12），将保险销插入安装孔内（见图 2-13），整个疏散系统完全关闭。

图 2-8　取下吊带挂钩

图 2-9　拉回坡道

图 2-10　门板拉回

图 2-11　回收吊带

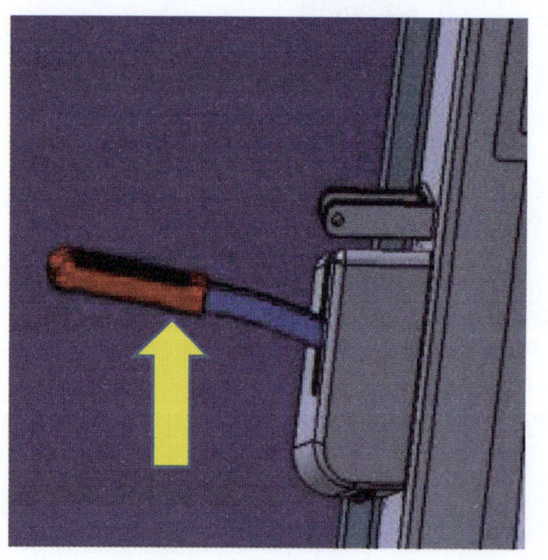
图 2-12　扳动锁机构把手

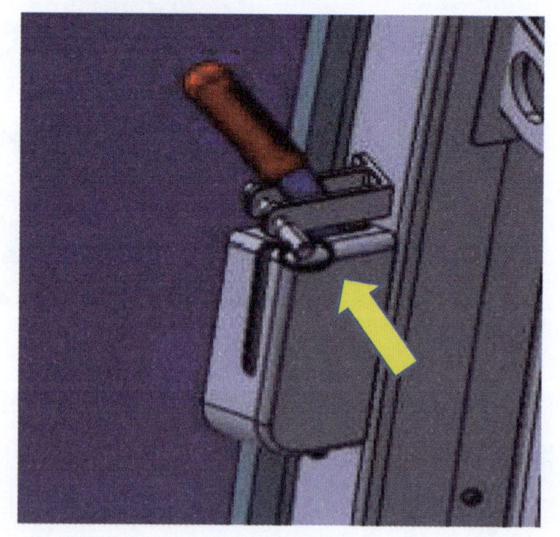
图 2-13　保险销插入安装孔内

一、填空题

1. 车载台组成包括（　　　　）、（　　　　）和（　　　　）。

2. 紧急疏散门锁闭机构为（　　　）。

3. 车载台按住“（　　　　）”键，就可以从任何其他模式进入紧急模式。

4. 单个滑动门故障，将故障滑动门 LCB 打至“（　　　）”位置；若手动关门失败，无“门关闭且锁紧”信号，需第一时间在 PSL 进行（　　　）操作。

二、简单题

1. PSL 盘如何手动开启站台门？

2. 简述紧急疏散门的打开方式。

第三章 市域动车组正线行车组织

本章主要以温州 S1 线为例介绍温州轨道交通线路的基础设备，并重点阐述正线行车组织工作、非正常情况下的行车组织处理原则，使市域动车组司机能够对行车组织工作中发生的列车故障、行车事件/事故，做到准确判断、及时汇报、正确处理。

第一节 行车组织概述

市域铁路交通系统的安全、高效运作与行车组织工作密切相关。行车组织工作是指在运输生产过程中，为了完成乘客运输任务所进行的一系列与运输有关的工作，它担负着指挥列车运行、保证行车安全、提高运输效率的重要任务，是城市轨道交通系统运营的核心。

一、概　述

运营管理和行车组织工作，以安全运送乘客、满足设备维修养护需要，按《列车运行图》要求，实现安全、正点、舒适、快捷的运营服务为宗旨。

行车组织指挥工作，必须贯彻安全生产的方针，坚持高度集中、统一指挥、逐级负责（上级禁止越级指挥下级、下级禁止接受越级指挥）的原则；各单位、各部门必须紧密配合，协同运作，确保行车和乘客安全，完成各项工作任务。

二、行车组织原则

行车时间以北京时间为准，从零时起计算，实行 24 小时制。行车日期划分以零时为界，零时以前办妥的行车手续，零时以后仍视为有效。

正线及配线的行车组织由行车调度员（简称行调）负责，车场内的行车组织由车场调度员（简称场调）负责。所有与正线及配线相关或影响行车的作业，于开始前必须得到行调的批准。

司机必须严格遵守《运营时刻表》规定的时间，按信号或行调指令行车。

市域动车组在运行中，司机应在前端驾驶。推进运行时，须有司机在前端驾驶室引导和监控列车运行。

市域动车组、工程列车、救援列车、调试列车出/入车辆段均按列车办理，DCC 值班员可根据作业需要排列调车进路接发车。原则上车辆段内禁止越过进段信号机利用转换轨Ⅰ道/Ⅱ道进行调车作业。

在车辆段车场范围内，正常情况下列车运行以地面信号显示为主；非正常情况下以手信号显示为主，无线通信设备作为辅助手段。

市域动车组司机可使用广播系统向乘客进行信息广播；遇自动广播故障时，使用人工广播；若人工广播也不能使用时，报告行调并按其指示办理。

列车晚点统计方法：比照《列车运行图》单程每列终到延误 180 s 及以上为晚点；排队晚点时按统计指标的相关要求进行统计。

调度电话和无线调度台等通信设备用于行车工作联系时，须讲普通话并使用标准用语，数字标准发音见表 3-1。

表 3-1　数字标准发音

1	2	3	4	5	6	7	8	9	0
yāo	liǎng	sān	sì	wǔ	liù	guǎi	bā	jiǔ	dòng
幺	两	三	四	五	六	拐	八	九	洞

三、运营指挥

1．运营指挥层级

运营指挥层级分为一级、二级两个指挥层级，二级必须服从一级指挥，一级指挥为行车调度员、电力调度员（简称电调）、环控/设修调度员；二级指挥为车场调度员、值班站长、派班员、检修调度员（简称检调）、生产调度员。以温州 S1 线为例，运营指挥、组织架构见图 3-1。

2．行车指挥原则

（1）行车有关人员必须服从行调指挥，并执行行调命令行车。

（2）市域动车组（包括添乘人员）由司机负责现场管理。

（3）指挥列车运行的命令，只能由行调发布。行调发布命令前应详细了解现场情况，听取有关人员意见。调度命令发布须遵循“一事一令”的原则。发布书面命令时，须给出调度命令号码和行调代码（书面调度命令格式见附录 O）。

（4）调度命令内容应简明扼要，用语规范。可使用无线/有线调度电话或信息化系统直接向司机、行车值班员、车场调度员、派班员（市域动车组司机长）等人员发布，受令人必须逐句复诵，未复诵或复诵不清楚的视为命令无效；同时向 2 个及以上受令人发布命令时，应指定其中一人复诵，其他人核对，确保无误。

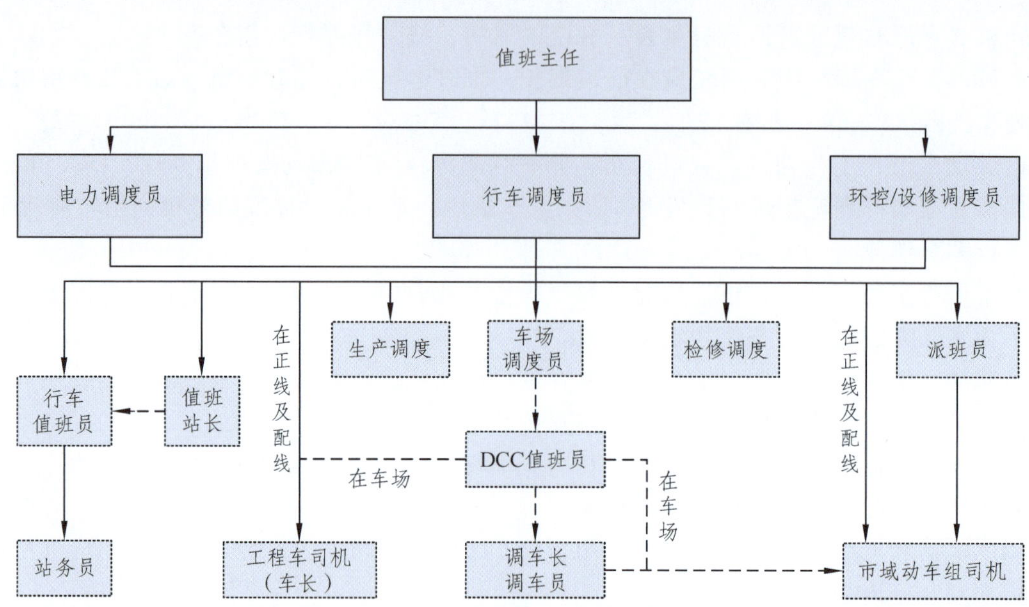

图 3-1　运营指挥执行层次

注：实线表示运行控制中心（OCC）调度员直接管辖，虚线表示通过相关二级调度进行管辖。

（5）调度命令发布规定如下。

① 发布以下口头命令时，行调需要给出行调代码：

a. 改变列车驾驶模式时；

b. 临时加开或停开列车时；

c. 市域动车组推进运行、退行，工程车退行时；

d. 停站市域动车组临时变通过时；

e. 列车清客时；

f. 行车方式或列车运行交路变更时；

g. 允许越过禁止信号（原则上一灯一令）时；

h. 线路临时限速/取消临时限速（当日当次有效）时；

i. 行调认为其他有必要发布的口头命令。

② 发布以下书面命令时，行调须给出命令号码和行调代码：

a. 非运营期间从车场开行工程列车/调试列车时；

b. 非运营期间开行工程列车/调试列车需封锁或开通线路时；

c. 线路长期限速/取消长期限速（指限速时间 24 小时及以上）时；

d. 行调认为有必要记录的命令时。

（6）调度命令号码按不同的工种进行编制，由 3 位数组成，第 1 位代表工种，后 2 位代表顺序号，从 01 ~ 99 循环使用。调度命令号码范围如下。

① 行调命令号码范围：101 ~ 199；

② 电调倒闸命令号码范围：201 ~ 299；

③ 电调作业命令号码范围：301 ~ 399；

④ 环调命令号码范围：401 ~ 499；

⑤ 值班主任命令号码范围：501 ~ 599。

行调发布命令时，在车场由场调或派班员负责传达，在正线由车站值班站长/行值负责传达。车站（车辆段）传达给司机或其他有关人员的书面命令须盖有车站（车辆段）行车专用章。

调度员发布书面命令时，应先发受令处所，后发命令内容，受令人复诵正确后，给出发令时间、命令号码和调度员代码。

四、列车车次及编组规定

列车车次由 7 位数组成，前 3 位为服务号，中间 2 位为目的地码，后 2 位为行程号，单数代表下行，双数代表上行。列车服务号详见表 3-2。

表 3-2　列车服务号

列车类别	服务号
图定列车	201 ~ 499
图外列车	501 ~ 599
调试列车	601 ~ 699
专　　列	701 ~ 799

工程列车车次由 3 位表示，开行车次编号为 801 ~ 899。

救援列车车次由 3 位表示，开行车次编号为 901 ~ 999。

正线技术设备

一、限　界

一切建筑物，在任何情况下，不得侵入市域铁路建筑限界；一切设备，在任何情况下，不得侵入市域铁路设备限界；机车、车辆无论空、重状态，均不得超出机车、车辆限界；与机车、车辆有直接相互作用的设备，在使用中不得超过规定的范围。

二、线　路

市域铁路的线路分为正线、配线、车场线。

1．正　线

正线指列车载客运营的线路。例如，温州 S1 线正线为双线，列车运行采用双线单向靠左侧行车。双瓯大道站至桐岭站方向为上行，反之为下行。高架、隧道、地下线路为整体道床，地面及车场线路（库内线为整体道床）为碎石道床。

2．配　线

配线包括折返线、渡线、联络线、出/入段线、安全线、存车线等。

（1）折返线指在线路两端终点站或中间站，为能开行折返列车而设置的专供改变列车运行方向的线路。

（2）渡线指引导列车从一条线路转移到另一条线路的设施，一般由两组单开道岔及一条连接轨道组成。

（3）联络线指连接两条独立运营线路的辅助线路。

（4）出/入段线指车辆段与正线的连接线路。

（5）安全线是列车运行隔开设备之一，安全线设置的主要目的是防止在车辆段出入线、折返线和渡线上运行的列车未经允许进入正线与正线列车发生冲突，或者由于进路没有开通时列车冒进导致列车挤岔或脱轨。

（6）存车线主要用于备用列车、故障列车的存放和特殊情况时的折返。

3．车场线

以温州 S1 线车辆段为例，股道名称分别为存车线（也叫停车线）、工程车库线、材料线、临修线、镟轮线、洗车线、检查线、调车牵出线。

三、车站、车场与区间的分界

站内与区间以相应线路两端的进站信号机柱中心线为界。正线轨行区与车站以小站台落轨梯为界。车辆段与正线以入段信号机柱中心线为界。

四、道岔及限速

正线、配线均采用 60 kg/m 钢轨、12 号道岔。道岔允许通过速度见表 3-3。

表 3-3　道岔允许通过速度

道岔类型	9 号道岔	12 号道岔
直向允许速度/（km/h）	100	120
侧向允许速度/（km/h）	35	50

五、车　站

（1）根据信号系统功能划分，车站可分为联锁站和非联锁站。联锁站是指具有信号联锁设备，一般可以监控列车运行、排列列车进路以及对列车的运行进行控制的车站。联锁站通常有道岔。非联锁站是指没有联锁设备，一般不能监控列车运行以及不能排列列车进路的车站。非联锁站通常无道岔。

（2）根据运营功能的不同，车站可划分为终点站、中间站、折返站、换乘站等。

① 终点站是指线路两端的车站。终点站除了供乘客上下车外，通常还具有列车折返、停留等运营功能。

② 中间站是指线路上除两端终点站以外的车站。中间站一般只供乘客上下车，部分中间站也设有存车线和折返线，可供列车折返或停留。

③ 折返站是指设有折返线、渡线等折返设备，可供列车进行折返作业的车站。

④ 换乘站是指设在不同线路的交会处，供乘客上下车及由一条线路换到另一条线路的车站。

（3）按站台与轨道线路的空间关系来划分，车站可分为侧式站台车站、岛式站台车站及混合式站台车站。

① 侧式站台车站是指车站的上、下行线路位于两站台的中间，站台位于上、下行线路两侧的车站。

② 岛式站台车站是指车站的上、下行线路设在站台两侧，站台位于上、下行线路中间的车站。

③ 混合式站台车站是指同时具有侧式站台和岛式站台的车站。

（4）按车站所属线路的敷设方式来划分，车站可分为地下站、地面站、高架站。

① 地下站就是指轨道线路设在地面以下的车站。通常地下站的站厅、站台以及生产、办公用房均设在地面以下，通过地下站的出入口通往地面。

② 地面站是指轨道线路在地面上的车站。地面站的线路和站台、站厅、设备房等通常设在地面以上。

③ 高架站是指轨道线路架空在地面上的车站。高架站除了线路和站台架空在地面上以外，站厅、办公用房、生产用房等通常也设在地面上，一般位于线路和站台的下层。

（5）站台门。

① S1 线车站站台设有屏蔽门（地下站）和安全门（地面及高架站），屏蔽门和安全门统称为站台门。

② 每侧站台门由滑动门（24 对）、应急门（屏蔽门 18 扇、安全门 12 扇）、端门（2 扇）和若干固定门组成。

③ 滑动门编号原则。

从站台头端门开始往尾端门方向依次编号，分别为 1-1（第 1 节车对应的第 1 挡滑动门）、1-2、1-3、1-4，2-1（第 2 节车对应的第 1 挡滑动门，以此类推）~ 2-4，3-1 ~ 3-4…6-1 ~ 6-4。

④ 各站上行/下行站台头端门司机立岗处各设有一个 PSL 控制盘，控制本侧站台门。

⑤ 站台门基本功能。

站台门具有障碍物检测及处理功能，并有故障报警功能，能够探测到的刚性障碍物最小厚度为 5 mm。障碍物连续探测 3 次，3 次后站台门将保持常开，门头指示灯闪烁。可以从门头指示灯、IBP 盘及 PSL 控制盘了解站台门的运行状态、报警信息。站台门开关门控制优先级从高到低依次为专用钥匙手动操作（就地级）、IBP 盘上开关按钮操作（车站级）、PSL 操作（站台级）、站台门与信号联动控制（系统级）。

六、信号系统

信号系统是根据列车与线路设备的相对位置和状态，人工或自动实现行车指挥和列车运行控制、安全间隔控制的信息自动化系统。下面以温州 S1 线为例介绍正线、车辆段信号系统。

（1）正线信号系统采用基于 ETCS-1 平台的点式 ATC 列车信号控制系统，其中点式 ATC 列车信号控制系统由以下子系统组成：

① 列车自动监控子系统（ATS）;

② 列车自动驾驶子系统（ATO）;

③ 列车自动防护子系统（ATP）;

④ 计算机联锁子系统（CBI）;

⑤ 数据通信子系统（DCS）;

⑥ 维护监测子系统（MSS）。

（2）市域动车组驾驶模式

① 带通信的列车自动驾驶模式（iATOM，简称 ATO）;

② 带通信的 ATP 防护的人工驾驶模式（iATPM +，简称 ATP+）;

③ 无通信的 ATP 防护的人工驾驶模式（iATPM，简称 ATP）;

④ 受限制且不超过 30km/h 的人工驾驶模式（RM）;

⑤ 不受限人工驾驶模式（NRM）;

⑥ 自动折返驾驶模式（ATB）。

市域动车组驾驶模式转换见表 3-4。

表 3-4　市域动车组驾驶模式转换表

驾驶模式	到					
从	iATOM	iATPM+	iATPM	RM	ATB	NRM
iATOM	—	不停车	停车	停车	停车	停车
iATPM+	不停车	—	停车	停车	停车	停车
iATPM	停车	不停车	—	停车	停车	停车
RM	停车	不停车	不停车	—	停车	停车
ATB	停车	停车	停车	停车	—	停车
NRM	停车	停车	停车	停车	停车	—

（3）信号系统提供带通信点式 ATC、无通信点式 ATC 和联锁控制三个控制等级。点式 ATC 控制状态下，满足正线 180 s 最小运营行车间隔；联锁控制状态下人工控制运营行车间隔。S1 线所有车站的反方向进/出站信号机均设在列车运行方向的右侧。

（4）车辆段信号设备采用计算机联锁控制系统，正线与车辆段之间的信号接口具备相互照查检测功能。车辆段入段信号机由车辆段控制。

（5）各车站每侧站台均设有 2 个紧急停车按钮（ESB），站台上的 ESB 被按压时，车站控制室的 IBP 控制盘将报警。ESB 和站台门的状态作为信号正常开放所必须检查的联锁条件之一。

（6）单个 ESB 有效封锁范围：无隔离或隔离不足的侧式站台车站为上、下行线路相应的进出站信号机之间的线路；上下行线之间具备有效隔离的侧式站台或岛式站台的车站为该按钮所属站台侧线路相应的进出站信号机之间的线路。

① 在 iATOM、iATPM+、ATB 驾驶模式下，各站的单个 ESB 被激活时，ESB 有效封锁范围内行驶的市域动车组会产生紧急制动，停站的市域动车组禁止发车；ESB 有效封锁范围外的市域动车组将在区域外停车。同时，对进入 ESB 有效封锁范围的所有信号机和由此区域出发的所有信号机，都会使其信号立即关闭且不能开放。

② 在 iATPM、RM、NRM 驾驶模式下，各站的单个 ESB 被激活时，对进入 ESB 有效封锁范围的所有信号机和由此区域出发的所有信号机，都会使其信号立即关闭且不能开放。

（7）自动折返按钮。

在两端终点站的站台上，分别设置无人自动折返按钮，供列车自动折返使用。

第三节 正线行车组织工作

正线信号 ATS 设备功能正常时，列车以 ATO 模式自动运行，各行车岗位按照运营时刻表组织行车。当行车设备功能未完全达到，或者行车设备故障影响正常运营时，需降级组织行车。以温州 S1 线为例，常用的行车组织方法主要有进路闭塞法、电话闭塞法、电话联系法（电话联系法内容以本书第四章车辆段行车组织为准）。

一、列车运行模式

S1 线采用双线单向靠左侧行车，首、末班车严格按照《运营时刻表》的时间，均不得早发、迟发、越站。开行压道列车时限速 60 km/h，正向采用 ATP+/ATP 模式驾驶，反向采用 NRM 模式驾驶。

二、行车组织闭塞法

1．进路闭塞法

（1）具备 ATP 保护时的进路闭塞法。

运行模式：正常驾驶模式为 ATO、ATP+、ATB 模式，信号系统提供推荐速度、列车超速防护和临时限速功能，列车按推荐速度运行，站台接近区域及站台区域，信号系统提供列车超速及连续防护功能、车门与站台门联动功能等；通信无法建立时，采用 ATP 驾驶模式，信号系统提供推荐速度、列车超速防护功能，列车按推荐速度运行。

闭塞区段：同方向相邻两架信号机间的区域。

行车凭证：列车凭地面信号及车载信号（推荐速度码）显示运行。

进路占用：1 条进路内只允许 1 列列车占用。

折返方式：自动驾驶折返模式（ATB）和人工驾驶折返模式。

（2）不具备 ATP 保护时的进路闭塞法（此时信号系统只提供联锁功能）。

运行模式：驾驶模式为 NRM 模式，限速 60 km/h 运行。

闭塞区段：同方向相邻三架信号机间的区域。

行车凭证：列车凭地面信号显示运行，遇出站信号机或区间通过信号机显示黄灯时须停车。

进路占用：1 条进路内只允许 1 列列车占用。

折返方式：人工驾驶折返模式。

2．电话闭塞法

（1）正线集中站联锁设备故障或计轴全部/大面积故障时，采用电话闭塞法。

运行模式：列车驾驶模式为 NRM 模式，限速 60 km/h 运行。

闭塞区段：一站一区间。

行车凭证：列车凭路票和车站发车信号作为进入闭塞区段的凭证，1 个闭塞区段内只允许 1 列列车占用。

折返方式：优先采用站后折返，站后折返按调车方式（限速 15 km/h）办理。视情况采用站前折返。

行车组织区域：故障集中站联锁区域及两端相邻车站。

（2）电话闭塞法行车组织原则。

控制权限：采用电话闭塞法行车的区段内，行车控制权在车站。

联锁故障区域的道岔由车站人员现场确认进路正确后使用钩锁器锁定（折返道岔钩锁器只钩不锁）。

采用电话闭塞法行车的各车站不得办理通过列车。

采用电话闭塞法行车的区域内不得组织小交路运行。

（3）启动电话闭塞法时前期准备。

故障发生时，行调必须立即扣停通往该故障区域的列车，确认故障区域内各次列车的具体位置并令其原地待令；行调及时通知故障联锁区有岔站，做好人工办理进路的准备。

（4）故障区域内列车位置确认。

行调全呼司机，故障区域内各次列车向行调报告其具体位置：行调按照先下行区间、车站后上行区间、车站的顺序依次呼叫各次列车司机，核对清楚列车所在位置，并将列车位置通报车站。

确认列车位置时，应确认列车车次和车组号。

（5）组织故障区域内所有列车进站待令。

故障刚发生时迫停区间的列车，确认停车位置到前方站站线之间线路无列车占用且无道岔时，司机凭行调命令以 RM 模式限速 30 km/h 进站停车待令。

确认停车位置到前方站站线之间线路无列车占用但有道岔时，行调组织车站人员钩锁道岔后，通知司机限速 30 km/h 运行至前方站停车待令。

遇列车压上道岔时，行调安排车站人员或司机确认道岔位置正确后，通知司机动车，列车限速 5 km/h 越过道岔，待列车全部越过道岔后，限速 30 km/h 运行至前方站停车待令；若道岔位置不正确，须相关专业人员处理后方可动车。

遇故障发生时，列车已发车但尚未完全越出站台时，原则上列车凭行调命令退回发车站。

（6）电话闭塞法作业程序及规定。

行调发布采用电话闭塞法行车的命令前，未经行调批准任何人员不得进入轨行区。

行调组织故障影响区域内所有列车到达车站停车待令后，向相关车站通报列车位置，同时组织人员将故障区域内道岔锁定在正确位置且人员到达安全位置后，发布采用电话闭塞法行车的调度命令。

采用电话闭塞法行车的区段，各站上/下行线相应的首列车以 NRM 模式限速 30 km/h 运行（经过中性区列车均以 60 ~ 65 km/h 速度运行）；后续列车以 NRM 模式限速 60 km/h 运行。

（7）接发列车作业要求。

发车站请求闭塞的条件：发车站进路准备完毕，人员到达安全位置后，向接车站请求闭塞。

接车站同意闭塞的条件：非折返站同意闭塞的条件为闭塞区段空闲且接车进路准备完毕；站后折返站同意闭塞的条件为闭塞区段空闲、接车进路准备完毕且前次列车驶出折返线到达折返站台停稳；站前折返站同意闭塞的条件为闭塞区段空闲且站前折返的接车进路准备完毕。

发车站行车值班员接到接车站同意接车的电话记录号码，填写路票核对无误后指派人员交于司机。

司机接收路票、核对无误且确认安全后凭车站人员发车信号动车。

列车到站停稳后，接车人员向司机收回路票并及时打“×”作废，按规定保存。

（8）报点要求。

办理闭塞车站之间相互报到、发点，采用电话闭塞法的设备集中站及两端站须及时向行调报到、发点，行调人工铺画列车运行图，掌握全线列车的运行状况。

（9）路票填写规定。

路票填写内容包括车次号和车组号、电话记录号码、区间、行车值班员姓名、行车专用章、日期、“首列车限速 30 km/h（经过中性区以 60 ~ 65 km/h 速度运行）”行车章，有关行车人员交接时必须核对清楚。路票格式见附录 N。

电话记录号码自零时起至 24 时止，按日循环编号。电话记录号码为车站（车场）编号加序列号，共四位。前两位为车站（车场）编号，后两位为序列号。序列号为 01 ~ 99 循环使用，上行方向编号为双数，自 02 起依次编号；下行方向编号为单数，自 01 起依次编号。温州 S1 线各车站（车场）电话记录号码编号见表 3-5。

表 3-5　车站（车场）电话记录号码

车　站	车站编号	电话记录号	车　站	车站编号	电话记录号
桐岭车辆段	90	9001 ~ 9099	文昌站	11	1101 ~ 1199
桐岭站	01	0101 ~ 0199	龙腾路站	12	1201 ~ 1299
潘桥站	02	0201 ~ 0299	科技城站	13	1301 ~ 1399
动车南站	03	0301 ~ 0399	瑶溪站	14	1401 ~ 1499
秀屿站	04	0401 ~ 0499	奥体中心站	15	1501 ~ 1599
新桥站	05	0501 ~ 0599	永中站	16	1601 ~ 1699
德政站	06	0601 ~ 0699	机场站	17	1701 ~ 1799
龙霞路站	07	0701 ~ 0799	灵昆站	18	1801 ~ 1899
温州火车站	08	0801 ~ 0899	瓯江口站	19	1901 ~ 1999
惠民路站	09	0901 ~ 0999	瓯华站	20	2001 ~ 2099
三垟湿地站	10	1001 ~ 1099	双瓯大道站	21	2101 ~ 2199
灵昆车辆段	91	9101 ~ 9199			

（10）采用电话闭塞法行车时，当信号系统恢复正常或列车进入正常联锁区时，司机继续以 NRM 模式运行至前方站，在前方站交回路票后恢复正常模式运行；如到达正常联锁区首个车站后无法恢复正常运行时，司机报告行调并按其指令处理。

（11）正线取消电话闭塞法的规定。

确认联锁设备恢复正常并测试完毕后，行调先向车站发布取消电话闭塞法行车的命令，再向全线司机发布取消电话闭塞法行车的命令。

车站接到取消电话闭塞法行车的命令后，若已向司机交付路票且列车尚未动车，车站人员应立即收回路票，并通知司机恢复正常行车；若已向司机交付路票且列车已动车，司机凭路票继续运行至前方站，在前方站交回路票后恢复正常行车。

三、市域动车组司机出乘及在运行中的操作

（1）司机在车场派班室（或正线派班室）办理出乘手续，在车场与场调（在正线与交班司机）办理接车手续，并按规定于市域动车组出场前 30 min 进行整备作业。

（2）出场时，司机凭车场内发车信号机显示，以 RM 模式驾驶市域动车组运行至转换轨对标停车，用无线车载电台或手持台与行调核实运行有关事项，确认信号机开放正确后凭行调命令动车。

（3）市域动车组在车站停妥后，司机应按规定进行站台作业，按《运营时刻表》运行。在接到扣车指令时，司机应打开车门、站台门，接到取消扣车的通知后方可关闭车门、站台门。

（4）运营过程中车门、站台门操作规定：

① 司机负责驾驶和操作市域动车组相关设备，监控站台门和车门的开关状态。

② 站台门与车门能实现联动功能时，列车到站停车后自动打开车门与站台门，司机迅速打开驾驶室侧门，观察乘客上下车情况并监控站台门和车门的开关状态。

③ 站台门与车门不能实现联动功能时，按“先开站台门，后开车门；先关站台门，后关车门”的顺序操作。

（5）列车以正常驾驶模式对标不准规定：

① 当市域动车组头部已进入站台区域，但未到停车标自动停车（不含紧急制动）时，司机确认前方进路安全后，动车对标后报行调。

② 运营市域动车组进站越出停车标且不超过 5 m 时：ATP + 模式可用时，司机自行以 ATP+模式对标后报告行调；ATP + 模式不可用时，司机报行调，按行调命令执行。

③ 列车越过停车标 5 m 及以上时：司机报告行调或由车站转报行调，按行调的指令执行。原则上除末班车外，行调组织市域动车组不开门继续运行到前方站时，行调通知前方站做好乘客服务，司机做好乘客广播；遇列车在终点站或末班车越过停车标时，行调组织司机后退对标。

（6）紧急解锁手柄被拉下处理规定：

① 市域动车组在 ATO、ATP + 、ATP 模式下运行时紧急解锁手柄被拉下后，信号系统会使列车产生最大常用制动，司机需报告行调并停车后前往相应车门进行处理。

② 市域动车组在 RM 或 NRM 模式下运行时，紧急解锁手柄被拉下后，列车不会产生制动，司机报告行调并停车后前往相应车门进行处理。

③ 司机改变驾驶模式为 NRM、RM、ATP 模式动车前，必须得到行调的授权，并严格按规定程序及限速要求执行；列车在 ATO 与 ATP + 模式之间互相转换或由当前模式升级为更高模式时，可先操作后报行调。

（7）司机在运行过程中要掌握好速度，市域动车组运行速度限制规定详见表 3-6。

表 3-6　市域动车组运行速度限制表

序号	项目	运行速度限制/（km/h）					说　明
		iATOM	iATPM+	iATPM	RM	NRM	
1	正线运行	按照推荐速度	按照推荐速度	按照推荐速度	30	60	通过站台及曲线地段按设定限速运行
2	不停站通过	按照推荐速度	按照推荐速度	按照推荐速度	30	40	市域动车组整列离开头端墙的速度

续表

序号	项目	运行速度限制/(km/h)					说明
		iATOM	iATPM+	iATPM	RM	NRM	
3	进站停车	按照推荐速度	按照推荐速度	按照推荐速度	30	40	市域动车组头部进入尾端墙的速度
4	推进运行（连挂）	—	—	—	30	40	救援列车不论牵引或是推进，均按限速 40 km/h 执行；经过科技城—瑶溪中性区时，以 60～65 km/h 速度运行
5	退行（牵引/推进）	—	—	—	30/10	30/10	（1）列车因故在区间牵引返回发车站时。 （2）列车越过停车标须不换端推进返回停车标时
6	引导信号	—	—	—	30	30	
7	进入终点站	按照推荐速度	按照推荐速度	按照推荐速度	30	30	
8	在配线上运行	按照推荐速度	按照推荐速度	按照推荐速度	30	30	经过渡线、存车线等
9	车场内运行	—	—	—	25	25	库内 5 km/h，洗车库内 3 km/h（试车线除外）

注：当线路、设备功能允许速度低于上述要求或现场有其他特殊情况需要低于以上速度要求时，按其限制速度执行。

（8）入段时，司机驾驶市域动车组进入转换轨时改用 RM 模式，与 DCC 值班员联系后凭进场信号机显示回场；退勤司机须向场调汇报市域动车组运行情况和技术状态，场调与检调进行交接。

第四节 非正常情况下行车组织

正常情况下，行调严格按照《运营时刻表》指挥行车，按时组织列车进入正线，到达指定位置。运营期间，列车以 ATO 模式按时刻表运行，但故障、突发事件、大客流等情况不可避免地会影响列车故障晚点。此时，控制中心会采取调整措施以尽快恢复行车秩序，本节以温州 S1 线为例介绍常用的行车调整措施。

一、扣车与放行规定

（1）扣停列车原则要求“谁扣谁放”，只有在 ATS 故障时，对原在中央 ATS 工作站扣停的列车，经行调授权后由相关车站放行。

（2）如信号系统具备扣车功能，当行调需扣车时，在中央 ATS 上操作或由行调通知车站在车站 ATS/IBP 盘上操作。

（3）如信号系统不具备扣车功能，当行调需扣车时，通知司机或由车站转达司机执行。行调应使用无线调度台/无线手持台通知司机扣车待令；行调使用有线调度电话通知车站扣停列车时，车站使用无线手持台、口头通知或显示紧急停车手信号等方式要求司机扣车。如车站扣车不成功时，必须立即报告行调。

二、ATC 信号系统故障

1．中央 ATS 设备故障时

（1）行调应授权设备集中站控制，由车站使用 ATS 界面监控。

（2）各集中站向行调报各次列车的到发点。

（3）行调根据报点铺画《列车运行图》。

2．中央及车站 ATS 设备故障时

（1）行调应授权设备集中站使用车站 HMI 进行监控，中间站设置列车自动通过进路功能，两端折返站通过人工排列进路进行折返作业。

（2）各集中站向行调报各次列车的到发点。

（3）行调根据报点铺画《列车运行图》。

3．ATP 设备故障时

（1）当站台及接近区域轨旁 ATP 设备故障时，列车在故障区域内产生紧急制动，司机由 ATO/ATP＋改为 RM 模式运行进站，同时应注意站台线路情况，手动开关站台门和车门，以最高可用模式出站，运行过程中恢复 ATO/ATP+模式。

（2）车载 ATP 故障的处理。

① 当列车在区间产生紧急制动且 RM 模式无法动车时，司机报告行调，行调确认前方线路空闲且进路排列好后，命令司机以 NRM 模式运行至前方站。

② 当列车在车站发生车载 CC 故障或区间迫停的车载 CC 故障列车到达站线后，司机报告行调，按规定重启车载 CC；仍无法建立 ATP 及以上模式时，司机凭地面信号显示以 NRM 模式限速 60 km/h 运行至前方站退出服务。

③ 故障列车与 ATO/ATP+/ATP 列车混运时，应确保故障列车与前方列车之间至少“一站一区间”的间隔，行调应严格监控故障列车的运行状态，确保安全。

三、计轴区段故障的规定

（1）由行调、车站、司机、作业单位（必要时）共同确认故障区域内有无列车、人员及其他障碍物，并通报信号维修人员。

（2）符合预复位条件后，由设备集中站在 IBP 盘上对计轴区段进行预复位。预复位操作完成后，行调组织车站人员添乘列车，司机在故障区段信号机前停车后，以 RM 模式凭引导信号显示（或授权越过禁止信号机）行车，限速 30 km/h（中性区计轴区段故障时采用 NRM 模式以 60 ~ 65 km/h）通过故障区段。待首列车通过，确认恢复正常后，后续列车按正常速度运行；若故障仍未消除，则按信号设备故障规定处理。

（3）如果联锁区计轴区段大面积故障，按电话闭塞法组织行车。

四、道岔故障的规定

（1）道岔故障时，可单操道岔转换两个来回，单操后道岔恢复正常，可正常组织行车；若单操后故障仍存在，应优先考虑变更进路，如有变更进路，按变更进路组织列车运行；如无变更进路，应及时通知车站人工准备进路组织行车。

（2）站后道岔故障且正确表示位无法满足行车时，行调应组织车站人员进入轨行区按调车方式组织列车进行折返，车站人员将道岔操纵至正确位置并加锁（只钩不锁），到达安全位置后向司机显示道岔开通信号或用无线调度电话通知司机，司机确认道岔位置正确后动车。

（3）站前折返站道岔故障时，行调组织车站人员将故障道岔操纵至正确位置并加锁（只钩不锁），到达安全位置后由行调组织列车运行。

（4）中间站道岔故障时，行调组织车站人员将故障道岔操纵至正线位置或规定位置并加锁，到达安全位置后由行调组织列车运行。

（5）列车停在故障道岔上时，车站人员或司机确认道岔开通位置正确后向行调汇报，司机凭行调命令限速 5 km/h 越过道岔。若道岔位置不正确，须相关专业人员处理后方可动车。

（6）运营期间无须转动的道岔故障处理完毕后，原则上待运营结束后将钩锁器拆除。

（7）道岔故障恢复后，首列车通过道岔故障区段限速 30 km/h 运行，司机须加强瞭望，若发现异常，应及时采取措施并报行调处理；若未发现异常，后续列车恢复正常运行。

五、开放引导信号的规定

（1）当进路中计轴区段故障且确认该计轴区段空闲时，列车在该信号机前停车后，司机应立即报告行调，由行调开放引导信号。

（2）当进路中第 1 计轴区段故障，引导信号开放后，列车需要在 60 s 内进入该进路始端信号机，否则引导信号自动关闭，需要再次开放引导信号。

（3）确认引导信号开放后，行调应立即通知司机凭引导信号显示运行。

（4）中性区计轴区段故障时，不开放引导信号，确认区段空闲后司机凭行调命令采用NRM模式以60～65 km/h速度运行越红灯经过故障区段。

六、信号机不能开放的规定

（1）信号机不能开放时，行调按“一灯一令”的原则命令司机以RM或NRM模式越过该禁止信号直至恢复正常驾驶模式。

（2）列车越过前方地面禁止信号前，须得到行调批准。行调在批准列车越过地面禁止信号前，必须确认信号机编号、本信号机至前方信号机间线路空闲、道岔位置正确且锁定。

七、取消发车进路的规定

（1）行调/车站/车场应正确掌握信号机的开放时机，当取消发车进路或单独关闭已开放的信号时，须先通知司机且列车尚未动车时，得到司机回复后方可进行操作。

（2）采用电话闭塞法行车时，先收回行车凭证，再取消发车进路。

八、市域动车组故障的规定

（1）市域动车组故障的判断、报告和应急处理由司机负责，行车组织由OCC负责，行调根据DCC检调意见执行。

（2）司机离开驾驶室处理故障前须报告行调并携带无线手持台。

（3）正线需要车场出备用车时，行调向场调、派班员通报，车场必须在15 min内将备用车组织到转换轨处待令。

（4）故障列车需要清客时，行调口头命令司机和相关车站执行清客工作。

（5）市域动车组在隧道内停车超过2 min时，行调应口头通知环调，由环调组织隧道送风。

九、列车救援

（1）救援原则：正线列车故障救援时，遵循正向推进救援原则。

（2）救援要求：

① 司机对市域动车组的故障初步处理，原则上为3 min，司机无法处理或3 min后还无法动车时，向检调申请技术支援（手持台原则上采用应急抢险组），同时继续处理故障。

② 故障发生5 min时，行调通知故障列车司机、救援列车司机和车站清客。

③ 对市域动车组故障处理时间原则上为7 min，如7 min后仍不能动车时，值班主任下达执行故障列车救援程序。

④ 使用市域动车组救援时，原则上使用后续列车空车前往救援，如不能空车前往救援时，连挂动车后须组织故障列车和救援列车在前方站清客。

（3）救援列车的准备与运行安排：

① 原则上救援列车运行至被救援列车后方站（相对于运行方向）清客或提前通知备用车司机整备好备用车，空车前往救援。

② 救援列车清客完毕后按正常运行模式（ATO 或 ATP+）运行至故障列车所在区段前一架禁止信号机前停车后，转为 RM 模式凭调度命令越过引导信号或禁止信号，在运行至距故障列车 15 m 处一度停车，由故障列车司机指挥连挂，连挂完毕后以 NRM 模式凭地面信号显示或行调命令动车。

（4）故障市域动车组在区间时，如需救援，原则上视为该区间已封锁，向封锁区间发出救援列车时，不办理行车闭塞手续，以行调命令作为进出该区间的许可，但救援列车司机仍需确认前方进路与道岔状况。救援列车连挂故障列车出清该区间后，视为该区间解封。

（5）一旦确定救援时，由行调向司机及有关车站发布开行救援列车的命令。

（6）已申请救援的列车不准动车，做好与救援列车的连挂准备工作。故障列车司机在连挂之前可继续排除故障，但不能动车，如故障排除则报告行调取消救援。

（7）救援列车推进故障列车运行时，司机需在救援列车前端驾驶室（运行方向）驾驶，故障列车前端驾驶室需有司机进行引导；救援列车牵引故障列车运行时，司机需在救援列车前端驾驶室（运行方向）驾驶。不论牵引或是推进，救援列车均按限速 40 km/h 执行；列车经过瑶溪至科技城区间中性区时以 60 ~ 65 km/h 速度运行。

（8）禁止使用工程车救援载客列车；使用工程车救援空市域动车组时，连挂后原则上限速 30 km/h 运行。

（9）如救援列车与故障列车在存车线解钩后，受存车线路长度所限，救援列车需要退行才能开通后方区间，行调确认后方区间安全，救援列车司机需换端以 NRM 模式运行至防护信号机前，退行路径上的相关道岔必须处在锁定状态。

（10）列车停在接触网中性区时：

① 列车停在接触网中性区时，司机应立即降弓待令，并报告行调。行调立即扣停后续列车，防止后续列车进入接触网中性区。

② 具备采用换弓、退行闯分相方式自救时，司机应准确报告列车停车位置，由行调、电调、检调共同根据停车位置处的牵引供电设备状况等因素确定自救方案，组织自救。

③ 不具备自救条件时，行调根据司机有关前、后方接触网中性区长度的报告，确定救援方案，组织救援。

十、特殊情况下的列车运行

1．列车推进运行

（1）列车推进运行，必须得到行调的命令。推进运行时，需有司机在市域动车组前端驾驶室引导；无人引导时，禁止推进运行。

（2）当难以辨认信号时，禁止推进运行。

（3）在 30‰ 及以上的下坡道推进运行时，禁止在该坡道上停车作业（被迫停车除外）。

2．列车反方向运行

（1）正常情况下，列车禁止反方向运行。

（2）列车反方向前必须得到行调命令。列车反方向运行驾驶模式为 NRM 模式限速 60 km/h，行车凭证为地面信号显示，反方向运行的列车禁止载客。遇以下情况时，可以组织列车反方向运行：

① 列车执行救援任务时；

② 列车执行压道任务时；

③ 工程列车作业需要时；

④ 因其他特殊情况需要或不可抗力因素需组织列车反方向时。

3．列车退行

（1）列车因故在区间停车需要退行时，司机必须报告行调，得到行调的命令同意后方可换端牵引退行或在有引导人员的情况下不换端推进退行，行调应及时通知有关车站。

（2）如退行列车已全部越过反向进站信号机，行调与车站确认具备接车条件后开放反向进站信号；如退行列车未越过反向进站信号机但已出清站台，行调通知车站确认接车条件后向司机显示引导手信号；如退行列车仍有部分车厢停在站台区，行调通知车站确认站线安全后，方可指令司机不换端退行。

（3）列车凭引导手信号退行时，车站接车人员应于来车方向端门外显示引导手信号，列车在引导手信号前须一度停车，确认引导手信号正确后方可进站。

（4）退行列车到达车站后，司机、车站应及时向行调报告，同时根据行调命令处理。

4．非正常情况下清客规定

（1）原则上由值班主任根据现场情况决定是否清客。

（2）若市域动车组故障排除可恢复正常运行后，原则上不在清客站重新载客，继续运行至下一站载客。

（3）原则上不准连续两列及以上载客列车在同一车站清客。

（4）市域动车组需清客时，行调应及时通知司机及相关车站，司机应及时广播通知乘客，车站及司机确认清客完毕后及时报行调。

（5）当遇列车救援、小交路运行、单线双方向运行等特殊情况时，需组织相关列车清客。

5．市域动车组越站有关规定

（1）行车工作中，因行车需要或特殊原因时，准许市域动车组越站。

（2）末班车无返程条件时，原则上不得越站。原则上不准连续同方向两列及以上市域动车组在同一车站越站。

市域动车组需越站时，行调应及时通知司机及相关车站。

6．车门故障处理

（1）市域动车组车门发生故障时，由司机负责现场处理。

（2）司机离开司机室处理车门故障时，须经行调授权并携带无线手持台。

（3）车门的处理按照《故障处理手册》执行。

7．站台门故障处理

（1）站台门故障处理按照“先通后复”的原则处理，站台门故障状态的确认和应急处理由车站负责。

（2）滑动门故障修复后，维修人员须观察后续两趟列车开关门情况，确认故障滑动门修复。

8．列车出现晃动、异响处理规定

（1）当列车出现异常晃动、异响等情况时，司机立即报告行调，由行调通知检调、生产调度安排车辆人员、工建人员检查。

（2）如该列车在后续区段运行正常，行调组织后续第 1 列车限速 30 km/h 经过该晃动、异响区段，如运行正常时，则后续列车以 15 km/h 为梯度逐步提速直至恢复正常运行；如仍出现晃动、异响，后续列车以 5 km/h 为梯度逐步限速至 5 km/h 运行，同时组织工务人员检查并抢修，后续列车根据现场抢修人员限速要求经过该故障点。

（3）如该列车在后续区段仍有异常晃动、异响等情况，则组织该列车限速 30 km/h 运行至就近车站清客退出服务，车辆人员上车检查，根据车辆人员要求执行。

9．隧道线路积水规定

（1）线路出现积水，行调应详细了解现场情况并及时通知维保部门派人处理。

（2）当积水漫过轨底时，限速 30 km/h；当积水漫过轨腰时，限速 15 km/h；当积水漫过轨面时，原则上禁止列车通过。

10．接触网异物处理规定

遇接触网挂有异物时，司机直接降弓，惰行通过异物区段，停车后升弓按行调命令执行。

11．市域动车组在分相区内停车

（1）市域动车组被迫停在分相区内时，司机应断电、降弓，并按规定向行调报告停车位置（区间/车站、线别、公里标）及原因。

（2）接触网故障或异物造成动车组迫停分相区时，立即组织接触网抢修人员对接触网进行抢修，并按相关应急方案执行。

（3）车辆故障造成动车组迫停分相区时，由行调组织车辆抢修或救援。

（4）行调接到报告后，应立即通知电调根据分相平面布置图等技术资料，确认分相类型和动车组停在分相关系区的相对位置，由电调和行调按照《控制中心应急处理程序》动车组掉分相应急处理流程中的对应场景共同决定救援方案。

十一、列车限速/取消限速的规定

1．列车限速的规定

1）有计划的限速

（1）申请限速的部门向安全技术部提出书面请求，经审批同意后交 OCC 组织实施。

（2）值班主任收到限速的书面申请单或方案时，检查确认无误后交由行调拟写调度命令并发布。

2）紧急情况下的限速

（1）申请限速的部门使用调度电话向 OCC 提出申请，OCC 确认限速相关信息后组织实施。

（2）申请限速的部门最晚必须在下一个工作日内向安全技术部补办书面限速申请并交 OCC，OCC 接到书面申请后与口头申请内容进行核对，确认正确后存档，如有异议，立即联系限速申请部门。

（3）车辆、机电、自动化等设备部门需一次性限速时，需使用带录音的调度电话向行调提出口头申请，行调经值班主任同意后发布口头命令执行。

2．其他要求

限速申请应包含具体的限速里程、限速区域长度、限速值及起止时间等要素，并按安全技术部规定的统一格式填写。

3．取消限速的规定

取消限速由申请部门向安全技术部提出书面申请，经安全技术部审批同意后将取消限速的书面通知交 OCC 组织实施，未得到安全技术部的书面通知前严禁取消相关线路的限速。

第五节 信号显示

在市域铁路运输系统中，信号指示列车的运行和调车作业的命令，向行车有关人员指示运行条件，对行车运行方向、运行间隔、运行进路及运行速度进行控制。信号不仅是保证行车安全、提高运输效率的重要设备，而且是指挥行车、实现列车自动控制与远程控制的重要手段。本节以温州 S1 线为例，介绍市域铁路的地面信号、手信号及音响信号。

一、正线地面信号机显示

（1）进站信号机为高柱五显示信号机（黄绿黄封红），其中进站兼折返信号机的绿色灯光为空位，显示方式见表 3-7。

表 3-7　进站信号机显示

序号	信号灯显示	行车指示	备注
1	1 个绿色灯光	进站信号机在开放状态，运行前方至少有两个进路闭塞分区空闲	
2	1 个黄色灯光	进站信号机在开放状态，准许列车经道岔直股位置进站停车	
3	2 个黄色灯光	进站信号机在开放状态，准许列车经道岔侧股位置进站停车	
4	1 个黄色灯光+1 个红色灯光	引导信号，准许列车以不大于 30 km/h 的速度越过该信号机，并随时准备停车	
5	1 个红色灯光	禁止信号，不准列车越过该架信号机	

（2）正/反向出站信号机和区间通过信号机均采用黄、绿、红三灯位信号机。其中，出站兼调车信号机采用黄、绿、红、白四灯位信号机，显示方式见表 3-8 ~ 表 3-10。

表 3-8　出站信号机显示

序号	信号灯显示	行车指示	备注
1	1 个绿色灯光	出站信号机在开放状态，准许列车经道岔直股位置出发，运行前方至少有两个进路闭塞分区空闲	
2	1 个绿色灯光 + 进路表示器	出站信号机在开放状态，准许列车经道岔侧股位置出发，运行前方至少有两个进路闭塞分区空闲	
3	1 个黄色灯光	出站信号机在开放状态，准许列车经道岔直股位置出发、折返或回场，运行前方有一个进路闭塞分区空闲	
4	1 个黄色灯光 + 进路表示器	出站信号机在开放状态，准许列车经道岔侧股位置出发、折返或回场，运行前方有一个进路闭塞分区空闲	
5	1 个黄色灯光 + 1 个红色灯光	引导信号，准许列车以不大于 30 km/h 的速度越过该架信号机，并随时准备停车	
6	1 个红色灯光	禁止信号，不准列车越过该架信号机	
7	1 个白色灯光	调车信号，准许列车越过该信号机进行调车作业	

表 3-9　反方向出站信号机显示

序号	信号灯显示	行车指示	备注
1	1 个绿色灯光	出站信号机在开放状态，准许列车出发，运行前方站间区间及下一站站内线路空闲，列车按规定速度运行至下一站停车	
2	1 个黄色灯光	出站信号机在开放状态，准许列车出发，运行前方站间区间空闲，列车按规定速度运行至下一站进站信号前停车	
3	1 个黄色灯光 + 1 个红色灯光	引导信号，准许列车以不大于 30 km/h 的速度越过该架信号机继续运行，并随时准备停车	
4	1 个红色灯光	禁止信号，不准列车越过该架信号机	
5	1 个白色灯光	调车信号，准许列车越过该信号机进行调车作业	

表 3-10 区间通过信号机显示

序号	信号灯显示	行车指示	备 注
1	1 个绿色灯光	通过信号机在开放状态，准许列车通过，运行前方至少有两个进路闭塞分区空闲	
2	1 个黄色灯光	通过信号机在开放状态，准许列车通过，运行前方至少有一个进路闭塞分区空闲	
3	1 个黄色灯光+ 1 个红色灯光	引导信号，准许列车以不大于 30 km/h 的速度越过该架信号机，并随时准备停车	
4	1 个红色灯光	禁止信号，不准列车越过该架信号机	

（3）出站兼调车信号机采用高柱信号机，调车信号显示方式见表 3-11。

表 3-11 调车信号机显示

序号	信号灯显示	行车指示	备 注
1	1 个白色灯光	出站兼调车信号机在开放状态，准许列车越过该架信号机调车	
2	1 个红色灯光	禁止信号，不准列车越过该架信号机	

二、手信号

手信号是在信号机、联锁设备等基本行车信号设备基础上，采用的辅助手段，属于辅助信号。在地下站显示手信号时按夜间方式显示。特殊情况下，列车运行时有关人员应遵守手信号显示，见表 3-12。

表 3-12 列车手信号显示

序号	手信号类别	显示方式	
		昼 间	夜 间
1	停车信号：要求列车停车	展开的红色信号旗，无红色信号旗时，两臂高举头上，向两侧急剧摇动	红色灯光，无红色灯光时，用白色灯光上下摇动
2	紧急停车信号：要求司机紧急停车	展开红旗下压数次，无信号旗时，两臂高举头上，向两侧急剧摇动，手臂交叉	红色灯光下压数次，无红色灯光时，用白色灯光上下急剧摇动
3	减速信号：要求列车降低速度运行	展开的黄色信号旗，无黄色信号旗时，用绿色信号旗下压数次	黄色信号灯光，无黄色灯光时，用绿色灯光或白色灯光下压数次
4	发车信号：要求司机发车	展开的绿色信号旗上弧线向列车方面做圆形转动	绿色灯光上弧线向列车方面做圆形转动

续表

序号	手信号类别	显示方式	
		昼　间	夜　间
5	通过手信号：准许列车由车站通过	展开的绿色信号旗	绿色灯光
6	引导信号：准许列车进入车站或车场	展开黄色信号旗高举头上左右摇动	黄色灯光高举头上左右摇动
7	降弓信号	左臂垂直高举，右臂前伸并左右水平重复摇动	白色灯光上下左右重复摇动
8	升弓信号	左臂垂直高举，右臂前伸上下重复摇动	白色灯光做圆形转动
9	“好了”信号	拢起的信号旗做圆形转动	白色灯光做圆形转动

调车手信号显示见表 3-13。

表 3-13　调车手信号显示

序号	调车手信号类别	显示方式	
		昼　间	夜　间
1	停车信号	展开的红色信号旗，无红色信号旗时，两臂高举头上，向两侧急剧摇动	红色灯光，无红色灯光时，用白色灯光上下急剧摇动
2	减速信号	展开的绿色信号旗下压数次	绿色灯光下压数次
3	指挥列车或车辆向显示人方向来的信号	展开的绿色信号旗在下方左右摇动	绿色灯光在下方左右摇动
4	指挥列车或车辆向显示人反方向去的信号	展开的绿色信号旗上下摇动	绿色灯光上下摇动
5	指挥列车或车辆向显示人方向稍行移动的信号	左手拢起红色信号旗直立平举，右手展开的绿色信号旗在下方左右小动	绿色灯光下压数次后，再左右小动
6	指挥列车或车辆向显示人反方向稍行移动的信号	左手拢起红色信号旗直立平举，右手展开的绿色信号旗上下小动	绿色灯光上下小动
7	三、二、一车距离信号：表示推进车辆的前端距被连挂车辆的距离	右手展开的绿色信号旗下压三、二、一次，分别表示距停留车三车（约 33 m）、二车（约 22 m）、一车（约 11 m）	绿色灯光平举下压三、二、一次
8	连挂作业	两臂高举头上，拢起的手信号旗杆成水平末端相接	红、绿色灯光（无绿色灯用白色灯光代替）交互显示数次

续表

序号	调车手信号类别	显示方式	
		昼间	夜间
9	试拉信号	按本表第6项的信号显示，当车列起动后，立即显示停车信号	
10	取消信号：通知前发信号取消	拢起的手信号旗，两臂于前下方交叉后，急向左右摇动数次	红色灯光做圆形转动后，上下摇动
11	停留车位置信号：表示车辆停留地点		白色灯光左右小摇动
12	道岔开通信号：表示进路道岔准备妥当	拢起的黄色信号旗高举头上左右摇动	白色灯光高举头上

手信号显示时机和显示地点应保证信号显示人员的人身安全且便于司机瞭望或确认。

三、音响信号

（1）客车在正线载客运营期间，除发生紧急情况、设备故障或危及行车和人身安全时外，不得鸣笛；工程车在正线及车场动车需鸣笛时按以下规定执行。

（2）音响信号，长声为3 s，短声为1 s，间隔为1 s。重复鸣示时，须间隔5 s以上。

（3）列车、机车、工程车鸣笛方式见表3-14。

表3-14　列车、机车、工程车鸣笛方式

序号	名称	鸣笛方式	使用时机
1	启动注意信号	一长声 —	① 调试列车在正线或工程列车起动及机车车辆前进时。 ② 客车接近整侧站台门常开不能正常使用的车站，工程列车及调试列车接近车站，工程列车进出隧道口前、施工地点，列车看到减速手信号、引导手信号时，天气不良时。 ③ 客车在检修及整备中，准备降下或升起受电弓
2	退行信号	二长声 ——	客车、工程列车、调试列车或机车车辆开始退行
3	召集信号	三长声 ———	要求防护人员撤回时
4	警报信号	一长三短声 —···	① 发现线路有危及行车安全的不良处所时。 ② 列车发生重大、大事故及其他需要救援情况时
5	试验自动制动机复示信号	一短声 ·	① 试验自动制动机开始减压时。 ② 接到试验制动结束的手信号，回答试风人员时。 ③ 调车作业中，表示已接收调车员所发出的信号时
6	缓解信号	二短声 ··	试验自动制动机缓解时
7	紧急停车信号	连续短声 ·····	司机发现邻线发生障碍，向邻线上运行的列车发出紧急停车信号时，邻线列车司机听到后，应立即紧急停车

四、信号标志牌

（1）停车标，设于各车站站台端部位置，见附录 P。

（2）正线区段限速在起点位置设置限速信号牌，终点位置设置解除限速信号牌，限速/解除限速信号牌见附录 Q。

（3）在接近车站 300 m、200 m 位置处分别设接近车站预告标，在接近车站 100 m 位置处设站名标。预告标见附录 R，站名标见附录 S。

（4）车挡表示器设在线路终端的车挡上，车挡表示器见附录 T。

（5）一度停车标、鸣笛标见附录 U。一度停车标、鸣笛标设置位置在相应的车场运作规则中规定。

（6）接触网终点标，设在接触网边界，见附录 V。

（7）警冲标见附录 W。

一、填空题

1. 站台门具有（　　）及处理功能，并有（　　）功能，能够探测到的刚性障碍物最小厚度为（　　）mm，障碍物连续探测（　　）次，（　　）次后站台门将保持常开，门头指示灯闪烁。

2. 站台门开关门控制优先级从高到低依次为：专用钥匙手动操作（　　）、IBP 盘上开关按钮操作（　　）、PSL 操作（　　）、站台门与信号联动控制（　　）。

3. 行车时间以北京时间为准，从（　　）时起计算，实行（　　）小时制。行车日期划分以零时为界，零时以前办妥的行车手续，零时以后（　　）。

4. 列车车次由（　　）位数组成，前（　　）位为服务号，中间 2 位为（　　），后 2 位为（　　），单数代表下行，双数代表上行。

5. 首、末班车严格按照（　　）的时间，均不得（　　）、迟发、（　　）。

6. 开行压道列车时限速（　　）km/h，正向采用（　　）模式驾驶，反向采用（　　）模式驾驶。

7. 站台门与车门不能实现联动功能时，按"先开（　　）门，后开（　　）门；先关（　　）门，后关（　　）门"的顺序操作。

8. 扣停列车原则要求"（　　）"，只有在 ATS 故障时，对原在中央 ATS 工作站扣停的列车，经行调授权后由相关车站放行。

9. 音响信号，长声为（　　　）s，短声为（　　　）s，间隔为（　　　）s。重复鸣示时，须间隔（　　　）s 以上。

10.（　　　）是列车在车站（车场）出发 、到达（或通过）及折返时刻的集合。

11.（　　　）是车场与相邻车站通过电话联系，确认闭塞区段空闲、道岔位置正确且锁闭，司机凭（　　　）行车，一个闭塞区段只允许一列车占用的行车闭塞方法。

二、简答题

1. 行调发布口头命令及书面命令的内容有哪些？
2. 点式 ATC 列车信号控制系统由哪些子系统组成？
3. S1 线有哪些设备集中站？
4. 路票填写内容包括什么？
5. 简述列车退行的规定。
6. 简述列车救援的开行规定。

第四章

市域动车组车辆段行车组织

本章主要介绍市域铁路车辆段的定义、功能及行车组织方式。通过本章学习，初学者可充分了解车辆段的相关职能，掌握车辆段运用设施与检修设施之间的联锁关系，熟悉配属车辆的停放、列检、整备的原则。通过学习列车车辆段行车组织方式及要求，初学者可对车辆段有明确的认知。

第一节 车辆段概况

车辆段是承担车辆停放、运用管理、整备保养、检查工作和承担较高或高级别车辆检修的基本生产单位。

一、车辆段的主要任务

车辆段是市域铁路系统的重要组成部分，承担市域铁路所属线路范围内列车的整备、停放、技术检查和洗刷清扫等日常维修和保养，提供运用列车投入服务，以及列车的镟轮、临修，负责车辆段设备机具的维修及调车机车、工程车的日常维修。

另外，车辆段还负责市域铁路所属线路范围内列车运行出现故障时的技术检查、处理和救援，以及市域铁路所属线路范围内机电、通信、信号、线路、隧道、房屋等运营设备设施的维修、保养。

二、车辆段主要设备设施

车辆段内设有洗车库及控制室、不落轮镟库、检查库、工程车库、临修库、轮对及受电弓检测棚、开闭所、10 kV 变电所、综合办公楼、食堂宿舍公寓楼等生产生活设施，主要承担本线配属车辆的一级修、二级修及整备、停放任务。

车辆段还设有停车线、列检线、工程车库线、临修线、镟轮线、材料线、洗车线、调车牵出线、试车线等。

三、车辆段与区间分界线及相邻车站的关系

车辆段与正线的连接线路称为出、入段线，车辆段与出、入段线（兼转换轨Ⅰ道/Ⅱ道）分别以入段信号机的中心线为界，入段信号机往车辆段一侧为车辆段管辖；出段线、入段线视为区间，属于正线管辖。出入段线在相邻车站的站后接轨，均为双进路，车辆段段型为尽端式，与相邻车站衔接。

四、车辆段行车、施工组织架构

车辆段内的行车、施工检修组织工作，坚持安全生产的方针，贯彻高度集中、统一指挥、谁主管谁负责的原则；车辆段内由车场调度员统一指挥，各单位、部门必须紧密配合，协同运作，确保行车、施工检修工作安全有序进行。

行车施工指挥架构如图 4-1 所示。

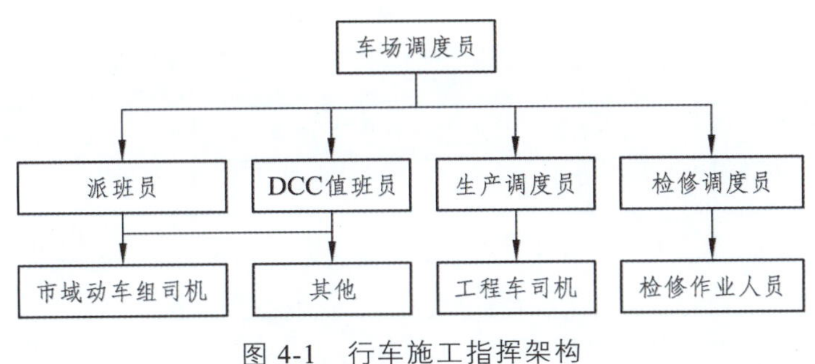

图 4-1　行车施工指挥架构

第二节 车辆段技术设备

为实现车辆段的相关职能，执行车辆段行车组织方式及要求，首先应了解车辆段技术设备数据，包括车辆段线路、道岔、信号、联锁及信号机。

一、车辆段线路、道岔

本节内容以温州 S1 线桐岭车辆段为例，车辆段线路直线标准轨距为 1 435 mm，检查库、临修库和不落轮镟库及以上各库前整体道床为 60 kg/m 钢轨，其余线路钢轨均为 50 kg/m 钢轨。车辆段内共有 40 副道岔，均为 9 号电气集中联锁道岔，侧向限速 35 km/h。车辆段内线路曲线处最大平面曲线半径为 400 m，最小曲线半径为 200 m；其中出入段线平面曲线半径为 300 m，车辆段、停车场内的库线设在平坡道上，库外停放车的线路坡度不大于 1.5‰；出入段线坡度不大于 35‰，牵出线坡度不大于 6‰。

二、信号、联锁

1．ATS 设备

车辆段设置了一台列车自动监控子系统 ATS 设备，可以在该设备终端上查看段内和正线全线列车车组号、服务号和目的地码，以监视列车运行。

2．车辆段信号机的分类和设置

（1）车辆段内的信号机（除洗车信号机外）均设在运行方向的左侧。

（2）车辆段信号机按用途分为列车信号机、调车信号机、安全联锁信号机、洗车信号机；洗车信号机、安全联锁信号机作为洗车/安全联锁设备的操作独立信号，不纳入车辆段微机联锁，由所属设备进行操控。其中，列车信号机为入段信号机、出段信号机和列车终端信号机，信号机编号见表 4-1。

表 4-1　信号机编号

序号	名称	编号	用途	定位显示灯光	备注
1	出段信号机	X1～X21	出段兼调车	红灯	
2	入段信号机	S、SF	入段	红灯	
3	列车终端信号机	D22～D25，D30～D47	列车终端信号机	红灯	
4	调车信号机	D1～D21，D26～D29	调车	蓝灯	
5	安全联锁信号机	JC26～JC29	进出检查库引导功能	红灯	
6	洗车信号机	无	洗车	无色	

（3）入段信号机。

入段信号机为高柱五显示信号机（黄封黄封红），显示方式见表 4-2。

表 4-2　入段信号机显示

序号	信号灯显示	行车指示	备注
1	两个黄色灯光	为列车允许信号，准许列车进入车辆段/停车场库线停车	
2	一个红色灯光	为禁止信号，不准列车越过该架信号机	
3	红色+黄色灯光	为引导信号，准许列车以不大于 25 km/h 的速度越过该架信号机继续运行，并随时准备停车	

（4）出段信号机。

车辆段内出段信号机采用矮柱单机构三显示信号机（黄白红），显示方式见表 4-3。

表 4-3 出段信号机显示

序号	信号灯显示	行车指示	备注
1	一个黄色灯光	为列车允许信号，准许列车在车辆段停车线出发	
2	一个白色灯光	为调车信号，准许按规定的速度越过该信号机调车	
3	一个红色灯光	为禁止信号，不准列车越过该架信号机	

（5）调车信号机。

调车信号机采用矮柱单机构二显示信号机（蓝白），显示方式见表 4-4。

表 4-4 调车信号机显示

序号	信号灯显示	行车指示	备注
1	一个蓝色灯光	调车作业时，禁止越过该架信号机调车，但对列车不起阻拦作用	
2	一个白色灯光	为调车信号，准许按规定的速度越过该信号机调车	

（6）洗车信号机。

洗车信号机采用二显示信号机（红绿箭头），显示方式见表 4-5。

表 4-5 洗车信号机显示

序号	信号灯显示	行车指示	备注
1	一个红色箭头灯光	洗车作业时，禁止越过该架信号机进行洗车作业	
2	一个绿色箭头灯光	洗车作业时，允许越过该架信号机进行洗车作业	

注：车辆段内运行时遇到相关信号机灯光熄灭、显示不明或信号灯显示错误时，均视为停车信号。

第三节 车辆段行车组织工作

车辆段行车组织由场调集中领导、统一指挥，各行车有关岗位应严格执行《行车组织规则》及《车辆段运作规则》的相关规定，服从指挥、紧密联系、密切配合、互相监督，确保行车安全。

一、车辆段行车组织原则

（1）空载市域动车组、工程车、调试列车、救援列车出入车辆段均按列车办理，所有列车上线前需确认车辆状态，且满足上线运行条件。凡相关市域动车组上线前，均需交付司机《市域动车组状态记录卡》（见附表 2）。

（2）车场内行车及调车作业必须严格遵守各项速度限制，车场内线路运行最高速度不得超过 25 km/h。

（3）车辆段/停车场内正常调车作业应使用牵出线调车，禁止使用转换轨进行调车作业。

（4）任何人员未经场调允许，严禁进入车辆段/停车场轨行区。

（5）检查库、临修库、不落轮镟库、工程车库行车作业时，须安排专人防护库门，并携带无线通信设备（满足与司机同一通话组），与移动的车辆保持 3 m 安全距离，如遇特殊情况及时通知司机停车。

二、接发列车的规定

（1）编入列车的车辆应技术状态良好，检修调度员（简称检调）负责向场调提供符合技术状态要求且足够数量的车辆作为运用车。

（2）检调须在发车前 80 min 交付场调《市域动车组状态记录卡》，同时场调编制车次。

（3）每日运营前，场调与检调应共同确认接发列车安排，减少交叉进路影响，确定洗车车辆，并在发车前 1 h 提报行调、DCC 值班员、派班员。

（4）司机按规定于市域动车组出库前 50 min 进行整备作业，发现市域动车组异常后及时报场调，由场调通知检调。如需车辆或信号专业检修人员上车处理故障时，经场调同意后上车处理；车载通信或车载信号故障由场调通知生产调度，并由生产调度组织相关人员上车处理。故障处理人员未上车之前，场调应提醒市域动车组司机严禁动车。如发车前 15 min 故障仍未修复，原则上优先选择备用车上线，遇特殊情况时，场调与检调沟通后，调整发车顺序。

（5）若检查库内发车，在列车发车前 15 min 检修人员须将检查库库门开启到位，发车前 3 min，防护人员到位。司机须在库门前一度停车，确认库门开启到位后方可动车。其他库门由属地管理人员组织开启或关闭到位。

（6）原则上检查库不得办理接车作业，特殊情况下必须征得乘务中心主任同意方可办理。

（7）车辆段行车作业以接发列车作业为优先，其他作业不得影响列车进出车辆段；接发列车时，在列车出入段前 10 min 停止一切影响接发车进路的调车及施工作业。

（8）DCC 值班员接发列车应灵活运用股道，做到不间断接车，正点发车，减少转线作业。

（9）原则上接发列车作业时，接车股道必须空闲，若遇工程列车接入有车股道，可采用引导方式办理接车作业。

（10）口头通知只能通过无线手持台（无线手持台故障时，可用具有录音功能的通信设备）通知。

三、列车出入车辆段的规定

（1）列车进入车辆段时，司机应在转换轨处一度停车，并报告 DCC 值班员，DCC 值班员在接到司机停稳的报告后开放入段信号，组织列车回段，如特殊情况下不能开放，应及时报告场调说明情况，并令司机原地待令。

（2）列车进入车辆段后，应对标准确，按停车标停车。如需要在车辆段内无停车标处停车时，按 DCC 值班员指示停车或根据调车长（施工、连挂作业时，在车下指挥列车运行的人员）手信号停车。

（3）列车在平交道口前须一度停车并鸣笛，确认道口安全后，方可通过。出、入车辆段和段内调车作业时严格执行呼唤应答，联控前须确认相关条件（进路、信号、凭证）正确，应答结束后必须确认复诵内容一致。联控时严格执行《进出段联控用语》（见附录 A）、《调车作业联控用语》（见附录 B）。

（4）车辆段内轨道平车装载货物高度应严格按《行车组织规则》相关规定执行，装载后须由施工负责人和车长共同确认装载加固良好；原则上车辆段不允许办理超过车辆限界的列车，遇特殊情况需办理超过车辆限界的列车时，施工负责人申报施工作业时须注明装载和运输要求。

（5）车辆段内行车及调车作业必须严格遵守各项速度限制，任何机车、车辆在车辆段内线路上运行最高速度不得超过 25 km/h，停车线及检查库内不得超过 5 km/h。

（6）列车在停车线停放时，应做好防溜措施。

四、车辆段非正常情况下行车组织

当车辆段与车辆段相邻站之间信号联锁设备故障时，按照行调指令，采用电话联系法组织行车，行车凭证为电话记录号。电话联系法组织行车时采用 RM 模式，段内限速 25 km/h。电话联系法行车组织区域为车辆段与相邻车站（含转换轨），车辆段（车站）发车进路和车站（车辆段）接车进路作为一个闭塞区段（转换轨处由车辆段相邻站负责管理）。

1．电话联系法的组织原则

（1）采用电话联系法行车的区段内，行车指挥权在车辆段和车辆段相邻站。

（2）采用电话联系法行车的区段，进路上的道岔由车辆段微机联锁设备进行锁定，当车辆段相关联锁设备故障无法锁定时，车辆段应该由工务人员协助 DCC 值班员将道岔摇至指定位置并加锁（开通定位或反位），DCC 值班员负责道岔进路的确认。

（3）列车在车辆段整备完毕具备发车条件时，司机及时向 DCC 值班员汇报。DCC 值班员准备好发车进路并办理完相关手续后，使用无线调度台或无线手持台指挥司机发车。当无线调度台或无线手持台故障时，采用带有录音功能的通信设备联系司机，以上设备均故障时采用列车手信号通知司机发车。

2．电话联系法作业程序

（1）行调确认正线故障影响区域内线路空闲或正线故障影响区域内所有列车到达站线停车待令后，向车辆段及车辆段相邻站发布采用电话联系法行车的调度命令。

（2）车辆段 DCC 值班员与车辆段相邻站行车值班员再次共同确认相应的接发列车进路空闲。

（3）发车方发车进路准备完毕，现场人员到达安全位置或出清线路后，向接车方请求闭塞。

（4）本次列车接车进路及站线/停车线进路准备完毕，线路空闲。发车方行车值班员/DCC值班员接到接车方同意接车的电话记录号码，核对无误后将电话记录号码通知司机，司机复诵正确后，发车方方可使用无线/固定调度台或无线手持台通知司机发车。

（5）司机必须准确记录电话记录号码（见表4-6），方可凭发车方发车指令发车。

表4-6　电话记录号

车　站	车站编号	电话记录号
车辆段	90	9001～9099
车辆段相邻车站	01	0101～0199

（6）确认车辆段及其相邻站联锁设备恢复正常并测试完毕后，行调向车站和车辆段发布取消电话联系法行车的调度命令。

车辆段调车作业组织方式

一、调车作业原则

车辆段调车作业由场调统一领导，DCC值班员单一指挥，调车作业相关人员应按《车辆段运作规则》和《车辆转轨调车单》（见附表1）的要求履行各自职责。

二、调车作业申请要求

（1）如需配合施工、检修、培训、演练等进行调车作业时，均需以书面形式（即填写《车辆转轨调车单》），由作业申请人向场调提报。

（2）检调向场调提报转轨申请前必须确认该市域动车组具备安全调车条件，并组织专人开关库门。

（3）外单位提报调车作业申请时，须由监管部门监督、配合完成调车作业申请与实施。

（4）涉及未交付的车辆调车时，由车辆厂家与维保部门共同确认车辆满足安全动车条件，维保部门须配合组织调车作业，保障作业安全。

（5）转轨计划须提前提报场调，具体规定如下：

① 计划性施工维修、调试、改造调车作业至少提前4 h。

② 需要工程车配合调动的车辆，调试、转线作业计划至少提前3 h。

③ 临时维修的调车作业或调试至少提前2 h。

④ 故障抢修的调车转线作业随时提报或其他转线作业至少提前 1 h。

⑤ 因检修作业需要增派司机配合时，检调须做好书面计划，与计划实施前 4 h 上交场调，以避免派班员无法及时安排人员配合。

⑥ 对未交付的机车车辆的动车计划，须向 DCC 提报计划，对需工程车调动车辆的调车作业至少要提前 24 h。

三、车辆段限速要求

司机在车辆段驾驶列车运行过程中要掌握好速度，市域动车组车辆段限速要求见表 4-7。

表 4-7 车辆段限速要求

序号	项 目	速度/（km/h）	说明
1	车场内空线牵引运行	25	
2	车场内空线推送运行	15	
3	调动装载超限货物的车辆	10	
4	尽头线调车时	10	
5	经过轮对受电弓检测棚时	8～12	
6	检查库内及临修线	5	
7	对货位时	5	
8	接近被连挂的车辆时	3	
9	洗车库内	3	

四、《车辆转轨调车单》符号含义

为安全、及时地组织调车人员完成调车任务，场调根据市域动车组/工程车停放位置、线路、检修计划、现场作业情况、司机运用情况，合理、科学、正确地编制《车辆转轨调车单》，《车辆转轨调车单》符号含义见表 4-8。

表 4-8 《车辆转轨调车单》符号含义

	符 号	含 义
调车作业符号含义	+	连挂
	−	摘除
	D	待令
	△（内标 1）	铁鞋/止轮器
	停车线股道	L-1～L-18
	工程车库股道	L-19～L-20
	临修线	L-23
	镟轮线	L-24
	洗车线	L-25
	检查库股道	L-26～L-29

五、车辆段调车作业的实施

（1）调车作业前，调车人员须按规定着装，穿戴好防护用品。

（2）施工负责人应根据场调的布置及《车辆转轨调车单》的要求，开好调车作业预想会，交代作业要求和注意事项，并传达作业计划。

（3）调车相关人员须认真检查线路、车辆和库门状态，内容包括车辆防溜措施情况、是否进行技术作业、是否有侵限物、装载加固是否良好、是否设有红闪灯或禁动牌、库门是否打开并固定良好等，在牵出线、材料线、临修线及镟轮线上调车时，距线路终端应有不小于 10 m 的安全距离，特殊情况必须小于 10 m 时，限速 3 km/h 运行，确保安全。

（4）调车作业中，有关人员不得中断瞭望及信号的显示。信号显示中断应立即停车。调车作业人员应按规定向司机显示信号指挥调车作业。

（5）调车司机应根据车长的指令准确、平稳地操纵市域动车组，不间断进行瞭望，时刻注意确认信号、道岔，按调车员指令进行调车作业。

（6）DCC 值班员排列调车信号要执行“一看、二点、三确认、四呼唤”制度。根据调车作业计划、现场作业情况、市域动车组停放股道，根据《车辆转轨调车单》，正确、及时地排列调车进路、开放调车信号，通过微机联锁设备认真监控机车车辆运行，并执行“干一勾划一勾”制度，严格执行调车作业程序和联控用语，确保调车作业安全。

（7）调车作业连挂后牵引或推进运行，必须进行试拉。若为工程车连挂市域动车组调车作业，试拉前须由胜任人员确认市域动车组车钩已连挂到位，符合技术要求；由工程车司机确认工程车车钩、过渡车钩已连挂到位，符合技术要求。

（8）市域动车组车辆段内通过平交道口及库门前，须一度停车，瞭望平交道口是否有障碍物或行人，库门是否打开到位、牢靠稳定，并确认库门口、轮缘槽无异物等安全后，方可通过平交道口或进出库门。

（9）牵引运行时，前方进路由司机确认；推进运行时，由引导员确认。

（10）若市域动车组凭自身动力调车时，司机须凭地面信号显示及 DCC 值班员指令动车。

（11）若需要利用工程车调市域动车组作业时，调车作业须由调车员、车长、检修人员、市域动车组司机完成。调车员及车长负责现场工程车连挂、试拉以及工程车车钩和过渡车钩的确认；检修人员负责确认市域动车组车钩状态及施加和撤出防溜措施；市域动车组司机负责推进作业时与引导员完成确认道岔、信号机及进路。若调车过程中发生脱钩等事件，由检修人员、市域动车组司机、工程车司机等配合完成现场应急处置。

（12）推进/牵引到指定地点解钩前，应确认连挂车辆已停稳，防护、防溜措施已设置。市域动车组解钩时，司机须控制好速度及退行距离（退行前须征得场调的同意），遇一次解钩不成功，可以进行压钩后再次解钩，仍无法解钩时，需做好防护报场调，检调须安排专人进行人工解钩。

（13）组织两列市域动车组或机车在同一股道作业时，DCC 值班员应先通知一列市域动车组或机车在指定位置停车待令，再向另一列市域动车组或机车司机布置安全注意事项及存车位置情况后，方可进行作业。

（14）原则上在封锁或接触网停电施工区域不安排与施工作业无关的调车作业，特殊情况下需安排调车时，场调必须组织人员、工具和设备等全部出清后再进行调车；如工程车卸砟施工作业时调车，作业人员应与机车车辆保持 50 m 的安全距离，并设置专人防护。

（15）调车作业要准确掌握速度，在瞭望条件差、天气不良等非正常情况下应适当降低速度或终止调车作业。

六、车辆段禁止调车作业的情况

（1）设备或障碍物侵入线路限界时，禁止调车作业。

（2）禁止溜放调车作业。

（3）市域动车组和工程车不具备安全动车条件时。

（4）禁止两列列车（工程车）在同一条股道上同时移动。

（5）其他具有安全隐患的调车作业。

七、连挂车辆的规定

（1）连挂车辆时，调车长应显示连挂信号和距离信号三、二、一车。没有显示连挂信号和距离信号不准挂车。

（2）距离被连挂车辆一车时应一度停车，调车员确认被连挂车辆无作业防护标志，受电弓已降下，车上、车下、地沟无人作业，无侵限的障碍物，被连挂车辆防溜良好后，机车运行至距被连挂车不少于 1 m 处再次停车，调整好两车钩位置（连挂市域动车组时，重点检查过渡车钩状态）方可指挥连挂作业。

八、调车作业安全

（1）调车过程中，严禁攀登运行中的市域动车组、工程车和装载货物的平板车等各类车辆。

（2）原则上不允许在轨行区上下机车车辆，如因突发状况、施工要求等情况，作业人员须停车，选好地点，注意地面障碍物，确认安全后方可上下机车车辆。

（3）严禁脚踏钢轨面、道岔连接杆、尖轨，严禁在连挂区域轨道旁逗留。

（4）手推调车时，操作人员必须在车辆两侧进行，并注意脚下有无障碍物。除接新车以外，车辆段严禁手推调车作业。

（5）调车员应走两线路之间显示手信号，并注意邻线的机车车辆。严禁在道心、枕木头上行走。

（6）过平交道口时，应一停、二看、三通过，注意左右机车车辆的动态及脚下有无障碍物。

（7）通过停有机车车辆的线路时，先确认机车车辆暂无移动，然后在该机车车辆 5 m 外通过。严禁在运行中的机车车辆前面抢越。

（8）不准在钢轨上、车底下、枕木头、道心里坐卧或站立，且不准跨越地沟。

（9）在临修库、不落轮镟库末端（无围栏轨行区）进行机车车辆走行作业时，末端平交道口须设置防护隔离带，并安排专人防护，非作业人员须保持 5 m 以上的安全距离。

第五节 其他作业管理

一、车辆交接

（1）市域动车组出库前，检调向场调提供《市域动车组状态记录卡》（附表 2），司机到场调处领取《市域动车组状态记录卡》、一把主控钥匙、一把方孔钥匙，并在《备品借用登记簿》（附表 3）上登记。出勤后，司机到达指定股道进行市域动车组整备作业，并与 DCC 值班员联控，做好发车准备。

（2）市域动车组回库后，司机将方孔钥匙、列车主控钥匙和《市域动车组状态记录卡》交给场调，并在《备品借用登记簿》上登记后，到派班办理退勤手续。

（3）对回库的车辆，检调根据《市域动车组状态记录卡》的记录情况及时汇总。

（4）交接后的车辆由检调负责安排检修、保洁等作业。

（5）若为车场调车作业，车辆交接凭证为《车辆转轨调车单》。交接后车辆必须满足车辆转轨调车条件及《车辆转轨调车单》中的相关内容，如有特殊人员、设备随车调车，调车申请人须告知场调，场调须在《车辆转轨调车单》中明确其目的、职责。

（6）若市域动车组参与正线调试作业，车辆交接及发车凭证为《市域动车组状态记录卡》，施工负责人需在调试开始前交付司机调试任务作业书。

二、备用车规定

（1）车场须按《列车运行图》要求配置足够数量的备用车。

（2）车场备用车必须符合上线的条件，原则上热备车应停放在停车线，随时做好发车准备，若因故需停在检查库，须征得场调的同意。

（3）原则上备用车（热备、冷备）除值乘司机外，不得有任何其他作业人员私自登乘作业。

（4）备用车无特殊情况下不得随意调整。因故需调整时，轮值技术岗必须向场调提出申请并说明调整原因。

（5）场调按《列车运行图》中首列回段车到达转换轨时间组织备用车进行收车作业。

（6）车辆段备用车需在早压道车发车前整备作业完毕。

（7）若因车辆段施工及停电安排，备用车须停于出入段线时，司机因特殊情况需上下车作业时，须征得行调及场调的同意，并及时联系车辆段安保人员，方可办理上下车作业，然后由指定地点出入；若须停在折返线热备时，司机征得行调同意即可。严禁未得到许可私自上下车辆。

三、轨行区管理

（1）检修人员在办理单股道停电作业时，进入轨行区必须穿绝缘鞋。

（2）原则上人员进出轨行区时由场调指定的栅栏门进出，在未取得场调的同意情况下，严禁任何人进入轨行区。

（3）所有进入轨行区的施工、检修、巡视作业，不得携带超限物品。如遇恶劣天气，须立即出清作业区域，严禁在接触网下撑伞、登高、打电话等。

四、车辆段安全标志标识

（1）车辆段限速标分别为“5 km/h”“8 ~ 12 km/h”，见附录 C。

（2）无电区防护标为“材料线无电区”“工程车库无电区”“前方无电区”“分区、股道接地点标志”，见附录 D。

（3）列车尾端出入检查库及牵出线标“尾端出库”“尾端过岔”，见附录 E。

（4）洗车线标志标识为“预备位停车”“4 辆清洗结束”“6 辆清洗结束”“切换弓停车”“4 辆后端洗停车”“6 辆后端洗停车”，见附录 F。

（5）正线车辆段分界标见附录 G。

（6）车辆段停车标为“停”“停车位置”“一度停车”，见附录 H。

（7）股道标见附录 I。

（8）道岔标及定反位标志见附录 J。

（9）功能及防护标志为“检测结束”“一停、二看、三通过”，见附录 K。

（10）限高架见附录 L。

（11）洗车信号显示见附录 M。

一、填空题

1. 车辆段承担所属线路范围内列车的（　　　）、（　　　）、（　　　）和洗刷清扫等日常维修和保养，提供运用列车投入服务。

2. 车辆段负责所属线路列车运行出现故障时的技术（　　）、（　　）和（　　）。

3. 车辆段与正线的连接线路称为（　　）线，入段信号机往车辆段一侧为（　　）管辖；出段线、入段线视为区间，属于（　　）管辖。

4. 出入段线在站后接轨，均为（　　）进路，车辆段段型为（　　），与相邻站衔接。

5. 车辆段线路直线标准轨距为（　　）mm，检查库、临修库和不落轮镟库及以上各库前整体道床为（　　）kg/m 钢轨，其余线路钢轨均为（　　）kg/m 钢轨。

6.（　　）、工程车、调试列车、救援列车出入车辆段均按（　　）办理，所有列车上线前需确认车辆状态，且满足上线运行条件。凡相关市域动车组上线前，均需交付司机《市域动车组状态记录卡》。

7. 采用电话联系法组织行车，行车凭证为（　　）。电话联系法组织行车时采用（　　）模式，段内限速（　　）km/h。

8. 尽头线调车时限速（　　）km/h，洗车库内限速（　　）km/h。

9. 车辆段设置了一台（　　）设备，可以在该设备终端上查看段内和正线全线列车车组号、服务号和目的地码，以监视列车运行。

10. 在牵出线、材料线、临修线及镟轮线上调车时，距线路终端应有不小于（　　）m 的安全距离，特殊情况必须小于（　　）m 时，限速（　　）km/h 运行，确保安全。

二、简答题

1. 简述调车信号机信号灯显示及行车指示。
2. 简述出段信号机信号灯显示及行车指示。
3. 哪些情况车辆段禁止调车作业？
4. 车辆段调车作业有哪些安全注意事项？

第五章 市域动车组司机日常作业

本章主要介绍市域动车组司机所有日常工作作业流程和标准，体现当前轨道交通市域动车组司机的岗位要求和工作内容，为初学者将来与岗位技能实操培训对接打下良好的理论基础，并使初学者加深对市域动车组司机岗位的了解。本章对提高从业人员基本素质、使从业人员掌握市域动车组核心知识与技能有直接的帮助和指导作用。

第一节 市域动车组司机职责及相关定义

一、定　义

1．市域动车组司机（简称“司机”）

具备本单位认可的上岗证并在本单位管理线路范围内从事市域动车组列车驾驶的专职人员。

2．学习司机

指尚不具备本单位认可的上岗证且不具备独立驾驶市域动车组资格的人员，以及跟随正式司机学习、培训的人员。

3．司机长（班组长）

指负责监督和指导班组内司机（学习司机）作业，检查和落实各项管理制度及作业安全规定，协助乘务中心管理司机日常事务，并在正线遇突发事件时协助司机处理和做好随时顶替值乘工作的班组长。

4．指导司机

负责监控、指导正线司机作业，且在正线遇突发事件时指导司机作业，检查和落实各项管理制度及作业安全规定，同时协助司机长管理司机日常事务。

5．派班员

一般由指导司机担任，特殊情况下可由司机长指定司机担任，于派班室内协助司机长进行出退勤登记、日常管理、资料整理汇总、事件统计等任务。

6．市域动车组引导员

市域动车组需要退行或推进运行时，协助司机在运行前端瞭望、监控和指挥的人员，负有安全责任，一般由市域动车组司机担任。

7．待　乘

司机出勤后在规定地点等候接车或在两端终点站值乘司机等候接下次列车的过程。

8．添　乘

为检查、指导司机标准化作业，了解和观察相关的行车设备、列车运行等情况，授权人员进入司机室的行为。

9．漏　乘

指司机在当班期间未按规定时间接发列车的行为。

10．便　乘

指有/无担当驾驶任务的司机在客室坐车到达指定地点的过程。

11．候　班

因工作需要，司机在下一次值乘任务前，在司机公寓休息的过程。

12．备　班

指随时处于待令状态的司机。

13．“问路式”调车

司机主动与行车指挥人员通过无线通信设备（车载台、手持台）交互问答，确认进路的一种调车作业的方法。

二、岗位职责

1．司　机

（1）遵守公司各项规章制度，严格执行“两纪一化”，即劳动纪律、作业纪律、作业标准化。

（2）按照运营时刻表、交路表、排班表的要求安全、平稳、准时驾驶市域动车组运行；按照调车、调试等作业计划，安全、及时完成作业任务。

（3）工作中，服从上级安排，听从指挥；行车中，在正线服从行调的统一指挥，在车场服从车场调度的统一指挥；及时、正确接收行调/场调的命令，并严格按照行调/场调命令执行，司机对命令存在疑义时，在确保安全的前提下，先按调度命令执行。

（4）对列车的运行状态和相关行车设备进行监控，对列车运行进路进行瞭望，发现异常，及时、全面、准确汇报；遇危及行车安全或设备安全情况时，及时采取停车措施，并进行正确处理。

（5）发生突发事件或设备故障时，应及时、全面、准确报告相关信息，并按相应的应急预案及故障处理指引，冷静、及时、果断地进行处理，并尽快恢复运营。

（6）发现或发生行车事故或事件时，及时、如实地向班组长或相关负责人反映、报告，不隐瞒、不谎报。

（7）出现交路紊乱或行车组织发生变化等情况，坚守岗位，听从班组长、派班员或指导司机的安排，保证有车必有人。

（8）加强自身业务知识学习，牢固掌握本岗位专业知识，积极参加业务培训及各项演练、技术比武。带教学习司机时，严格履行带教合同，并监控好学习司机或其他人员按章操作，确保运作安全。

2．双司机

（1）双司机由两名持有本单位市域动车组司机上岗证的司机组成，驾驶列车的司机称为主司机，监控司机称为副司机。双司机皆应恪守上述司机岗位职责。

（2）主司机作为单趟值乘作业的第一责任人，主要负责值乘期间所有行车事件的处理，可指挥副司机进行协助。

（3）副司机负责值乘期间的监控与协助，必要时可采取紧急停车措施，其他情况未经主司机允许，禁止擅自操控相关车辆设备。

（4）对于双司机机班采取“同奖同惩”的处理原则，同机班人员应树立良好的责任心，做到自控、互控。

（5）双司机搭班时，应做到同出同退，未经上级允许，不得擅自行动。值乘过程中，应做到共同确认，相互监控，主司机完成每一项工作内容后，副司机必须进行确认，确认时机为主司机口呼完毕后。

（6）双司机机班时，一人作业，一人监控，原则上不得在两端司机室同时开展作业或者在列车两侧分开作业。

（7）在区间运行及站台作业时，主、副司机均须严格执行标准化作业，遵循主司机先呼，副司机后呼的原则，依次进行手指口呼。

（8）列车运行期间因发生故障离开司机室处理或需下车查看现场等情况，由主司机携带无线手持台前往现场进行处理、查看，离开司机室前与行调说明使用手持台对讲，副司机做好乘客广播。

3. 学习司机

（1）参加岗前培训，严格按照本单位乘务培训管理相关规章执行。

（2）负责协助司机瞭望线路情况。

（3）负责协助监视站台门的开关状态。

（4）负责协助其他辅助行车的工作，遇突发紧急情况应及时提醒司机，必要时可采取紧急停车措施。

（5）听从司机的指挥，只有在司机的监控下才能操作列车。

4. 指导司机

（1）负责监控、指导正线司机作业。

（2）负责检查司机标准化作业，落实各项管理制度和作业安全规定。

（3）负责协助班组长处理当班事务。

（4）负责协助司机处理故障、应急处理及突发事件并进行统计汇总。

（5）负责司机出退勤作业的确认。

（6）随时替换身体不适或状态不佳的司机。

5. 市域动车组引导员

（1）推进运行时负责在市域动车组前端瞭望，监控列车运行速度及进路安全。

（2）采取推进运行的救援方式时，故障车司机为引导员。

（3）把握联控时机，通过司机室对讲或无线手持台引导驾驶端司机操作。

（4）发生紧急情况时，立即通知驾驶端司机停车，同时采取紧急措施。

（5）指挥列车停车时严格按“三、二、一”车要求指挥。

市域动车组司机服务标准规范

市域动车组司机作为一个城市轨道交通公司的重要岗位，不仅代表着一个企业的风貌，同时也肩负着整车乘客安全的重要职责。司机做好服务标准化作业，给乘客带来视觉上的享受的同时，也保障了列车安全、准时、高效地运行。

一、仪容仪表

（1）员工应根据季节变化分别穿着夏季、春秋季、冬季制服，佩戴工号牌，穿公司配发的皮鞋或类似款式的皮鞋，统一着装。员工不得私自修改服装款式，换装时间以部门通知为准。

（2）员工制服应经常换洗，穿着时保持衣装整洁，不立领，不披衣、挽袖、卷裤腿，掉扣、脱线应及时修补；衬衫必须束入腰带内。

（3）当班期间，原则上男员工发不过耳，前不过眼，后不触衣领，发型自然，不留长发及小胡须，禁止剃光头。

（4）正线驾驶时根据实际需求可拉下司机室遮阳帘，地下站严禁佩戴太阳镜，高架、地面站有需要时，统一佩戴公司发放的太阳镜。

（5）新员工在未领取制服期间，根据现定岗位穿着相近色系服装，或按照公司要求统一穿着培训服或志愿者服装。

二、行为举止

（1）行为举止端正，遵守公司行为守则，精神饱满、举止大方、礼貌服务。

（2）在站台、站厅等公共区域待乘期间，应注意言行举止，不准大声说话或说笑、追逐打闹、吃零食等。

（3）员工穿着公司制服时，不得在公共场所以及其他禁止吸烟的场所吸烟，不得进入营业性娱乐场所。

（4）未经公司允许，员工不得擅自穿着制服参与商业性广告拍摄、文艺拍摄、演出活动及网络直播等。

（5）当值期间（列车上、作业时、换乘室和派班室）禁止使用手机、耳机等电子设备。

（6）应保持换乘室、司机室等工作场所清洁无杂物，按规定摆放物品。

（7）站台立岗时，应站在站台黄线外侧保持立正姿势，两手自然下垂，眼平视前方，观看乘客上下车情况，其间不得背手、手插口袋或把手搭在相关设备上，不应做出打哈欠或伸懒腰行为。

三、工作服务

（1）工作期间，应统一使用普通话进行沟通、交流、表达，严禁使用方言、口头禅、网络词语等非正常用语。

（2）进行行车工作联系，应采用行车标准用语，统一采用普通话进行联系，涉及阿拉伯数字联系时应规范使用：dòng（0）、yāo（1）、liǎng（2）、sān（3）、sì（4）、wǔ（5）、liù（6）、guǎi（7）、bā（8）、jiǔ（9）。

（3）司机接听电话、手持台等通话设备时，接通后应及时回复表明身份、地点等，如在换乘室接听电话时，接通后说：“您好，××换乘室”。

（4）当出现列车区间停车、车站扣车、故障处理等非正常行车情况时，应及时播放乘客广播，做好乘客服务。需使用人工广播时，应保持语调沉稳、圆润、语速适中、音量适宜，避免声音刺耳或使乘客惊慌。

（5）在岗时应使用十字文明服务用语：“您好、请、谢谢、对不起、再见”等。应根据乘客的不同身份、年龄使用恰当的称呼用语，如男的称先生、女的称女士，以及小朋友、叔叔、阿姨等，不得使用“喂”“嘿”“哎”“那位”等不礼貌用语。

（6）遇乘客咨询时，根据个人了解情况及时解答，若因为工作原因等遇无法解答时，应及时回复：“对不起，请您向车站工作人员咨询，谢谢您的配合”，不准对乘客问题不理不睬。

（7）遇乘客投诉时，态度要和蔼、礼貌谦让，不得讲斗气、训斥、顶撞的话。理解乘客、互相尊重、理性处理，遇特殊情况及时与行调、车站人员联系，确保列车正常运行。

（8）列车故障，司机进入客室处理时，应举止得当，避免冲撞乘客。需乘客配合时，应礼貌沟通，不得蛮横。

（9）折返站或中间站有关人员需要登乘司机室时，司机需要按本单位相关登乘规定验明身份和登乘凭证。

四、驾驶作业标准

（1）列车运行中司机应精力集中，遵循远看信号、近看道岔、外看线路、内看仪表原则，做到动车集中看、瞭望不间断，发现危及行车安全时，及时采取有效措施。

（2）列车运行中司机应保持坐姿端正，双脚平放，保持不间断瞭望。人工驾驶时，左手置司机台面板空白处，右手置主控手柄上，保持警惕按钮按下。

（3）双人值乘时，副司机或学习司机站立在司机座椅右后侧，严禁倚靠电气柜。

（4）人工驾驶时，应集中精力，操作主控手柄时不得“急推快拉”；运行时，保持列车平稳运行，防止列车超速产生紧急制动；停车时，控制好速度，精确对标，避免欠标停车，不越标停车。

（5）列车停稳后，应将主控手柄置于全常用制动位。

五、站台作业标准

（1）打开司机室侧门必须把门固定在门吸上，关闭司机室侧门时，必须掌握好关门的力度及手的位置，防止被夹伤。

（2）在规定位置立岗，站台门、车门完全打开后，手臂斜下 45° 手指口呼，指向第一扇车门和站台门方向口呼确认。确认完毕面向站台，两手自然下垂，眼平视前方，观察乘客上下车情况。立岗时不得背手、手插进口袋或手搭在物品上，不得有打哈欠或伸懒腰等影响形象的行为。

（3）正常情况下开关门时，上站台，跨半步，一只脚在站台，一只脚在司机室，伸头确认开/关门按钮后，扭头持续观察空隙及站台情况，再按压开/关门按钮。

（4）车门、站台门关闭后，司机确认列车与站台门之间的空隙安全，手臂水平方向指向空隙，进行口呼确认。

（5）双人机班值乘时，按主司机、副司机/学习司机的顺序走出司机室。关门后，按副司机/学习司机、主司机顺序进入司机室，最后进入司机室的负责关闭司机室侧门。

（6）手动操作站台门开/关时，应按照“先开/关站台门，后开/关车门”的顺序进行操作，待站台门开启/关闭到位后，再操作车门开启/关闭。

（7）司机根据站台 DTI（发车指示器）显示倒计时选择关门时机，司机关车门；按压“开/关门”按钮时需保持 2 s 以上，保证车门开、关功能正常；载客站，车门、站台门开启时间应大于 10 s 以上。

六、手指口呼标准

（1）作业时司机必须确认设备状态，动车前必须确认行车凭证、道岔及进路，认真执行手指口呼标准。

（2）手指口呼必须使用普通话，要求声音洪亮、吐字清晰、明朗利索。

（3）手指时应单臂直伸握拳，大拇指按住无名指，食指与中指伸出，指向所确认的设备、设施，确认后手臂自然放下。

（4）手指口呼应做到及时、准确、停顿 1 s 及以上，时机不当不呼唤，呼唤同时必须眼到、手到、心到、口到。

（5）手指口呼行车标志标识、信号时，应掌握好准确地点，及时呼唤，以免造成漏呼、错呼。正线运行时，距信号机 200 m、距行车标志标识 30 m、遇瞭望距离不足时，在可视范围内及时进行手指口呼确认；车场运行时，距信号机 30 m、行车标志标识 10 m 时，进行手指口呼确认。

（6）手指口呼标准见附表 4。

第三节 乘务作业安全准则

运营安全是乘务人员最重要的行业指标，因司机自身原因造成的事故或事件都会引发民众的高度关注，甚至对整个公司造成不良影响，司机必须严格遵守乘务作业安全准则，以保证自身以及乘客的安全。

一、人身安全准则

（1）横越线路时，严禁跨越地沟，钻车底；上下列车站稳抓牢，严禁飞乘飞降。

（2）穿越道岔区时，严禁脚踏尖轨与道岔转动部分。

（3）当受电弓升起时，严禁触摸带电电气部分、进行地沟检查及攀登车顶。

（4）升弓前，必须确认所有人员均在安全区域。

（5）在正线或进出段/场线（转换轨），禁止未经行调同意擅自进入线路。

（6）列车在区间故障需要疏散乘客时，必须得到行调同意。

二、整备作业安全准则

（1）整备作业前必须确认股道及列车车组号；确认两侧及地沟无人或异物侵入限界。

（2）列车整备作业应按照“先静态、后动态”的原则，未经整备的列车，严禁动车。

（3）库内行走时，严禁跨越地沟、越过安全线。

（4）牵引试验时，尝试主控手柄小牵引动车，在列车起动时立即拉停。

（5）库内动车前，必须确认两端车钩外观良好、无“禁动”相关标志，走行部轮下无止轮器。

三、列车运行安全准则

（1）相关市域动车组司机必须经过系统培训，取得公司认可的上岗证，并通过上岗鉴定后，方可独立驾驶市域动车组列车，严禁在无证且未通过上岗鉴定的情况下进行独立驾驶。

（2）学习司机严禁未经司机同意，擅自操作列车上的按钮、开关及站台相关行车设备按钮或开关。

（3）学习司机培训合格获得乘务中心许可后，必须在司机监督和指导下进行列车驾驶和操作，遇以下情况之一时，不准操纵列车：

① 进行救援作业时；

② 遇暴风、雨、雪、雾等恶劣天气时；

③ 遇临时限速时；

④ 列车发生故障时；

⑤ 遇非正常情况行车时。

（4）高架站运行时需将头灯关闭（昼间），地下站或夜间司机根据需要将前照灯打至相应位置。

（5）严禁擅自改变列车设备、系统的行车状态，如擅自改变驾驶模式，擅自切除车载防护、门模式、广播模式等。

（6）操作车辆设备时，必须严格按照“一确认、二停顿、三操作、再确认”的方式进行操作。使用车辆旁路功能前，必须确认对应的安全条件已经满足，得到行调的授权后方可操作。

（7）严格按《运营时刻表》时刻发车，动车前必须确认行车凭证和动车“五要素”（进路、信号、道岔、车门、制动）。

（8）运行中密切留意列车、线路等设备设施状态，发现异常立即采取紧急措施并报行调；在列车运行中不做与行车无关的事。

（9）接受调度命令时，司机必须认真逐句复诵并领会命令内容，同时简单记在《司机日志》上，并做好交接班。

（10）司机离开司机室，必须随身佩戴主控钥匙及方孔钥匙，并挂在腰带上。

（11）严禁擅自允许无关人员进入司机室，因工作需要登乘列车司机室时，司机室登乘人数原则上每次不超过 2 人。特殊情况下，需征得行调同意，原则上司机室总人数不超过 5 人，且只允许从司机室侧门进入。

四、站台作业安全准则

（1）ATO 驾驶时，列车对标停稳后，首先确认车门全部打开及站台门开启图标，然后将主控手柄拉至全常用制动位，再上站台立岗作业；人工驾驶时，列车对标停稳后，首先将主控手柄拉至全常用制动位，再进行站台作业。

（2）站台作业时，应注意列车与站台之间的空隙，防止踩空掉下轨道摔伤。

（3）人工开关车门时，严格按照“一确认、二呼唤、跨半步、再开门”的原则开关车门，严禁站在司机室内开关车门。

五、折返作业安全准则

（1）严格遵守交接班制度，坚持“有车必有人”的原则。

（2）原则上到达司机必须确认有人接车后方可进行折返作业。

（3）列车到达终点站，到达司机与接车司机通过司机室对讲进行交接。

（4）接车司机开主控钥匙前，从上到下，手指眼看确认司机室内各空开、旁路开关、旋钮开关、按钮位置正确（空开全部打上在闭合位，旁路开关在非强制位）；确认后端司机室主控钥匙已关，进路、信号开放且道岔位置正确后再操作；司机接车后发现有特殊广播，首先在 HMI 及广播控制盒确认是否关闭特殊广播。

（5）动车前，确认所有人员均在安全区域后，再次确认进路、信号开放，道岔位置正确。

六、调车作业安全准则

（1）严格按照《车辆转轨调车单》调车步骤执行，认真核对调动列车所在股道，严格执行“干一勾、划一勾”作业标准。

（2）准确掌握驾驶速度，遇瞭望困难或天气不良时，应适当降低速度。

（3）调车作业中，接到 DCC 值班员待令的通知时，严禁擅自动车。

（4）遇变更计划时，必须停止调车作业，由场调将变更后的计划，口头（不超过一勾时）向司机传达，司机必须复诵变更后的计划，超过一勾时必须重新领取《车辆转轨调车单》，并与 DCC 值班员核对无误后方可调车作业。

七、下轨行区安全准则

（1）运营期间需进入轨行区时，必须经行调批准，方可进入。

（2）开行备用车或列车转备用司机需上下线路时，必须报行调并征得同意。

（3）司机在正线下线路行走（作业）时，必须穿着荧光衣，不得侵入邻线，并注意邻线来车。

第四节 乘务一日标准化作业流程

轨道交通行业将司机的作业流程进行规范化、制度化，称之为标准化作业。为了保证市域动车组“安全、准点、快捷、舒适”地运行，司机在作业时要严格执行标准化作业，确保列车正常运行情况下的统一性、准确性及非正常情况下的行车安全。

图 5-1 为市域动车组司机单日工作流程。

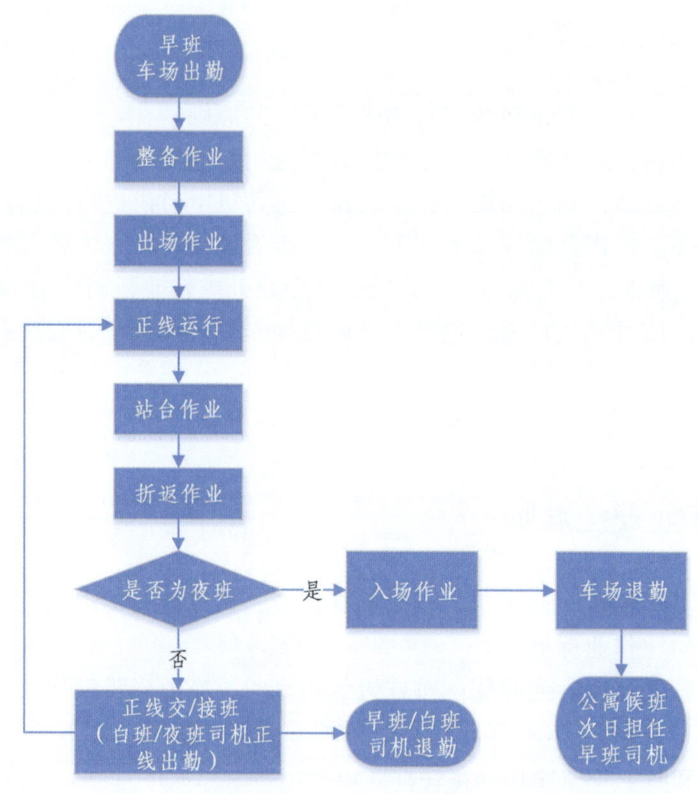

图 5-1 市域动车组司机单日工作流程

一、公寓候班

（1）出乘前应做好充分休息，如身体不适或服用影响精神状态的药物时，及时向司机长、派班员说明情况。如遇天气原因或路途较远时，可提前到公寓候班，保持精力充沛。

（2）夜班司机退勤后应及时到公寓管理员处签到，凭指纹录入入住公寓。遇指纹无法录入时，公寓管理员通过工牌确认入住人员信息正确无误后，人工办理入住手续。

（3）公寓候班时，必须严格执行本单位相关公寓管理办法，签到后不准外出。特殊情况下需外出时，必须经班组长批准。

（4）未经车场派班员及公寓管理员同意不得擅自更换房间和床位，不得随意变动室内各项公用物资及设施，爱护公寓内一切设施，有设施损坏的及时告知公寓管理员。

（5）公寓候班或借宿期间，禁止饮酒、赌博、打牌、吸烟及影响他人休息的活动。

（6）爱惜房间内所有用品，使用完毕后放回原处，并保持房间卫生，离开公寓要随手关灯、断电。

（7）叫班后要立即起床，严格执行叫班签认制度，按时出勤。

二、车场出勤

（1）在出勤点前 10 min 到达车场派班室办理出勤。

（2）出勤时精神状态良好，按规定着装，并带齐个人备品（个人备品为公司配发到个人与行车有关的备品，包括司机包、规章文本、荧光衣、手电筒、太阳镜等，以下同），进行指纹输入并测酒。

（3）司机在出勤时阅读并抄写行车注意事项，听取派班员传达调度命令，确认当班交路及值乘车次，并在《司机日志》（见附表 5）上做好记录。

（4）司机在派班员处领取《市域动车组司机报单》（见附表 6）、运营时刻表、手持台、方孔钥匙，检查行车备品、个人备品是否携带齐全、作用良好，并在《司机出退勤登记簿》（见附表 7）上登记。

（5）派班员确认司机符合出勤条件并确认司机将方孔钥匙佩戴在腰间后在《市域动车组司机报单》《司机日志》上签章。

（6）每个机班到车场调度处领取《市域动车组状态记录卡》，在占线板上共同确认列车状态和停放股道位置。

三、正线出勤

（1）出乘前 8 h 严禁饮酒或服用影响精神状态的药物，值乘白班交路时，如遇天气原因或路途较远时，司机可提前到司机公寓候班。

（2）司机必须在出勤点前 20 min 到正线派班室办理出勤。

（3）司机出勤时必须精神状态良好，按规定着装并带齐个人备品，进行指纹输入并测酒。

（4）司机在出勤时须参加班前会，阅读并抄写行车注意事项，听取正线派班员传达调度命令，确认当班交路及值乘车次，并在《司机日志》上做好记录。

（5）司机在派班员处领取《市域动车组司机报单》及行车备品，检查行车备品、个人备品是否携带齐全、作用良好，并在《司机出退勤登记簿》上登记。

（6）派班员或司机长确认司机符合出勤条件并在《市域动车组司机报单》《司机日志》上签章后，司机方可出勤。

（7）提前 2 min 到达接车处立岗，中间站接车时须在司机室与交班司机当面交接，交接内容包括列车钥匙、方孔钥匙、行车备品以及当日正线运行注意事项。

四、整备作业

1．整备作业程序

（1）出场端确认股道及列车车组号；确认两侧无人或异物侵入限界，汇报 DCC 值班员开始整备作业；

（2）出场端司机室静态检查；

（3）客室静态检查；

（4）非出场端司机室静态检查、动态试验；

（5）返回出场端司机室动态试验；

（6）整备完毕后报 DCC 值班员整备完毕。

2．检查原则

按照从上到下、从左到右、从里到外的原则进行检查，严格按照整备作业标准整备列车，避免漏检。

3．列车检查流程

列车检查流程见图 5-2。

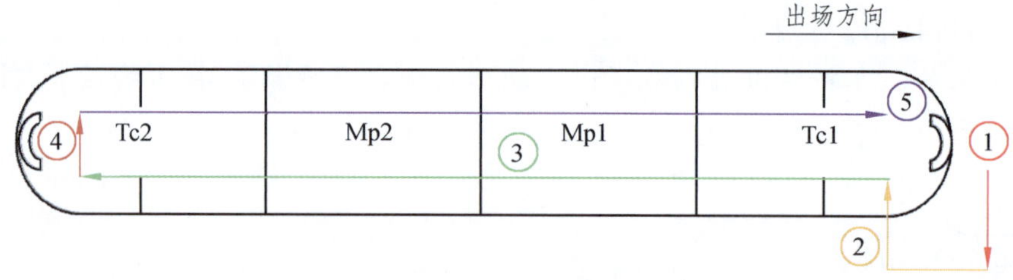

图 5-2 列车检查流程

4．检查和试验时间

整备作业应在 20 min 内完成，主要是对列车关键部件进行检查和动态试验，以确保列车运行安全和提高服务质量。

5．列车整备标准流程

列车整备标准流程见表 5-1。

表 5-1　列车整备标准流程

序号	检车程序		检查内容	呼唤标准
1	到达指定股道	确认列车停放股道正确	查看股道编号是否正确	股道位置正确
2	出场端	确认列车车组号及设备设施安全，汇报 DCC 值班员开始整备列车	查看列车车组号、列车外观	车组号正确，车体无破损、倾斜，两侧无人或异物侵限；DCC 值班员，××道××车开始整备作业
3	出场端司机室静态检查	司机室电气柜	柜门锁闭良好，断路器位置正确，旁路开关位置正确	各断路器、旁路开关位置正确，柜门锁闭良好
		电气柜蓄电池仪表	蓄电池电压为 94～121 V	蓄电池电压正常
		左侧司机室侧门	锁闭良好、动作灵活，无明显卡滞现象，玻璃窗完好	司机室侧门良好
		左侧开关门按钮，左侧门使能按钮	外观良好、无破损	按钮外观良好
		CCTV（闭路电视）屏	外观良好、无破损	CCTV 屏外观良好
		司机室刮雨器	完整无缺，位置正确	刮雨器外观良好
		司机室挡风玻璃、遮阳布	玻璃清洁、无破裂，遮阳布完整无缺、动作灵活	挡风玻璃、遮阳布外观良好
		车载台	外观良好、无破损	车载台外观良好
		网压表、双针压力表	外观良好、显示正常	网压表、双针压力表外观良好
		广播控制盒	外观良好、无破损	广播控制盒外观良好
		TOD 屏、HMI 屏	外观良好、无破损	TOD 屏、HMI 屏外观良好
		紧急停车按钮、中间控制旋钮（门模式，门旁路，模式开关 1、2）	紧急停车按钮位置是否正确，各控制旋钮位置是否正确，外罩是否完整	紧急停车按钮位置正确，各控制旋钮位置正确，外罩完整
		右边控制旋钮	各控制旋钮位置正确，外观良好	各控制旋钮位置正确，外观良好
		左边控制按钮（台面自复位按钮）	各控制按钮位置正确，指示灯外观良好	各控制按钮位置正确，指示灯外观良好
		司机控制器（方向手柄、主控制手柄、钥匙开关）	完整无缺、均在“零”位、警惕按钮外观良好	双手柄位置正确、钥匙开关外观良好
		司机操作台下部	柜门锁闭良好	柜门锁闭良好
		紧急疏散门、疏散梯	紧急疏散门	外观良好、解锁手柄位置正确
		司机室灭火器	灭火器外观、指针	状态良好、安装牢固、无丢失
		右侧开关门按钮，右侧门使能按钮	右侧各开关门按钮	按钮外观良好
		右侧司机室侧门	侧门外观	锁闭良好、动作灵活，无明显卡滞现象，玻璃窗完好

续表

序号	检车程序		检查内容	呼唤标准
3	出场端司机室静态检查	右侧设备柜	设备柜柜门	柜门锁闭良好
		司机室间壁门	间壁门	间壁门锁闭良好
		通风单元	通风开关及导风叶外观	开关及导风叶外观良好，无破损
		照明、摄像头	照明、摄像头外观	照明、摄像头外观良好
		顶部盖板	盖板外观	盖板锁闭良好
		司机座椅	座椅外观	外观良好、调节灵活、座椅良好
4	客室静态检查	贯通道 LED 显示屏、电子柜	显示屏、电子柜外观	外观无损坏，LED 外观良好，显示正常，柜门锁闭良好
		车门系统	车门外观、指示灯、开关及解锁手柄	车门及盖板锁闭良好，动态地图显示正常，车门指示灯无显示，紧急解锁手柄位置正确、外盖良好，乘客紧急报警器外观良好、位置正确，车门隔离开关位置正确，车门系统良好
		LCD 显示器	LCD 显示器外观	LCD 显示器外观良好，显示正常
		客室座椅下的带电截断塞门 B22&B23	B22&B23 外观	B22&B23 箱锁闭良好
		应急锤	应急锤外观	应急锤外观良好
		灭火器	Tc 车及 Mp 车灭火器外观、指针	状态良好、安装牢固、无丢失
		客室内观	客室照明、空调、摄像头、扶手、座椅、门窗玻璃、地板等	客室照明良好，部件无损坏，卫生清洁
		设备柜、电气柜、贯通道连接板	各柜子外观、贯通道连接板	柜门锁闭良好、贯通道完整、无损坏
5	非出场端司机室静态检查		同第 3 项，出场端司机室静态检查	
6	非出场端司机室动态检查	蓄电池投入	将蓄电池投入旋钮打至“合”位，全列蓄电池供电	合蓄电池
		激活主控钥匙	激活主控钥匙，将方向手柄置于向前位，主控手柄置于快速制动位，缓解紧急制动	激活操纵端
		HMI 显示屏观察	等待 HMI 启动完毕，确认屏幕显示正常，运行界面无故障提示	无故障显示

续表

序号	检车程序		检查内容	呼唤标准
6	非出场端司机室动态检查	司机室照明测试	操作司机室灯旋钮，检查其照明功能正常	司机室照明正常
		灯测试	按压“试灯”按钮，确认所有指示灯显示正常	灯测试正常
		确认升弓条件	确认受电弓升弓背景图标为绿色，若图标为灰色，操作辅助空气压缩机启动旋钮（ACMS）至“启动”位，持续操作 ACMS 旋钮保持 5 s，待受电弓升弓背景图标为绿色（若 5 min 仍不满足升弓条件，报场调）	具备升弓条件
		升弓	在司机室电器柜内选择选弓旋钮（单日受电弓选择开关打至 3 车，双日受电弓选择开关打至 2 车），按操作台“升弓”按钮鸣笛升弓，通过 HMI 确定受电弓升弓到位，网压正常	升弓到位，网压正常
		合真空断路器	按下“VCB 合”，查看 HMI 确定主断路器闭合	合 VCB
		确认总风缸压力	确认总风压力在 750～920 kPa 内，若不满足，确认主空压机启动至总风压力满足 900 kPa 以上后停止	总风压力正常
		停放制动施加/缓解按钮指示灯	确认停放制动“施加”红色指示灯亮，停放制动“缓解”绿色指示灯灭，HMI 显示停放制动施加；按压“停放制动施加缓解”按钮，停放制动“缓解”绿色指示灯亮，“施加”红色指示灯灭，列车停放制动缓解	停放制动施加/缓解测试正常
		强迫泵风	按下强迫泵风按钮，在 HMI 上确认空压机工作后松开	强迫泵风正常
		CCTV 监控屏测试	CCTV 监控屏触摸反应正常，时间显示正确，所有摄像头状态显示正常，图像清晰，无蓝屏、黑屏	CCTV 监控屏正常
		车载无线调度台	查看屏幕显示当前归属	车载台正常

续表

序号	检车程序		检查内容	呼唤标准
6	非出场端司机室动态检查	广播控制盒（DACU）	通过 HMI 设置路线信息，DACU 播报数字语音广播，HMI 播报预录紧急广播，检查扬声器功能正常；按压麦克风通话按钮，进行人工广播功能正常，调节扬声器音量，功能正常；检查紧急对讲、司机对讲功能正常	广播正常
		驾驶模式确认	确认 TOD 屏的 ATC 状态图标显示当前驾驶模式为 RM 模式	驾驶模式正常
		HMI 状态确认	确认车辆显示屏各项内容状态显示均正常，依次包括空调、辅助逆变器、车厢编号、车门状态、制动状态、牵引状态（电机自检完毕）、压缩机状态、受电弓/VCB 状态，点击试验客室紧急广播（一条），确认空调温度	HMI 状态显示正常
		客室照明测试	在 HMI 设置界面进行照明设置	客室照明正常
		空调测试	在 HMI 空调界面选择“紧急通风开”按钮，观察界面上所有车的紧急通风是否启动，如果均启动，15 s 后可按紧急通风停止按钮	空调测试正常
		紧急停车按钮测试	按下紧急停车按钮并恢复，确认 HMI 上显示紧急制动施加，将主控手柄拉至快速制动位，缓解紧急制动	紧急停车按钮正常
		门旁路	操作门旁路选择开关，车门测试完毕后恢复	车门旁路位
		门模式选择旋钮	门模式选择开关在 MDO/MDC 位	手开手关
		开门按钮（侧墙）	HMI 切换到运行界面；按压侧墙上“左/右门使能”按钮，按压“左/右开门”按钮，确认车门开启正常，警示声音响起；确认 HMI 所有车门状态显示为“开门”状态图标	开门测试正常

续表

序号	检车程序		检查内容	呼唤标准
6	非出场端司机室动态检查	关门按钮（侧墙）	按压关门按钮，确认车门关闭警示声音响起；确认HMI显示所有车门“门关”图标，相应侧关门指示灯灭，驾驶台上的“门关好”指示灯亮	关门测试正常
		开门按钮（操作台）	HMI切换到运行界面；将电器柜内“人工门使能”按钮打至相应位置，按压“左/右开门”按钮，确认车门开启正常，警示声音响起；确认HMI所有车门状态显示为“开门”状态图标	开门测试正常
		关门按钮（操作台）	按压关门按钮，确认车门关闭警示声音响起；确认HMI显示所有车门“门关”图标，相应侧关门指示灯灭，驾驶台上的“门关好”指示灯亮，恢复电器柜内“人工门使能”旋钮至正常位	关门测试正常
		刮雨器测试	按下“喷淋”按钮，刮雨器喷水正常；旋转开关，确认刮雨器工作	刮雨器正常
		前照灯测试	确认头灯远近调节	前照灯正常
		牵引/制动试验	方向手柄置于“前”位，主控手柄推向“牵引”区，确认列车点动后立即将主控手柄拉回 “制动” 区	牵引/制动试验正常
			动态检查完毕后，司机将模式开关1打至相应模式	
7	返回出场端司机室动态试验		同第6项，非出场端司机室动态检查	
8		汇报DCC整备完毕，等待出库		司机：“DCC值班员，××道××车整备完毕。” DCC值班员：“××道××车整备完毕，DCC值班员明白。”

整备过程中发现故障时，立即报DCC值班员，按其指令执行，并做好故障现象的确认与记录。

出场列车换备用车时，接到 DCC 值班员通知后，迅速携带钥匙、手持台等行车备品上备用车，上车后及时报 DCC 值班员。若更换的备用车为热备车，无须进行整备作业；若为非热备车，则严格按照整备作业流程进行整备作业。

调车整备作业时，静态试验需检查司机室设备柜旁路及旋钮开关，动态试验需进行牵引、制动功能试验。从检查库动车前，必须检查两端车钩外观良好及走行部无止轮器。

五、出场作业

（1）列车整备作业完毕且列车状态符合正线运营服务要求，司机报告 DCC 值班员列车整备完毕。

（2）司机得到 DCC 值班员动车的通知后，确认地面信号开放，复述 DCC 值班员的指令，动车前确认列车两侧无人或异物侵限，鸣笛后以 RM 模式动车。司机应加强瞭望，发现危及行车安全时立即停车（到达规定时间仍未收到 DCC 值班员的动车指令，要主动与 DCC 值班员联系）。

（3）在平交道口处一度停车，确认无人员或异物侵限、线路状况良好后动车。

（4）车辆段信号故障情况下，可凭 DCC 值班员指令动车出段。

（5）列车进入转换轨后，司机驾驶列车在“停车位置标”处停车，确认车载台在正线组，将无线手持台调至相应组别，根据《运营时刻表》或行调命令转换驾驶模式。

（6）使用车载台（无法联系时使用手持台）联系行调，凭行调命令，确认推荐速度有、地面信号开放方可动车。

（7）出场作业程序。

① 整备作业完毕。

司机应在离列车规定出场时间前 10 min 整备完毕并报 DCC 值班员，不能按时整备完毕应向 DCC 值班员报告整备作业情况。发现列车故障不符合上线运营标准的，按 DCC 值班员的指示更换热备车。

② 车调联控（联系 DCC）。

司机：“DCC 值班员，××道××车整备作业完毕。”

DCC 值班员复诵：“××道××车整备作业完毕，DCC 值班员明白。”

DCC 值班员：“××道××车原地待令/××车××道至转换轨 1/2 道列车信号好，司机可凭地面信号显示动车。”

司机复诵：“××道××车原地待令/××车××道至转换轨 1/2 道列车信号好，司机可凭地面信号显示动车，司机明白。”

③ 场内运行司机确认出场信号开放（单黄灯）后，对出场信号机进行手指口呼“黄灯，进路安全”。

司机将模式开关 1 转至 RM 模式，确认 TOD 屏显示 RM 模式。

动车前打开司机室侧门，手握司机室门外侧扶手，侧身查看两侧无人和异物侵限，鸣笛后动车。

列车通过平交道口时，司机应在平交道口外方一度停车，确认无人和异物侵入限界，手指口呼“进路安全”鸣笛动车。

④ 车调联控（联系行调）

司机：“行调，××车在转换轨 1/2 道停稳，准备出场。”

行调：“××车在转换轨 1/2 道停稳，准备出场，行调明白。”

行调：“××车原地待令/行调×××/××车（开行××次）凭地面信号显示动车，运行至××站上/下行待令，行调×××。”

司机：“××车原地待令/行调×××/××车（开行××次）凭地面信号显示动车，运行至××站上/下行待令，司机明白。”

⑤ 出场。

待收到行调动车指令后将驾驶模式转换至 ATO/ATP+，确认信号机开放绿灯，手指口呼“绿灯、进路安全、推荐速度有”鸣笛动车。

六、正线运行

在正常情况下，根据点式 ATC 列车信号控制系统原理自动控制列车运行，由行调负责监控列车的安全间隔和运行。列车加速、减速、停车和开门等由系统自动控制或由司机参照系统人工控制；行车凭证为车载信号；当地面信号显示红色或不正常时，司机应在该信号机前停车报行调。

1. 驾驶模式规定

（1）运营期间，正常情况下市域动车组采用 ATP + /ATO 模式驾驶。

（2）钢轨湿滑时，采用人工驾驶模式。

（3）采用 RM、NRM 模式驾驶时必须得到行调的同意。

（4）参与专、特运任务时，要求司机手动驾驶时，应做到起动、停车平稳，杜绝紧急制动。

（5）特殊情况时，行调指定驾驶模式。

2. 行车凭证

（1）正常情况下列车凭车载信号推荐速度，以 ATP + /ATO 模式运行，司机要严格按《运营时刻表》规定的开车点及 DTI 显示掌握好停站和运行时间。

（2）车载 ATP 故障但信号系统联锁功能正常时，按行调命令采用 NRM 模式运行时，列车凭调度命令和地面信号机的显示运行，司机掌握好停站时间。

（3）采用电话闭塞法行车时，行车凭证为路票和车站发车手信号。

（4）采用电话联系法行车时，行车凭证为电话记录号码。

3．司机驾驶列车运行要求

（1）司机严格遵守本单位行车组织规则、故障处理手册等相关规定操纵列车和进行故障处理。

（2）在正线及出/入段线的运行速度按行车组织规则执行，手动驾驶时严格遵守线路允许和限制速度驾驶列车，在各区间限速牌前按规定控制速度，严禁超速。

（3）司机要注意观察列车 HMI、TOD 显示屏信息以及司机台各指示灯和仪表显示，平稳操纵，准确对标。

（4）到达“站名标”前 30 m 左右时，进行手指口呼，呼“××站，进站注意”。进出站时注意加强对客室广播的监听，广播预报站及到站报完后，左手手指广播控制盒，呼“广播正确”。

（5）列车运行中，司机应不间断瞭望前方进路，发现线路、接触网故障及其他轨旁设备损坏，须采取安全措施（如降速通过或停车确认）并报告行调，或发现有障碍物侵限危及行车安全时，立即采取紧急停车措施，并报告行调。

（6）列车由于不明原因造成紧急制动时，应待列车停稳缓解紧急制动后，汇报行调，按其命令执行。

（7）司机应严格确认列车门模式开关的状态，防止早班车、回段车、备用车临停站错开车门。

（8）正线进行手动驾驶练习前，应征得行调同意后方可进行，严禁私自进行手动驾驶练习。

（9）区间夜间或隧道内会车时，应在会车前 200 m 及时将头灯置于近光位，待越过邻车的司机室后即可置于远光位。

（10）ATO 模式下，当列车频繁出现空转/滑行时，应转为手动驾驶并汇报行调；手动驾驶模式下，当列车出现空转时应及时减小牵引力，滑行时应及时减小制动力。

（11）列车出现空转时自动撒砂装置不启动，司机视情况采取手动撒砂，同时转为手动驾驶并汇报行调；列车出现滑行时自动撒砂可启动，若自动撒砂未启动，司机视情况采取手动撒砂，同时转手为动驾驶并汇报行调。

（12）非 ATO 模式驾驶列车时，如遇进站对标过程中接到行调呼叫，可先不接听，应待列车停稳后回复行调并说明情况。

（13）坡道上停车/起动时，尽量提前制动或牵引。上坡起动时，应使用大牵引，以防列车后溜。雨天起动出现空转时，可适当减少牵引力。

（14）列车运行期间在区间发生故障时，司机应尽可能维持进站处理。遇列车故障需维持运行至终点站时，司机必须时刻关注列车的运行状态，防止故障进一步扩大。

（15）运营列车因故在区间停车后，将主控手柄置于全常用制动区，立即报告行调，听其指示并广播安抚乘客，停车时每 2 min 用自动广播或人工广播安抚乘客。

4．正线压道作业程序

（1）车调联控（行调）。

列车出场运行至转换轨停稳后，将车载台转至正线组，手持台转为正线组，通过车载台联系行调。

【呼叫人】市域动车组司机："行调××车（车组号）在转换轨×道停稳。"

【被呼叫人】行调："××车（车组号）担任××次执行压道任务，司机凭地面信号动车。"

【呼叫人】市域动车组司机："××车（车组号）担任××次执行压道任务，司机凭地面信号动车，司机明白。"

（2）正线压道。

正向压道司机将驾驶模式开关 1 转为 ATP＋/ATP 模式，司机确认信号机显示：绿灯，道岔位置正确，并查看 TOD 屏驾驶模式为 ATP＋/ATP，推荐速度有，手指口呼"绿灯、道岔好、推荐速度有，限速 60 km/h 动车"。

反向压道司机将驾驶模式开关 2 转为 NRM 模式，司机确认信号机显示：绿灯，道岔位置正确，并查看 TOD 屏驾驶模式为 NRM 模式，手指口呼"绿灯、道岔好"，限速 60 km/h 动车。

（3）压道结束。

司机压道至终点站，对标停稳后，将主控手柄拉至全常用制动区，通过车载台联系行调。

【呼叫人】市域动车组司机："行调××次××车（车组号）在××站上/下行停稳，压道结束，压道过程中安全无异常。"

【被呼叫人】行调："行调××次××车（车组号）在××站上/下行停稳，压道结束，压道过程中安全无异常，行调明白。"

七、站台作业

1．站台作业规定

（1）在 ATO、ATP＋模式下，若列车门模式在 AM 位，站台门及车门联动且会自动打开，司机负责确认车门/站台门联动开启状态；在 ATP 及以下模式，司机需手动开关站台门与车门。

（2）列车停稳后，应先确认空气制动施加，列车停在规定的范围内（停车位±50 cm 以内）。

（3）进行手动开门操作时，必须严格执行"一确认、二呼唤、跨半步、再开门"的作业程序，严禁盲目操作造成错开门。

（4）根据 DTI 显示关车门、站台门，关门时司机站在驾驶室与站台间位置目视，监控车门关闭状态和空隙安全情况，发现异常及时处理。

（5）关门时司机严格执行手指口呼制度，确保车门、站台门关好以及车门与站台门间空隙的安全。

（6）严格按照《运营时刻表》时刻动车，动车前必须确认行车凭证和动车“五要素”（进路、信号、道岔、车门、制动）。

（7）当车门与站台门不能实现联动，开门时应遵循“先开站台门后开车门”，关门时应遵循“先关站台门后关车门”的原则。

（8）执行关门作业中，若全列站台门、车门关闭后，司机发现站台门瞭望灯带显示不完整时，应立即汇报行调，行调通知站台人员前往现场进行查看处理，确认无人或异物后，向司机显示“好了”手信号，司机确认“好了”手信号方可进入司机室动车。

（9）执行关门作业中，若全列站台门、车门关闭后，司机发现安全防护装置蜂鸣器报警，此时必须认真确认空隙，确认现场安全后，操作蜂鸣器消音按钮取消蜂鸣器报警。如需将安全防护装置旁路，必须经过行调的允许。

2．站台作业对标不准规定

（1）列车对标停车必须控制在 ± 50 cm 以内，当未到停车标停车时，司机确认运行前方无异常及车门、站台门为关闭状态后，播放两次启动广播，迅速自行动车对位，停车开门后报行调。

（2）当客车头部已进入站台区域，但未到停车标自动停车（不含紧急制动）时，司机确认前方进路安全后，动车对标后报行调。

（3）运营客车进站越出停车标且不超过 5 m 时，ATP + 模式可用时司机报告行调并经其同意后以 ATP + 模式对标；ATP + 模式不可用，司机报行调，按行调命令执行。

（4）列车越过停车标 5 m 及以上时：司机报告行调或由车站转报行调，按行调的指令执行。原则上除末班车外，行调组织客车不开门继续运行到前方站时，行调通知前方站做好乘客服务，司机做好乘客广播；遇列车在终点站或末班车越过停车标时，行调组织司机后退对标。

（5）ATO/ATP + 模式，车门与站台门联动；ATP/RM/NRM 模式，车门与站台门不联动。AM 为自动开车门手动关门，MM 为人工开门人工关门。

3．站台作业程序

（1）手开手关站台作业标准见表 5-2。

表 5-2　手开手关站台作业标准

<table>
<tr><th colspan="3">主司机先下后上，副司机后下先上，主司机手指口呼后副司机再手指口呼</th></tr>
<tr><th rowspan="2">步骤</th><th colspan="2">有门使能</th></tr>
<tr><th>联　动</th><th>不联动</th></tr>
<tr><td rowspan="4">开门作业</td><td colspan="2">（1）对标停车后，手指确认 TOD 屏出现停车到位、列车静止图标，呼“停准停稳”</td></tr>
<tr><td colspan="2">（2）将主控手柄置于全常用制动位</td></tr>
<tr><td colspan="2">（3）手指 TOD 显示门使能信号方向，口呼“开左/右门”</td></tr>
<tr><td colspan="2">（4）开司机室门后立即左脚跨上站台，同时按压开门按钮 2 s 以上</td></tr>
</table>

续表

<table>
<tr><th rowspan="2">步骤</th><th colspan="2">有门使能</th></tr>
<tr><th>联　动</th><th>不联动</th></tr>
<tr><td rowspan="6">开门作业</td><td></td><td>（5）发现站台门未打开</td></tr>
<tr><td></td><td>（6）将 PSL 打至“就地位”，将侧面板操作开关打至“互锁解除”位</td></tr>
<tr><td></td><td>（7）按压 PSL“四节编组开门”开门按钮</td></tr>
<tr><td colspan="2">（8）进司机室手指 HMI 车门全部开启图标，口呼“门全开”</td></tr>
<tr><td colspan="2">（9）手指确认 PSL 操作盘“所有门关闭且锁紧”灭。</td></tr>
<tr><td colspan="2">（10）斜下 45° 手指第一扇站台门，口呼“站台门开”，面向站台立岗，观察乘客上下车</td></tr>
<tr><td rowspan="7">关门作业</td><td>（1）待 DTI 倒计时 20 s 左右，确认乘客上下完毕</td><td>（1）待 DTI 倒计时 20 s 左右，确认乘客上下完毕，按下 PSL 操作盘关门按钮</td></tr>
<tr><td colspan="2">（2）按下侧墙左/右关门按钮持续观察空隙</td></tr>
<tr><td colspan="2">（3）手指确认 PSL 操作盘“所有门关闭且锁紧”亮，口呼“站台门关”</td></tr>
<tr><td></td><td>（4）将 PSL 侧面板互锁解除操作开关打至“正常”位，就地控制开关复位至“自动位”</td></tr>
<tr><td colspan="2">（5）手指上下确认空隙无夹人夹物，瞭望灯幕显示完整且常亮，口呼“空隙安全”（空隙确认须超过 2 s）</td></tr>
<tr><td colspan="2">（6）进入驾驶室站立，手指确认所有门关好灯亮</td></tr>
<tr><td colspan="2">（7）手指确认 HMI 所有车门关闭，口呼“门关好”</td></tr>
<tr><td rowspan="3">确认进路</td><td colspan="2">（1）手指出站信号机，口呼“黄/绿灯”（进路表示器）</td></tr>
<tr><td colspan="2">（2）若有岔站手指确认道岔位置，口呼“道岔好”</td></tr>
<tr><td colspan="2">（3）若为 IATO 模式，主控手柄回惰行位，按下“IATO 发车”按钮，确认 TOD 屏出现，列车速度达到 5 km/h 以上方可松开。若为 IATP、IATP＋模式，按下“释放”按钮，确认 TOD 出现后手指速度表上推荐速度，口呼“推荐速度有”</td></tr>
<tr><td colspan="3">备注：① 有门使能车门、站台门不联动或列车无门使能时，司机操作完毕动车后汇报行调，行调通知车站人员前往现场查看 PSL 互锁解除与就地位是否复位。
② 任何情况下，只要有操作 PSL“就地位”，必须使互锁解除</td></tr>
</table>

（2）自开手关站台作业标准化见表 5-3。

表 5-3　自开手关站台作业标准

<table>
<tr><th colspan="4">主司机先下后上，副司机后下先上，主司机手指口呼后副司机再手指口呼</th></tr>
<tr><th rowspan="2">步骤</th><th colspan="2">有门使能</th><th>无门使能</th></tr>
<tr><th>联　动</th><th>不联动</th><th>不联动</th></tr>
<tr><td rowspan="10">开门作业</td><td colspan="3">（1）手指确认 TOD 屏出现停车到位、列车静止图标，呼“停准停稳”</td></tr>
<tr><td colspan="3">（2）主控手柄置于全常用制动位</td></tr>
<tr><td colspan="2">（3）观察 TOD 屏门使能图标出现左/右门使能图标（绿色），手指 HMI 确认车门全部打开后，口呼“门全开”</td><td>（3）发现 TOD 屏门使能图标未出现左/右门使能图标（绿色）</td></tr>
<tr><td></td><td>（4）发现站台门未打开</td><td>（4）将驾驶模式打至 RM 位，门旁路开关打至 DBY 位，门模式打至 MM 位</td></tr>
<tr><td></td><td colspan="2">（5）上站台后，将 PSL 打至“就地位”，侧面板操作开关打至“互锁解除”位</td></tr>
<tr><td></td><td colspan="2">（6）按压 PSL“四节编组开门”开门按钮</td></tr>
<tr><td></td><td></td><td>（7）确认站台门动作后，再按压司机室侧墙门使能按钮和“左/右侧门开”按钮</td></tr>
<tr><td></td><td></td><td>（8）进司机室手指 HMI 车门全部开启图标，口呼“门全开”</td></tr>
<tr><td colspan="3">（9）手指确认 PSL 操作盘“所有门关闭且锁紧”灭</td></tr>
<tr><td colspan="3">（10）斜下 45° 手指第一扇站台门，口呼“站台门开”，面向站台立岗，观察乘客上下车</td></tr>
<tr><td rowspan="7">关门作业</td><td>（1）待 DTI 倒计时 20 s 左右，确认乘客上下完毕</td><td colspan="2">（1）待 DTI 倒计时 20 s 左右，确认乘客上下完毕，按下 PSL 操作盘关门按钮</td></tr>
<tr><td colspan="3">（2）按下侧墙左/右关门按钮持续观察空隙</td></tr>
<tr><td colspan="3">（3）手指确认 PSL 操作盘“所有门关闭且锁紧”亮，口呼“站台门关”</td></tr>
<tr><td></td><td colspan="2">（4）将 PSL 侧面板互锁解除操作开关打至“正常”位，就地控制开关复位至“自动位”</td></tr>
<tr><td colspan="3">（5）手指上下确认空隙无夹人夹物，瞭望灯幕显示完整且常亮，口呼“空隙安全”（空隙确认须超过 2 s）</td></tr>
<tr><td colspan="2">（6）进入驾驶室站立</td><td>（6）① 进入驾驶室站立，将门旁路开关打至 NOR 位，门模式参照当日要求。
② 将驾驶模式转为 IATP+模式，此时只有黄、红标，司机正常动车即可</td></tr>
<tr><td colspan="3">（7）手指确认所有门关好灯亮以及 HMI 所有车门关闭，口呼“门关好”</td></tr>
<tr><td rowspan="3">确认进路</td><td colspan="3">（1）手指出站信号机，口呼“黄/绿灯”（进路表示器）</td></tr>
<tr><td colspan="3">（2）若有岔站手指确认道岔位置，口呼“道岔好”</td></tr>
<tr><td colspan="3">（3）若为 IATO 模式，主控手柄回惰行位，按下“IATO 发车”按钮，确认 TOD 屏出现，列车速度达到 5 km/h 以上方可松开。若为 IATP、IATP＋模式，按下“释放”按钮，确认 TOD 出现后手指速度表上推荐速度，口呼“推荐速度有”</td></tr>
<tr><td colspan="4">备注：① 有门使能车门、站台门不联动或列车无门使能时，司机操作完毕动车后汇报行调，行调通知车站人员前往现场查看 PSL 互锁解除与就地位是否复位。
② 任何情况下，只要有操作 PSL“就地位”，必须使互锁解除</td></tr>
</table>

八、折返作业

1．折返作业规定

（1）列车站后折返清客时，司机播放终点站清客广播。

（2）站台作业时，时刻注意站台乘客情况，当有乘客进入列车时，及时提醒站务人员。

（3）确认站务人员清客“好了”信号，及时关闭站台门、车门，以免乘客上车。

（4）从站台进入司机室后，打开间壁门确认列车上无乘客，关闭清客广播后，再起动列车。

（5）双司机值乘时，交接班程序由主司机负责，副司机不参与交接班，但负责监控主司机交接班作业。

2．站前折返作业程序

站前折返作业程序见表 5-4。

表 5-4　站前折返作业程序

序号	到达司机	接车司机
1	在终点站前一站出站后，用手持台与接车司机进行联控：“××站接车司机请做好接车准备。”	与到达司机建立联控后：“××站已做好接车准备”，带好行车备品前往指定接车地点接车
2	手指确认信号机、道岔，呼“双黄灯、道岔好”，将列车平稳运行至相应站台“反向停车标”处对标停车	
3	手指确认 TOD 停车到位、列车静止图标，呼“停准停稳”，通过手持台通知接车司机：“列车已停稳，可以上车。”	“列车已停稳，可以上车，司机明白”，通过司机室侧门上车后检查各开关、断路器在正常位，客室广播音量正常，查看《市域动车组状态记录卡》有无故障记录
4	到达司机将主控手柄回零位，方向手柄回零位，关闭激活端钥匙	
5	通过司机对讲与接车司机进行交接“主控已断、换端完毕、设备状态及车次号、列车的技术状况、继续有效的行车命令以及其他有必要交接的内容”	通过司机对讲与到达司机进行交接“主控已断、换端完毕、设备状态及车次号、列车的技术状况、继续有效的行车命令以及其他有必要交接的内容”
6	离开司机室确认间壁门锁闭良好（注意正确的关门姿势，防止受伤）	确认 HMI 后端驾驶室未激活后，激活主控，将模式开关打到相应模式，将方向手柄向前，将主控手柄置于“快制”位，确认 EB 缓解，HMI 显示“未施加 FSB 或 EB”后将主控手柄置于全常用制动位，用相应模式进行站台作业（见站台作业标准化流程）

3．站后折返作业程序（双端换控折返）

站后折返作业程序（双端换控折返）见表 5-5。

表 5-5 站后折返作业程序（双端换控折返）

折返作业标准化		
序号	到达司机	接车司机
1	在终点站前一站出站后，用手持台与接车司机进行联控：“××站接车司机请做好接车准备。”	与到达司机建立联控：“××站已做好接车准备”，带好行车备品前往指定接车地点接车
2	通知乘客到达终点站/退出服务；确认站务员清客“好了”手信号；确认无乘客逗留，进行关门作业	
3	通过司机对讲确认接车司机已上车	经客室从间壁门进入司机室，通过司机对讲与到达司机确认已上车
4	站台作业完毕后进入司机室手指信号机、道岔，呼“黄灯＋进路表示器、道岔好，推荐速度××”，将列车平稳运行至折返线	检查各开关、断路器在正常位，客室广播音量正常，查看《市域动车组状态记录卡》有无故障记录
5	在规定位置对标停稳后，手指确认列车静止图标，呼“列车停稳”，将主控手柄回零位，方向手柄回零位，关闭激活端钥匙	
6	通过司机对讲与接车司机进行交接“×××次设备正常、安全无事、主控已关、换端完毕、列车的技术状况、继续有效的行车命令以及其他有必要交接的内容”	列车在折返线停稳，与到达司机交接完毕后，激活主控，将模式开关打到相应模式，将方向手柄向前，将主控手柄打到“快制”位，确认 EB 缓解，HMI 显示“未施加 FSB 或 EB”；TOD 显示推荐速度非零（IATO 模式下无须确认推荐速度）
7	站台停稳并确认双门开启后，到达司机进入客室反推，确认间壁门锁闭良好（注意正确的关门姿势，防止受伤）后下车	确认具备发车条件，按压“释放”按钮待 TOD 图标显示黄色后，起动列车时缓推牵引，进站对标停车进行站台作业

4．站后折返作业程序（先折后接的原班折返）

站后折返作业程序（先折后接的原班折返）见表 5-6。

表 5-6 站后折返作业程序（先折后接的原班折返）

序号	到达司机	接车司机
1	通知乘客到达终点站/退出服务；确认站务员清客“好了”手信号；确认无乘客逗留，进行关门作业	
2	站台作业完毕后进入司机室手指信号机、道岔，呼“黄灯＋进路表示器、道岔好，推荐速度××”，将列车平稳运行至折返线	

续表

序号	到达司机	接车司机
3	在规定位置对标停稳后，手指确认列车静止图标，呼“列车停稳”，将主控手柄回零位，方向手柄回零位，关闭激活端钥匙。换端时反推，确认间壁门锁闭良好（注意正确的关门姿势，防止受伤）	
4	进入司机室激活主控，将模式开关打到相应模式，将方向手柄向前，将主控手柄打到“快制”位，确认EB缓解，HMI显示“未施加FSB或EB”；TOD显示推荐速度非零	
5	确认具备发车条件，按压“释放”按钮待TOD图标显示黄色后，起动列车时缓推牵引，进站对标停车进行站台作业	
6	站台停稳并确认双门开启后，与接车司机交接列车的技术状况、继续有效的行车命令以及其他有必要交接的内容	提前到达接车地点立岗等候列车进站，与到达司机确认车次号，交接列车的技术状况、继续有效的行车命令以及其他有必要交接的内容

5．站后折返作业程序（先接后折的原班折返）

站后折返作业程序（先接后折的原班折返）见表5-7。

表5-7　站后折返作业程序（先接后折的原班折返）

序号	到达司机	接车司机
1	站台停稳并确认双门开启后，广播通知乘客到达终点站/退出服务	
2	与接车司机交接列车的技术状况、继续有效的行车命令以及其他有必要交接的内容	提前到达接车地点立岗等候列车进站，与到达司机确认车次号，交接列车的技术状况、继续有效的行车命令以及其他有必要交接的内容
3		确认站务员清客“好了”手信号；确认无乘客逗留，进行关门作业
4		站台作业完毕后进入司机室手指信号机、道岔，呼“黄灯＋进路表示器、道岔好，推荐速度××”，将列车平稳运行至折返线
5		在规定位置对标停稳后，手指确认列车静止图标，呼“列车停稳”，将主控手柄回零位，方向手柄回零位，关闭激活端钥匙。换端时反推，确认间壁门锁闭良好（注意正确的关门姿势，防止受伤）
6		进入司机室激活主控，将模式开关打到相应模式，将方向手柄向前，将主控手柄打到“快制”位确认EB缓解，HMI显示“未施加FSB或EB”；TOD显示推荐速度非零
7		确认具备发车条件，按压“释放”按钮待TOD图标显示黄色后，起动列车时缓推牵引，进站对标停车进行站台作业

九、正线退勤

（1）交班司机必须与接班司机完成当面交接班后方可退勤，如因交路混乱或其他原因造成交接班时间到点而无人交接班时，司机应坚守岗位，按接车顺序继续值乘，等待司机长安排替班人员完成交接班后方可退勤。

（2）司机必须对当日列车运营情况和车辆故障情况进行记录、做好交接。对有故障的车辆，司机必须认真填写《市域动车状态记录卡》。

（3）对运营中发生的事故或事件，司机应详细记录于《行车事件单》中。

（4）司机退勤时应交还《市域动车组司机报单》，确认备品齐全，无损坏，并在《司机出退勤登记簿》上登记注销。

（5）由派班员盖章确认《行车事件单》《司机日志》，与司机确认下一轮班的出勤时间、地点，核对正确后方可进行指纹退勤。

（6）进出正线派班室门、车站站台门端门，不得使该门处于常开状态，防止乘客误入。

十、交/接班

1．车辆段备用车的交接（库内）

司机在备用车交接时，接班司机应与交班司机在备用车上进行当面交接，交接内容包括列车钥匙、方孔钥匙、行车备品以及当日正线运行注意事项，并对市域动车组进行检查和试验，了解列车的技术状况，一旦发现列车故障或车辆状况不符合出库要求的，应及时向 DCC 值班员报告。

2．终点站折返时的交接

到达司机需等到接车司机进入司机室后，方可进行交接。交接内容包括列车的技术状况、继续有效的行车命令以及其他有必要交接的内容；若遇设备故障、发生突发情况或在规定的时间内未交接完毕的，应随车继续交接，直至处置和交接完毕。

3．存车线备用车的交接

接班司机比照退勤时间提前 3 min 到达相关站台向行调申请上备车与交班司机交接。经行调允许后方可带齐行车备品进入线路，在线路行走须穿好荧光衣，尽量靠线路限界外侧行走，确保自身安全。接班司机上车后报行调已出清线路，与交班司机在备用车上进行当面交接，交接内容包括列车钥匙、方孔钥匙、行车备品以及当日正线运行注意事项，并对市域动车组进行检查和试验，了解列车的技术状况。

十一、入场作业

（1）运营结束后，司机广播清客，凭站务人员“好了”信号关闭站台门、车门，打开间壁门前往客室观察有无乘客滞留，确认无人员滞留后方可动车。清客作业程序如下：

① 终点站清客时，广播“终点站到了，请从列车前进方向左/右侧车门下车，下车时请注意列车与站台之间的空隙。欢迎您再次乘坐××轨道交通”。

② 接收行调命令因故退出服务清客时，广播“各位乘客，因运营调整，本次开往××/××方向的列车将退出服务，请所有乘客携带好随身物品尽快下车，感谢您的谅解与配合”。

③ 清客后，打开间壁门协助站务人员检查客室无乘客滞留，并通过 CCTV 再次确认，确认无乘客滞留完毕后关闭客室照明，凭车站人员“好了”信号关闭站台门、车门。

（2）回段列车在终点站折返线停稳后关闭客室照明，确认进路信号开放、推荐速度有，以最高允许驾驶模式驾驶列车。

（3）运行至入段/场信号机前停车（列车自动落码处），司机转换成 RM 模式，用车载台或无线手持台联系 DCC 值班员。

（4）得到 DCC 值班员的通知后，司机先确认进段/场信号机已开放，并复述 DCC 值班员指令后，方可动车进入停车线。

（5）入段信号机 S 与车辆段 2 号道岔之间设有轮对踏面检测系统，限速 8～12 km/h 通过。

（6）在平交道口处一度停车，确认无人员或异物侵限，线路状况良好后动车。

（7）进入停车线限速 10 km/h，接近“停车标”时严格按照“三、二、一车”的限制速度运行（即 8 km/h、5 km/h、3 km/h）。

（8）入场作业程序。

① 车调联控（联系行调）。

司机确认清客完毕后汇报行调，得到行调允许回段/场指令后，将客室照明关闭，确认进路信号开放、推荐速度有，以最高允许驾驶模式驾驶列车运行至入段/场信号机前。

【呼叫人】市域动车组司机：“行调××次××车（车组号）在××站上/下行清客完毕，准备回场。”

【被呼叫人】行调：“××次××车（车组号）在××站上/下行清客完毕，准备回场，行调明白。”

② 车调联控（联系 DCC 值班员）。

司机到达入段/场信号机前停稳后，司机将驾驶模式转换成 RM 模式，用车载台或无线手持台联系 DCC 值班员。

【呼叫人】市域动车组司机：“DCC 值班员××车（车组号）在入场××信号机前停稳，准备回场。”

【被呼叫人】DCC 值班员：“××车（车组号）在入场××信号机前停稳，准备回场，DCC 值班员明白。”

③ 场内运行。

司机得到 DCC 值班员入场指令后复述 DCC 值班员指令，确认入场信号机（双黄色、黄＋红为允许信号）。

动车前鸣笛，确认进路安全、道岔位置、信号机显示，手指口呼“双黄灯，道岔好，进路安全”。严格执行手指口呼确认程序，遇显示错误或道岔异常，立即停车，不可臆测行车。

列车运行至平交道前一度停车，确认平交道处及所要停于的股道内无人和异物侵限，确认库门开启。

列车进入股道过程中，认真观察股道内情况（进入库内限速 5 km/h）。

注：遇有人员作业或异物等危急行车和人身安全时，立即停车。

④ 收车。

按规定停车，对标准确后关闭负载（空调、照明、电暖）、施加停放制动、分 VCB、鸣笛降弓，并在 HMI 确认 VCB/受电弓状态，确认后将主控拉至零位、方向手柄拉至零位，断开主控，拔出钥匙，打开电器柜关闭蓄电池，并汇报 DCC 值班员（DCC 值班员，××车××道收车完毕）。

将列车状态填写至《市域动车组状态记录卡》，携带行车备品（两端的运营时刻表、手持台、主控钥匙、方孔钥匙）返回派班室退勤。

十二、车场退勤

（1）市域动车组回段后，应停在接车股道的指定停车位置。

（2）司机应在转换轨停车联系 DCC 值班员，听其指令执行，如需进行转线作业，则到达停车位置换端后报 DCC 值班员。

（3）市域动车组到达指定股道对标停稳后，查看司机室控制柜里程计内公里数，将其记录在《市域动车组状态记录卡》上列车入库走行公里处，并填写《市域动车组司机报单》。

（4）施加停放制动，关闭列车负载（空调、电热、CCTV 监控屏等），分 VCB，鸣笛降弓，关断主控钥匙，断蓄电池，检查两端司机室照明、刮雨器等均在关闭位。

（5）取下主控钥匙下车，锁好司机室门。

（6）用无线手持台联系 DCC 值班员列车收车完毕。

（7）前往 DCC 车场调度处交还列车钥匙、方孔钥匙及《市域动车组状态记录卡》。

（8）前往派班室办理退勤，向派班员汇报当班的运营情况，发生行车事件时需填写《行车事件单》，归还《市域动车组司机报单》及行车备品，与乘务派班员确认备品功能状态，在《司机出退勤登记簿》上签名，记录归还时间。

（9）由派班员盖章确认《行车事件单》《司机日志》，与司机确认下轮班的出勤时间和出勤地点信息正确后，方可进行指纹退勤。

（10）司机前往规定的公寓房间休息候班。

十三、运营列车转备用车或退出服务

1．市域动车组转备用

命令规定的封锁调试作业时间内，列车未完成调试任务和未到达指定待令车站时，司机应停车报告行调。

广播清客后，凭车站人员“好了”信号关闭站台门、车门，打开间壁门检查客室无乘客滞留（已清客或不载客列车除外）。

2．在正线备用的列车应遵守的规定。

在正线备用的车辆，司机应在运行端司机室内待令。

备用车司机，原则上应每隔 1 h 对列车状态（TOD、HMI 屏）检查一次，若发现问题及时上报行调，确保列车备用期间处于良好状态。

正线备用车，在备用期间方向手柄应处于向前位，主控手柄处于全常用制动位，无须施加停放制动。

备用车司机离开备用车时须经行调同意，并随身带好无线手持台，随时同行调保持联系。

备用车司机上、下车及交接班时须穿着荧光衣，要随手关闭站台门的端门，不得使该门处于常开状态，防止乘客误入。

3．段内备用列车应遵守的规定

在段内备用列车，备用司机无调车任务时应在派班室待令，不得随意离开派班室，有临时任务需离开派班室时，须经当值派班员同意。

段内备用车，在备用期间方向手柄、主控手柄应处于零位，拔下主控钥匙，施加停放制动。

4．正线备用列车投入运营

按《运营时刻表》和行调命令要求执行。

按《运营时刻表》提前开启照明，检查门模式开关。

按开门程序打开站台门、车门上客。

上客完毕后，根据《运营时刻表》或行调命令要求的发车时间，按站台作业程序关门动车。

5．段内备用列车投入运营

按 DCC 值班员及派班员的命令要求执行。

接到 DCC 值班员或派班员段内备用列车准备投入运营的命令后，备用司机应第一时间携带行车备品到发车股道，在备用列车发车端待令。

备用列车司机得到 DCC 值班员命令，凭地面开放信号，确认列车两侧无人、异物侵限，鸣笛后方可动车。

6．故障列车退出服务或运营市域动车组临时退出服务作业程序

列车因故需在中间站退出服务时，司机按行调指示做好退出服务相关工作，按规定做好清客广播，确认清客完毕，凭站务人员“好了”信号关门并关闭客室照明，凭行调命令和地面信号或车载信号动车。

到达折返车站停稳换端后，司机必须确认进路防护信号，动车前必须要得到行调的同意，严禁臆测行车，避免列车冒进信号。

司机在进出存车线前，必须与行调联系，确保人身安全（按规定穿荧光服）。

退出服务列车进入正线存车线转备用或临时停放时，司机必须将方向手柄打至向前位、主控手柄置于制动区，关闭客室照明。

第五节 洗车作业

保证市域动车组列车车厢内干净整洁是每一位乘客和司机的共同责任，公司也定时、定点安排保洁人员及时清扫，而车厢外车体表面的清洁工作人为很难做好清洗，那就需要我们专业的设备“洗车机”来进行列车日常的清洗工作。本节主要介绍洗车作业组织方式、作业方式、注意事项及洗车作业程序。

本节以温州 S1 线桐岭车辆段洗车作业为例。

一、洗车作业组织方式

（1）列车洗车作业按组织方式，分为正线回场列车洗车作业和场内列车洗车作业。

（2）正线回场列车洗车作业时，列车凭 DCC 值班员指令由出（入）段线直接运行至牵出线或洗车线；场内市域动车组洗车作业时，市域动车组凭 DCC 值班员指令经牵出线换端后运行至洗车牵出线。

二、洗车作业方式

洗车方式分为两种：端洗和侧洗。

（1）侧洗指的是只进行列车侧身清洗，洗车期间只在换弓指示牌对标停车。

（2）端洗指的是进行列车侧身清洗和头部清洗。洗车期间除了在换弓指示牌对标停车外，还须分别在前/后端洗洗车位牌对标停车。

三、注意事项

（1）在洗车作业时，列车在洗车线上司机必须采用“洗车”模式。

（2）在作业过程中，司机必须打开无线手持台，随时与洗车机操作人员联系或听取操作人员的指令。司机在洗车区发现任何危害行车安全的情况时，应立即停车，报告洗车机操作人员（司机禁止在洗车库内下车或身体伸出车外）。

（3）在洗车过程中司机需确认无异物侵入限界。

（4）司机在洗车作业过程中注意司机室刮雨器在关闭位（特别是雨天回库列车，司机必须保证两端司机室刮雨器都要关闭）。

（5）原则上洗车库内不得退行，若司机未对准端洗停车标，需主动联系洗车机操作人员，取消端洗，同时联系 DCC 值班员，按 DCC 值班员指示执行。

（6）进、出洗车库门，通过平交道口时一度停车，司机必须鸣笛警示。

四、洗车作业程序

1．接受洗车计划

（1）司机在派班室候班时，接到调车任务后在派班室领取手持台前往 DCC 值班室领取方孔钥匙、主控钥匙、《车辆转轨调车单》后出勤登记。

（2）司机通过《车辆转轨调车单》确认洗车任务内容（端洗/侧洗、车组号、股道号、运行路径及调送地点）。

（3）司机确认手持台工况良好，频道设置在指定频道。

2．检查车况

（1）洗车整备作业时，按照市域动车组整备作业流程，静态试验只需检查司机室设备柜旁路及旋钮开关，动态试验只需进行牵引、制动功能试验。

（2）若热备车需要洗车时，无须整备作业，直接呼叫 DCC 值班员。

（3）检车完毕后汇报 DCC 值班员，司机呼“DCC 值班员，××道××车整备作业完毕”，准备前往洗车库。

3．洗车作业

（1）市域动车组进入洗车库前，须在洗车库停车预备位牌前一度停车，确认弓位正确，前弓降后弓升（若不正确，司机须将弓位换至正确位），司机与洗车机操作人员联系呼“洗车机操作人员，××车已在洗车库停车预备位牌前停稳，弓位为前弓降后弓升。”洗车机操作人员复诵“××车已在洗车库停车预备位牌前停稳，洗车机操作人员明白，弓位为前弓降后弓升。”洗车机操作人员呼“××车洗车进路已准备好，刮雨器打至关闭位，限速 3 km/h，有/无端洗，凭洗车信号机显示动车。”司机复诵“××车洗车进路已准备好，刮雨器打至关闭位，限速 3 km/h，端洗/侧洗，凭洗车信号机显示动车，司机明白。”司机将模式开关打至“洗车”模式，将刮雨器打至“关闭”位。司机确认洗车库入库信号机显示绿灯，平交道口无人和异物侵入限界，并执行手指口呼“绿灯，进路安全”，限速 3 km/h 鸣笛动车。

（2）前端洗时，市域动车组运行至前端洗洗车位牌对标停车［前端洗洗车位牌在司机室侧门玻璃中间处为对标准确（±50 cm）］。在前端洗位置停稳后将主控手柄拉至全常用制动位，此时前端洗信号机显示红灯，同时前端洗到位蜂鸣器报警。司机联系洗车机操作人员呼“洗车机操作人员，××车在前端洗洗车位牌停稳”。洗车机操作人员复诵“××车已在前端洗洗车位牌停稳，洗车员明白”。

（3）洗车机操作人员呼“前端洗开始”。司机复诵“前端洗开始，司机明白”。

（4）前端洗结束后，信号机显示绿灯，洗车机操作人员与司机联系呼“前端洗结束，司机凭信号机显示继续洗车”。司机复诵“前端洗结束，司机凭信号机显示继续洗车，司机明白”并手指口呼“绿灯，进路安全”，鸣笛动车。

（5）市域动车组运行至换弓指示牌对标停车，司机联系洗车机操作员，市域动车组准备进行换弓，呼“洗车机操作人员，××车已在换弓指示牌停稳”。洗车机操作人员复诵“××车已在换弓指示牌停稳，洗车机操作人员明白”。洗车机操作人员呼“××车司机，洗车机已至暂停位，司机可以执行换弓作业”。司机复诵 “洗车机已至暂停位，司机可以执行换弓作业，司机明白”。司机降下受电弓打开司机室电器柜操作选弓旋钮（如选弓旋钮位置在3，则将选弓旋钮位置打至2位），通过HMI屏确认后端弓降下，升起前端弓。换弓作业完成后，司机联系洗车机操作员呼“洗车机操作员，××车换弓完毕，弓位为前弓升后弓降”，洗车机操作员复诵“××车换弓完毕，弓位为前弓升后弓降，洗车机操作员明白”。洗车机操作员呼“洗车机已至继续位，司机继续洗车”。司机复诵“洗车机已至继续位，司机继续洗车，司机明白”。

（6）市域动车组运行至“4节后端洗洗车位牌”对标停车［后端洗洗车位牌在司机室侧门玻璃中间处为对标准确（±50 cm）］。在后端洗位置停稳后将主控手柄拉至全常用制动位，此时4节后端洗信号机显示红灯，同时后端洗到位蜂鸣器报警。司机联系洗车机操作人员呼“洗车机操作人员，××车在4节后端洗洗车位牌停稳”。洗车机操作人员复诵“××车已在4节后端洗洗车位牌对标停稳，洗车机操作人员明白”。洗车机操作人员呼“后端洗开始”。司机复诵“后端洗开始，司机明白”。

（7）后端清洗完毕，洗车机操作人员与司机联系呼“4节后端洗结束，司机继续洗车”。司机复诵“4节后端洗结束，司机继续洗车，司机明白”并手指口呼“绿灯，进路安全”，鸣笛动车。

（8）司机驾驶市域动车组继续前进至“清洗完毕牌”处停车并将受电弓恢复至入洗车库前位置。司机与洗车机操作人员联系呼“洗车机操作人员，市域动车组已在清洗完毕牌处停车”。洗车机操作人员复诵“市域动车组已在清洗完毕牌处停车”。洗车机操作人员呼“市域动车组清洗结束，可以动车”。司机复诵“市域动车组清洗结束，可以动车，司机明白”。司机将洗车模式恢复正常位，确认进路安全，鸣笛动车，作业结束。

第六节 调车作业流程

一、利用自身动力调车

（1）场内调车整备作业时，静态检查正常，动态检查只做牵引、制动试验。

（2）接到车场调度员下达的利用自身动力调车计划时，司机需要主动询问车辆状态、线路是否侵限、是否放置止轮器（数量及位置）等，并听取车场调度员布置的相关安全注意事项。

（3）接到 DCC 值班员动车指令时，确认动车“五要素”，无人或障碍物侵限，运行中司机加强瞭望，确保调车安全。

（4）牵出线调车作业时，司机在接近“停车标”时严格按照“三、二、一车”的限制速度运行（即 8 km/h、5 km/h、3 km/h），在终端车挡 20 m 前一度停车，限速 3 km/h 进入，原则上不得进入尽头线终端 10 m 范围内。

（5）司机确认市域动车组停在规定的信号机内方后，司机报告 DCC 值班员，市域动车组已在牵出线停稳并换端完毕，同时联系下一勾作业计划情况，得到允许动车的指示后，确认信号开放正确、进路道岔位置正确后方可开主控钥匙动车。

（6）市域动车组进出停车股道线路时，在平交道口前一度停车，司机确认线路限界情况，确认安全后方可动车。

（7）调车作业中，司机得到 DCC 值班员有关“××车在××道待令”的通知时，严禁擅自动车。

（8）利用自身动力场内调车程序。

① 接收调车计划。

市域动车组司机在派班室候班时，接到调车任务后在派班室领取手持台、随身方孔钥匙前往 DCC 值班室领取方孔钥匙、主控钥匙、《车辆转轨调车单》后出勤登记。

接收调车计划单并确认调车任务内容（车组号、股道号、运行路径及调送地点）。

司机确认手持台工况良好，设置在相应频道。

② 整备作业（调车）。

调车整备作业时，按照市域动车组整备作业流程，静态试验只需检查司机室设备柜旁路及旋钮开关，动态试验只需进行牵引、制动功能试验。

若热备车需要调车时，无须准备作业，直接呼叫 DCC 值班员。

检车完毕后汇报 DCC 值班员呼“DCC 值班员，××道××车准备作业完毕”。

③ 出库运行。

司机将模式开关 1 转换至“RM 模式”，确认 TOD 面板显示 RM 模式。

调车信号开放，DCC 值班员与司机联系呼“××道××车至牵出线信号已开放”，【被呼叫人】司机呼“××道××车至牵出线 1/2 信号已开放，司机明白”。司机打开司机室侧门确认两侧无人无异物侵入限界，确认信号机显示白灯，并手指口呼“白灯，平交道口无人无异物侵入限界，进路安全”，鸣笛动车。

④ 场内运行。

列车停车线限速 10 km/h，库内限速 5 km/h。

司机待列车尾部全部出清平交道口后，限速 25 km/h 在场内运行。

列车在场内行驶时，司机应确认信号机显示白灯及道岔开通位置正确，并手指口呼“白灯，道岔好，进路安全”。

列车驾驶至牵出线时，司机在列车接近停车牌时应减速（接近尽头线 10 m 限速 3 km/h），将列车停稳在停车牌 ±25 cm 范围内。

⑤ 换端作业。

列车停稳后，将方向手柄和主控手柄置于零位，关断主控制器钥匙，通过间壁门经客室至后端司机室。

司机至后端司机室后，与 DCC 值班员执行联控作业，【被呼叫人】司机呼“牵出线 1/2/3 ××车至××道信号已开放，司机明白。”

司机联控后，打开主控制器钥匙，将模式开关 1 转换至 RM 模式，将方向手柄打至“向前位”，主控手柄打至“制动位”，确认 TOD 面板显示 RM 模式，并确认调车信号机显示白灯及道岔开通位置正确，执行手指口呼“白灯，道岔好，进路安全”。

列车在场内行驶时限速 25 km/h，司机确认调车信号机显示白灯及道岔开通位置正确，执行手指口呼“白灯，道岔好，进路安全”。

⑥ 入库运行。

列车入库前，应在停车库的平交道外方一度停车，调车司机确认以下内容：

a. 股道位置正确。

b. 前方路径无人及异物侵入限界。

c. 列车停车线限速 10 km/h，库内限速 5 km/h，在离停车位置 10 m 处把控速度，限速 3 km/h 运行至停车标处停车。

⑦ 收车。

列车停稳后，根据 DCC 命令执行收车，确认负载关闭（空调、照明、电暖）、施加停放制动、分 VCB、鸣笛降弓，并在 HMI 确认关闭完成，然后将主控拉至零位、方向手柄拉至零位，拔出主控钥匙，关闭蓄电池。

司机离开列车前带齐备品报告 DCC 值班员收车作业完毕。司机呼“DCC 值班员，××车在××道停妥”。

二、利用工程车调动市域动车组

（1）接到车场调度员配合工程车进行转线调车计划时，主动询问市域动车组的车辆状态：制动系统状态、受电弓降下、车辆悬挂装置的状态、是否放置了止轮器（数量及位置）等，并听取车场调度布置的相关安全注意事项。

（2）负责配合工程车调车员对所调动市域动车组停放股道限界进行确认，对车辆走行部和市域动车组进行检查，将客室座椅下的带电截断塞门（B22&B23）置于垂直位，分别缓解并切除每个转向架的停放制动（除连挂端以外），做好连挂前的准备工作。

（3）配合工程车连挂时，确认车钩的主风管塞门处于关闭位置，连挂试拉完毕后，切除连挂端的空气制动塞门。

（4）当市域动车组的停放制动需人工缓解时，司机必须确认轮对的制动轴盘、轮盘处于缓解状态。

（5）市域动车组司机留在连挂端观察连挂情况，运行过程中发现异常时立即通知调车员或工程车司机停车，出现脱钩时恢复市域动车组制动停车（立即前往客室恢复所有 B22&B23）。

（6）市域动车组在计划的股道停稳后，司机负责做好防溜措施（施加停放制动，恢复客室的空气制动塞门），向调车员汇报已做好防溜措施，可以解钩。

第七节 非正常情况下的处理

一、处理原则

（1）正线运行遇突发情况时，司机应尽量将列车维持运行至前方站，如不能到达前方站，应尽可能在平直线路上停车；车场运行遇突发情况时，应尽量将列车停于库内/停车线，如不能停于库内/停车线，则尽量避免将列车停于道岔、平交道口和转换轨处。

（2）正线发生事故时，司机必须严格按照行调或现场指挥人员的命令执行，严禁擅自动车，以防造成次生伤害。

（3）司机对客车的故障初步处理，原则上为 3 min，司机无法处理或 3 min 后仍无法动车时，向检调申请技术支援，同时继续处理故障。

（4）在站台区域发生故障 5 min 时，行调可通知故障列车司机、救援列车司机和车站人员清客。

（5）对客车故障处理时间原则上为 7 min，如仍不能动车时，值班主任下达执行故障列车救援程序。当决定救援时，司机做好救援前的准备工作。

（6）处理故障时，司机应在第一时间了解和判断故障，及时处理，同时汇报行调。

（7）操作所有旁路开关及紧急牵引动车前，须报行调并得到其授权后方可执行。如需到客室处理故障，单司机在离开司机室前先将情况汇报行调，得到其同意后再前往处理。

（8）如不能按照正常交路进行接车时，接车司机按照“先到先接”的原则，及时进行接车，当班司机长/指导司机做好交路安排。

（9）终点站无人接车时司机应先执行原班折返程序，同时通知当班司机长/指导司机，听从当班司机长/指导司机的安排，确保列车准点发车。

（10）交接班时，在接班前发生的故障由交班司机进行处理，接班司机有义务进行配合处理；完成交接班后发生的故障由接班司机进行处理，交班司机有义务进行配合处理；在正线进行交接班时，交班司机与接班司机交接完毕后，交班司机需在站台立岗，确认列车驶出站台后方可前往派班室退勤。

（11）列车发生火灾、毒气等空气传播较快的事故时应第一时间关闭列车空调及通风系统。

（12）其他设备故障影响列车运行时，司机应立即汇报行调，听从行调指挥，列车在车站应打开站台门、车门，必要时要求车站人员协助。

（13）事故处理完毕后，如值乘司机难以胜任驾驶工作，应及时报告当班司机长，等候安排，避免影响正线服务。

二、反向运行

（1）司机接行调反向运行命令时，应确认命令中的行调代码、车次、限速、驾驶模式及授权区段等注意事项，并复诵和记录。

（2）司机将方向手柄放置至“向前位”，主控手柄放置在“全常用制动位”，将模式开关2打至“NRM 模式”位，通过 HMI 屏确认 NRM 模式建立。

（3）模式转换成功后，司机凭行调命令确认信号好、进路安全、道岔位置正确。

（4）线路运行严格按 NRM 限速执行。

（5）列车运行至授权终点后，司机应报告行调，并根据行调命令执行。

三、市域动车组救援程序

故障救援作为市域动车组司机工作中最后一道防线，起着至关重要的作用。在司机故障处理无效的情况下，为了不影响后续列车以及全线运行，通过救援的方式将故障车牵引/推进运行至存车线或车辆段退出运营。

1．市域动车组救援作业指引

（1）救援类型。

市域动车组救援作业按救援工况可分为同型车救援和机车救援。

同型车救援时，市域动车组救援按照故障车的列车状态分为故障车有制动救援和故障车无制动救援。

确定救援车的使用类型后，市域动车组救援按组织方式分为牵引救援和推进救援。

（2）对列车故障处理时间原则上为 7 min，如仍不能动车时，值班主任下达执行故障列车救援程序。司机报告故障列车的停留位置（站名、区间、百米标）和需要协助的内容等事项，接到救援命令后明确救援方式、来车方向及前往目的地。

（3）运营列车接到行调发布担任救援车的命令时，前往指定车站清客，向行调明确救援方式、故障车位置（站名、区间、百米标）、限速等事项。原则上救援列车空车前往救援，救援列车在车站播放清客广播两次后，关闭正常照明。如不能空车前往救援时，需按照行调命令执行载客列车救援，救援列车连挂故障列车后的第一个停靠车站为清客车站。

（4）救援车距故障车 15 m 左右一度停车，限速 5 km/h 接近故障车，3 m 左右处二度停车，与故障车司机确认具备连挂条件后，动车连挂。如两列车处于坡道及弯道时，要提前控制连挂速度，避免造成对车钩的损坏。

（5）连挂完毕后，确认车钩状态，得到故障车司机的同意后方可进行试拉，试拉时应使用小牵引，确认车钩连挂牢固立即停车。

（6）试拉完毕后，救援车司机报行调。救援车司机与故障车司机共同核对救援命令内容，核实救援目的地、是否需要清客、限速要求等。

（7）采用牵引模式救援时，进路安全与动车条件由救援车司机负责确认，动车前报行调，遇到危及行车安全的情况立即采取停车措施，故障车司机负责监听通话内容；采用推进模式救援时，进路安全与动车条件由故障车司机负责确认，救援车司机凭故障车司机指令驾驶列车，沿途不间断保持联控，遇信号接收不清、危及行车安全的情况发生时，立即通知救援车司机停车或采取紧急停车措施。

（8）采用同型车救援（故障车无制动）的方式时，在连挂完成后直至解钩，不能在故障车司机室内进行任何操作，故障车司机只需监视总风缸风压是否在 750 ~ 900 kPa 之间。

（9）进入存车线或折返线时，执行“三、二、一”车的限速要求停车。

2．市域动车组救援程序。

市域动车组救援程序见表 5-8。

四、列车操作车门旁路程序

（1）当确认车门关好，车门关好环路无法建立时，司机应向行调申请操作“门全关旁路”开关。

（2）接到行调清客指令后，司机根据行调指令进行清客。

（3）清客完毕后报行调，凭行调命令操作“门全关旁路”。

（4）确认方向手柄在“向前位”，主控手柄拉至“全常用制动位”。

（5）将司机室电气柜旁路开关“门全关旁路”（DIRS）置于“强制位”。通过 HMI 确认门全关旁路投入，手指确认门全关指示灯亮。

（6）司机确认具备动车条件后，按行调授权指令行车。

五、列车车门切除作业程序

（1）司机关门作业后查看门全关指示灯不亮，重新开关门一次无效，通过 HMI 确认故障车门位置。

（2）司机向行调申请客室车门切除作业。

（3）司机将站台侧车门、站台门打开。

（4）司机应从站台行至故障车门处。

（5）到达故障车门处，司机应核对故障车门编号。

（6）查看下挡销滑道及附近是否有异物卡滞。

（7）进行车门切除，严格执行五部曲（一关：手动将故障车门关闭；二切：将车门隔离开关打至“隔离位”；三推：反推查看车门是否锁紧；四贴：车站人员张贴“车门故障单”；五确认：门头指示灯红灯亮。）

（8）司机通过 HMI 确认车门切除成功后报行调。

（9）凭站务人员“好了”手信号关门动车。

表 5-8　市域动车组救援程序

<table>
<tr><th colspan="3">同型车救援（故障车无制动）</th></tr>
<tr><th>步骤</th><th>故障列车司机</th><th>救援列车司机</th></tr>
<tr><td rowspan="3">1. 救援连挂前准备</td><td rowspan="3">（1）故障车司机接到行调执行“救援连挂程序”的命令后，确认调度命令内容，包括清客车站、救援车来车方向、行调代码，故障车司机复诵并做好记录。
（2）故障车若在站台，收到行调清客命令后做好清客；若在区间，需在与救援车连挂运行后的第一个停靠站清客。
（3）司机到达连挂端，将连挂端头灯打开，连挂端方向手柄放至向前位，做好列车防护，并将主控手柄放至全常用制动位，同时施加停放制动。
（4）将非连挂端两节车厢的 B22&B23 切除（切除状态为垂直位，且伴随制动缸漏气声）。
注：若故障车在恶劣天气情况下或风压低于 600 kPa 时，连挂前不得切除 B22&B23，解钩前须要恢复全列车 B22&B23</td><td>（1）救援车司机接到行调执行“救援连挂程序”的命令后，确认调度命令内容，包括清客车站、故障车位置、改开车次、行调代码。救援车司机复诵并做好记录。
（2）救援车司机就近站清客，原则上必须空客车救援，若无法空客车救援时，需在与故障车连挂运行后的第一个停靠站清客</td></tr>
<tr><td>正方向前往救援目的地：
救援车司机以 IATO/ATP＋模式运行至零码处停车，根据行调命令改开 RM 模式运行并进入救援区间，距故障车 15 m 左右停车</td></tr>
<tr><td>反方向前往救援目的地：
根据行调命令以 NRM 模式凭地面信号显示反方向运行进入救援区间，距故障车 15 m 左右停车。</td></tr>
<tr><td>2. 救援连挂</td><td>指挥连挂：
（1）救援列车在距故障车 15 m 左右停车后，故障车司机将模式开关 2 打至 NRM 位，关闭头灯。
（2）救援车接近故障车 5 m 左右二度停车后，打开头灯确认救援车车钩处于对中位，导引杆位置正确且在工作状态。
（3）司机分主断、降下受电弓，将司控器手柄置于 0 位，方向手柄置于 0 位，拔出主控钥匙退出激活，确认蓄电池投入。
（4）故障车司机用手持台联系救援车司机，呼“故障车两节车 B22&B23 切除，停放制动已施加，车钩位置正确，可以连挂”，同时将头灯关闭。HMI 屏上显示连挂标识，则表示电钩/机械钩连挂到位。
注：导引杆正常情况下在工作状态，若在存放状态时由故障车司机下车调整。</td><td>执行连挂：
（1）救援车距故障车 15 m 左右一度停车，将模式开关 2 打至 NRM 位，列车模式开关打至“挂钩”位，进入挂钩模式，检查故障车车钩处于对中位，导引杆位置正确且在工作状态。
（2）在故障车司机指挥下限速 5 km/h 接近故障车 5 m 左右二度停车。接到故障车司机呼叫后，复诵“故障车两节车 B22&B23 切除，停放制动已施加，车钩位置正确，可以连挂，救援车司机明白”。
（3）待故障车头灯关闭，在故障车司机指挥下限速 3 km/h 连挂。HMI 屏上显示连挂标识，则表示电钩/机械钩连挂到位。
注：（1）若故障车总风缸压力值持续下降并低于 600 kPa，则下车将救援车连挂端司机室底部的总风截断塞门打到“关断位”。
（2）切除总风截断塞门的方法：先用 S＝10 开口扳手将 M6 螺栓拆卸，操作截断塞门置于垂直位</td></tr>
</table>

续表

步骤	故障列车司机	救援列车司机
2. 救援连挂	导引杆存放状态 导引杆工作状态	
3. 试拉	指挥试拉： （1）连挂完毕后，确认安全同意试拉。 （2）试拉妥当后，将连挂端的同类车救援转换开关打至“救援”位，并测试司机室对讲良好。 注：若故障车总风缸压力值持续下降并低于 600 kPa，则下车将停放制动隔离塞门置于隔离位，释放所有停放制动缓解拉绳	执行试拉： （1）连挂完毕后，确认连挂状态，将主控手柄置于最大常用制动位，呼叫故障车司机是否可以试拉。得到同意后，救援车将方向手柄打至“向后”位，鸣笛 2 声进行试拉。 （2）试拉妥当后，将连挂端的同类车救援转换开关打至“救援位”，测试停放制动相互控制、司机室对讲良好。
4. 运行	推进运行（限速 35 km/h）： （1）故障车司机将连挂端两节车厢的 B22&B23 切除（切除状态为垂直位）。 （2）故障车司机进入非连挂端司机室负责瞭望，在亮度较暗的情况下操作前照灯旁路继电器，打开前照灯，查看 HMI 屏全列车 B22&B23 已切除，停放制动已缓解。确认具备动车条件后，呼“救援车司机，故障车所有制动已缓解，现具备动车条件，可以动车”。 （3）与救援车司机核对救援命令内容（运行方式、运行路径、停车位置），核对正确后呼“进路安全，动车”。 （4）运行过程中司机加强瞭望，与救援车司机互控，须在 3 s 内进行联控确认进路情况，呼“绿（黄）灯，道岔好，××站进站注意”。 （5）故障车需到车站清客时，指挥救援列车司机严格按照三、二、一车的限速要求，使故障车准确对标。停车后得到救援列车司机同意后，执行清客作业	推进运行（限速 35 km/h）： （1）试拉完毕后，救援车司机与故障车司机确认具备动车条件后，车辆模式由“挂钩”位切换到“正常”位。复诵“故障车所有制动已缓解，现具备动车条件，可以动车，救援车司机明白”。 （2）联系行调，呼“救援车与故障车连挂完毕，具备动车条件”，行调发布调度命令（运行方式、运行路径、停车位置）。 （3）救援车司机与故障车司机核对救援命令内容，核对完毕后复诵“进路安全，动车，救援车司机明白”。 （4）救援车司运行中加强与故障车司机联控呼“绿（黄）灯，道岔好，××站进站注意”，若联控超过 3 s 未得到故障车司机进路确认和发现异常时须及时停车。 （5）救援车需到车站清客时，待救援车司机对标停稳后，执行清客作业

续表

步骤	故障列车司机	救援列车司机
4. 运行	牵引运行（限速 45 km/h）: （1）试拉完毕后，将连挂端两节车厢的 B22&B23 切除（切除状态为垂直位）。故障车司机至连挂端查看 HMI 屏所有 B22&B23 已切除。 （2）确认满足动车条件后，呼“救援车司机，故障车现具备动车条件，可以动车”。 （3）与救援车司机核对救援命令内容（运行方式、运行路径、停车位置），核对正确后回复“进路安全，准备动车，故障车司机明白”。 （4）运行过程中司机加强瞭望，与救援车司机互控。呼“绿（黄）灯，道岔好，××站进站注意”。 （5）故障车需到车站清客时，指挥救援列车司机严格按照三、二、一车的限速要求，使故障车准确对标。停车后得到救援列车司机同意后，执行清客作业（司机手动打开靠近司机室第一个车门）。 注：若发生脱钩，故障车司机及时恢复车厢的 B22&B23	牵引运行（限速 45 km/h）: （1）救援车司机回手柄、断主控，将车辆模式由“挂钩”切换到“正常”位，到非连挂端，激活司机室，将模式开关 2 打至 NRM 模式动车。 （2）与故障车司机确认具备动车条件后救援车司机联系行调，呼“救援车与故障车连挂完毕，具备动车条件”，行调发布调度命令（运行方式、运行路径、停车位置）。 （3）救援车司机与故障车司机核对救援命令内容，核对完毕后，呼叫故障车司机“进路安全，准备动车”。 （4）救援车司机途中加强与故障车司机联控，呼“绿（黄）灯，道岔好，××站进站注意”，发现异常及时停车。 （5）救援车需到车站清客时，待救援车司机对标停稳后，执行清客作业。 （6）运行过程中救援车司机加强瞭望，注意道岔、进路、信号，驾驶时按照规定把控速度
5. 解钩	解钩作业： （1）故障列车在规定位置停稳后，故障车司机返回连挂端司机室将连挂端的同类车救援转换开关打至“正常”位，激活主控钥匙后，施加停放制动，将主控手柄打至最大常用制动位（HMI 停放制动施加图标可能会消失），恢复连挂端两节车厢 B22&B23，通知救援列车司机解钩，呼“故障车恢复两节车 B22&B23 和停放制动并做好防溜，现可以解钩”。 （2）列车解钩成功后，汇报行调，按行调命令执行。 注：故障车停放制动隔离时，需下车恢复停放制动隔离塞门	解钩作业： （1）救援列车在规定位置停稳后，将同类车救援转换开关打至“正常”位，得到故障车司机可以解钩指令后复诵“故障车恢复两节车 B22&B23 和停放制动并做好防溜，现可以解钩救援车，司机明白”。 （2）确保列车风压值在 850 kPa 以上，通过操作台长按 10 s 以上解钩按钮进行解钩。将方向手柄打到后退位，鸣笛 2 声后退行约 3 m 后停车，共同确认离钩状态。 （3）立即换端报告行调，按行调的指示运行。 注：（1）若列车在无法自动解钩时，需要下车手动拉动车钩解锁手柄，完成车钩的解挂（听到“咔嗒”声）。 （2）若须恢复车下设备时，离钩成功后救援车司机下车将连挂端司机室底部的总风截断塞门打到正常位，打开自动车钩“气路控制开关”，恢复电钩。

六、站台门互锁解除作业程序

（1）站台门故障，司机汇报行调，待车站人员操作互锁解除后，司机严格确认站台空隙安全。

（2）凭站务人员“好了”手信号动车。

七、市域动车组列车过分相作业程序

（1）自断自合-自动过分相（自动断 VCB，自动合 VCB）。

由车载自动过分相主机实现，当车载磁钢装置感应到地面磁钢“预断”信号，车辆自动断开“VCB”，此时 HMI 发出蜂鸣声，提示司机开始过分相。如果 VCB 未断开，过分相装置会收到“强断”信号，车辆网络系统再次断开 VCB。司机需确认“VCB”状态，若自动过分相无法断开“VCB”，则需要按“手动过分相”按钮。过分相结束后，过分相装置收到“合”信号，车辆网络闭合 VCB，过分相完成，蜂鸣器停止鸣叫。司机需确认“VCB”状态，若“VCB”未闭合，则进行手动闭合“VCB”。

（2）自断手合-半自动过分相（自动断 VCB，手动合 VCB）。

由车载自动过分相主机实现，当车载磁钢装置感应到地面磁钢“预断”信号，车辆自动断开“VCB”，此时 HMI 发出蜂鸣声，提示司机开始过分相。如果 VCB 未断开，过分相装置会收到“强断”信号，车辆网络系统再次断开 VCB。司机需确认“VCB”状态，若自动过分相无法断开“VCB”，则需要按“手动过分相”按钮。过分相结束后，待列车越过“合”指示牌，蜂鸣器停止鸣叫，司机需立即手动合上 VCB。

（3）手断自合-半自动过分相（手动断 VCB，自动合 VCB）。

当过分相装置故障时，需实行手断自合过分相，司机通过地面标志确认车辆需要进行过分相。待列车越过“断”指示牌，司机通过操作 HMI 设置界面中的“手动过分相”按钮，实现手动过分相，此时 HMI 发出蜂鸣声，提示司机开始过分相，车辆检测网压中断。过分相结束后，待网压恢复后自动闭合 VCB。

（4）手断手合-手动过分相（手动断 VCB，手动合 VCB）。

当过分相装置故障时，需实行手断手合过分相，司机通过地面标志确认车辆需要进行过分相。待列车越过“断”指示牌，司机通过操作 HMI 设置界面中的“手动过分相”按钮，实现手动过分相，此时 HMI 发出蜂鸣声，提示司机开始过分相。过分相结束后，待列车越过“合”指示牌，蜂鸣器停止鸣叫，司机需立即手动合 VCB。

本章训练

一、填空题

1. 场内调车整备作业时，静态检查正常，动态检查只做（　　）、（　　）试验。

2. 牵出线调车作业时，司机在接近“停车标”时严格按照“三、二、一车”的限制速度运行，即（　　）km/h、（　　）km/h、（　　）km/h，在终端车挡（　　）m 前一度停车，限速（　　）km/h 进入，原则上不得进入尽头线终端（　　）m 范围内。

3. 作业时司机必须确认设备状态，动车前必须确认行车凭证、（　　）及（　　），认真执行（　　）标准。

4. 手指口呼应做到及时、准确、停顿 1 s 及以上，时机不当不呼唤，呼唤同时必须（　　）到、（　　）到、（　　）到、（　　）到。

5. 发现或发生行车事故或事件时，（　　）、（　　）地向班组长及以上管理人员或相关负责人反映和报告，不（　　）、不（　　）。

二、简答题

1. 简述洗车注意事项。
2. 简述洗车作业流程及标准联控用语。
3. 简述市域动车组救援连挂程序。
4. 简述站台作业标准程序。
5. 简述终点站折返时的交接内容。

第六章 市域动车组故障处理

市域动车组司机正线驾驶列车过程中会突发各种故障情况，为保障全线安全、稳定运营，司机需要短时间内对故障进行处理。因此，司机对故障处理的能力起到了至关重要的作用。作为一名市域动车组司机，需要熟练掌握车辆、信号的故障处理。本章重点描述车门故障、牵引/制动系统故障、辅助系统故障时的司机处理方法，通过本章的学习，可以提高市域动车组司机列车故障处理能力，为采取措施确保乘客的安全和运营工作的顺利进行提供理论保证。

第一节 紧急制动故障

在运营过程中列车突然被触发紧急制动停车故障处理：

（1）查看 HMI 以及 TOD 屏的紧急制动提示，判断是否为信号触发紧急制动。若为信号触发的紧急制动，按照信号系统故障处理，若无效，报行调申请转为 NRM 模式，查看紧急制动是否缓解，查看电气柜断路器 MCN5 是否断开。

（2）将“模式开关 2”打到 NRM 位，如果紧急制动缓解，报行调，按行调指示运行。如果紧急制动不能缓解，按照以下步骤进行排查。

（3）检查 HMI 屏是否有蘑菇图标，有则恢复被按下蘑菇按钮，缓解紧急制动。

（4）如空压机不正常工作，将司机室后方电器柜的“EBSS”（紧急制动触发条件隔离开关）打到强制位，若能缓解，限速 60 km/h 就近清客下线；如无效，则将“ESS”（紧急制动旁路开关）打到强制位，重新缓解紧急制动，限速 30 km/h，就近清客下线。

（5）若紧急制动缓解后无法动车，按“列车无法牵引”执行。

（6）若紧急制动仍无法缓解，申请救援。

第二节 牵引系统故障

一、受电弓图标显示异常（显灰、显红、自动降弓、未知）

（1）查看网压表是否正常，若正常且无其他异常，汇报行调，按行调指示执行。

（2）无网压时，列车停稳后，分 VCB，按下“降弓”按钮，通过 HMI 屏切除界面操作“远程隔离开关”断开（故障受电弓侧的单元），隔离故障受电弓；切换受电弓，按下“升弓”按钮，查看 HMI 屏观察受电弓是否升起，如升起，合 VCB 后运行至终点站退出服务。

（3）若换弓后，受电弓也不能升起，则在 HMI 屏切除界面将 1 单元和 2 单元“远程隔离开关”断开后，再逐一操作 1 单元和 2 单元“远程隔离开关”闭合。查看 HMI 屏观察受电弓是否升起，如升起，合 VCB 后运行至终点站退出服务。

（4）若两台受电弓均无法升起，申请救援。

二、一个或两个主断路器无法闭合

（1）VCB 断开同时牵引变流器图标显示异常（显红、显黄、显白），维持进站，待列车停稳后，将操作台“复位”按钮进行复位操作，等待 10 s 后按下 VCB 合按钮（尝试按压复位按钮一次）。

（2）断开 VCB 后重新合 VCB 一次。

（3）若无效，通过 HMI“车辆-切除设置”界面，选择相应单元的 VCB，尝试闭合 VCB。

（4）若仍无效，观察总风压力是否在 800 kPa 以上，若压力不足，先启动辅助空气压缩机启动旋钮“ACMS”保持 3 s，再操作“强迫泵风”按钮，待压力满足 800 kPa 后，重新合 VCB（“强迫泵风”按钮需长按，松开即停止泵风）。

（5）若一个主断路器无法闭合处理仍无效，报行调，以手动驾驶模式全牵引运行至存车线或终点站退出服务；若两个主断路器无法闭合处理仍无效，报行调申请救援。

三、列车无法牵引

（1）查看电气柜断路器 MCN4 是否断开，网压是否正常，VCB 是否闭合，受电弓是否升起。

（2）查看司机台上“门全关闭”指示灯是否点亮，如未点亮，按照“车门故障”进行处理。

（3）查看“停放制动缓解”指示灯是否点亮，如熄灭，按照“停放制动未缓解”进行处理。

（4）通过 HMI“旁路-牵引封锁”界面，观察是否存在牵引阻断和影响牵引就绪的条件，并对存在的影响条件进行逐一排查。

（5）推手柄后，动车时制动施加指示灯点亮，但 HMI 常用制动图标显示绿色（缓解），进行下一步操作。若 HMI 常用制动图标显示施加，直接至第（10）步。

（6）仍无法牵引，报行调申请尝试“NRM”模式动车。按下“强迫缓解”按钮（强迫缓解按住有效），强迫缓解制动，推司控器手柄尝试动车。

（7）仍无法牵引，报行调申请尝试“紧急牵引”模式动车。

（8）仍然无法动车，合制动旁路开关，牵引列车。

（9）列车动车后，查看双针压力表，确定列车在牵引时，白色指针为 0，列车可继续运行。

（10）若白色指针不为 0，按照“制动系统故障”处理。

（11）列车仍无法牵引，申请救援。

四、HMI 上牵引图标显示异常“显红、显黄、显白”

（1）维持进站，待列车停稳后，将操作台“复位”按钮进行复位操作。

（2）复位后，仍故障，司机通过手动驾驶模式推全牵引，在无空转、滑行情况下观察车辆界面 1 架牵引力、2 架牵引力（共 4 个数值）。

① 如其中有 1 个数值为零，以手动驾驶模式运行至终点退出服务。

② 如其中有 2 个数值为零，以手动驾驶模式运行至存车线或终点站退出服务。

③ 如其中有 3 个数值为零,NRM 模式下使用紧急牵引运行至存车线或终点站退出服务。

（3）若列车无法动车，等待救援。

五、司控器为零位或牵引位时，单个或多个常用制动图标为粉红色（制动施加）

（1）将司控器手柄从零位打到快速制动位 2 ~ 3 次，查看常用制动图标是否恢复正常。

（2）若无效，则按压“强迫缓解”按钮 2 ~ 3 次，再查看常用制动图标是否恢复正常。

（3）若无效，则切除制动异常图标对应的 B22 或 B23，并打开司机室电器柜合临时旁路开关，待运行至终点站退出运营服务。

第三节 制动系统故障

一、HMI 故障提示轴抱死

（1）若常用制动或紧急制动时发现轴抱死，停车后，切除抱死的转向架。

（2）汇报行调转向架切除数量，并按照行调指挥行车。若切除不大于 4 个时可按限速运行，若大于 4 个则救援。

二、制动控制单元（BCU）中级故障或重大故障

1．若一个 BCU 中级故障或重大故障

如制动可缓解，限速 120 km/h，报行调维持运营。

如制动不缓解，需到客室内切除相应转向架，报行调维持运营。

2．两个 BCU 中级故障或重大故障

如制动可缓解，限速 100 km/h，运行到终点后主动申请退出服务。

若伴随制动不缓解，需到客室内切除相应转向架，限速 100 km/h，运行到终点后主动申请退出服务。

3．三个 BCU 中级故障或重大故障

如制动可缓解，限速 80 km/h，到就近站清客，退出服务。

若伴随制动不缓解，需到客室内切除相应转向架，限速 80 km/h，到就近站清客后主动申请退出服务。

4．四个 BCU 中级故障或重大故障

如制动可缓解，限速 70 km/h，到就近站清客，退出服务。

若伴随制动不缓解，需到客室内切除相应转向架，限速 70 km/h，到就近站清客后主动申请退出服务。

5．五个及以上 BCU 中级故障或重大故障

申请救援。

三、HMI 图标显示“空压机故障”

1．HMI 图标显示“一个空压机故障”

（1）按压“强迫泵风”查看另一台空压机是否启动，若正常，报行调，维持运行至终点退出服务。

（2）若不正常，则按两个空压机故障处理。

2．HMI 图标显示“两个空压机故障”

（1）查看“车辆-切除设置”界面，复位相应单元的 115 线负载。若空压机恢复正常，维持运营。

（2）检查 Tc 车客室直流柜“压缩机控制”空开是否断开，若断开则复位。

（3）若空压机未启动，按下“强迫泵风”打风至 900 kPa 松开就近退出服务。

（4）仍未启动，就近退出服务。若无法动车，申请救援。

3．通过 HMI 或双针压力表发现总风缸压力大于 900 kPa 时空压机仍工作

观察 HMI 运行界面，确认一台空压机图标显示一直工作，关闭故障空压机所在 Tc 车客室电气柜内“压缩机控制”空开，维持全天运营。

观察 HMI 运行界面，核实两台空压机图标是否均为工作状态，完成单程运营后退出服务（沿途加强观察总风缸压力，当压力超过 1 100 kPa 时，关闭就近 Tc 车客室电气柜内“压缩机控制”空开）。

四、单个或多个停放制动图标显示未缓解，停放制动施加指示灯亮

（1）操作停放制动按钮施加、缓解一次。

（2）若无效，向行调申请按规定下车隔离停放制动。

（3）待隔离全部停放制动后，运行至终点站退出运营。

第四节 辅助供电系统故障

一、一个或两个辅助逆变器轻微或中级故障

（1）操作“复位”按钮，若恢复，继续运行。

（2）若复位后故障仍未消失，则进入“车辆-辅助状态”界面检查主断闭合后辅助逆变器状态。

（3）若至少一台辅助逆变器能正常运行，则汇报行调运行至终点站退出服务。

二、一个或两个辅助逆变器严重故障

（1）操作“复位”按钮。

（2）若复位后故障仍未消失，则进入“车辆-辅助状态”界面检查主断闭合后辅助逆变器状态。

（3）若一台辅助逆变器故障，通过“车辆-切除设置”界面切除故障辅助逆变器，通过“车辆-切除状态”界面确认故障辅助逆变器已切除，则汇报行调运行至终点退出服务。

（4）若两台辅助逆变器故障，则汇报行调，申请救援。

三、一个或两个充电机故障

（1）操作复位按钮，若复位，继续运行。若不复位，则进入“车辆-辅助状态”界面检查主断闭合后辅助逆变器状态。

（2）一台充电机故障，可以通过远程切除，汇报行调维持运行。

（3）两台充电机故障，汇报行调，申请救援。

第五节 网络系统故障

一、车辆显示屏（HMI）黑屏、蓝屏、花屏或点击无效

（1）采用列车自动驾驶模式时，报行调维持运营。

（2）检查并断合对应司机室电气柜内的 HMIN 空开，若故障消除，继续运行；若故障无法消除，就近退出服务。

二、HMI 显示列车控制系统（VCU）严重故障，部分系统信息丢失（门、制动），显示控制系统严重故障

（1）若显示单个 VCU 故障，运行至终点站处理。

（2）若显示两个 VCU 故障，若能正常牵引，运行到下一站；若不能正常牵引，应打至“紧急牵引”运行至下一站；断合激活端的 VCUN，若激活端的 VCU 恢复正常，则运行至终点站退出服务；若重启激活端 VCU 失败，赶赴非激活端重启 VCUN。

（3）若故障无法消除，本站清客退出服务。

三、HMI 各系统都显示“?”，网络崩溃

（1）检查并断合对应司机室电气柜内的 HMIN 空开，重启显示屏。若故障消除，汇报行调维持运行。

（2）若故障无法消除，则将车辆模式开关切换至“紧急牵引”模式运行到下一站清客退出服务。

第六节 车门系统故障

一、整侧客室车门未正常打开（开门灯亮）

（1）确认“门模式开关”正确，制动施加灯亮，对标准确，再次按压司机室侧面板“开门”按钮。

（2）将电器柜内门使能选择开关打至相应侧，按压操纵台备用“开门”按钮开门。

（3）检查司机室电气柜上“门控制断路器”（DCN）是否跳开。

（4）将司机室电气柜“零速度旁路”（ZSBS）打至强制位，再次按压相应侧“开门”按钮。

（5）若以上处理无效，汇报行调，就近清客下线（手动解锁每节车第一扇车门）。

二、整侧车门未正常打开（开门灯不亮）

（1）确认门模式开关正确，制动施加灯亮，对标准确。

（2）强制给出使能，将司机室台面“门旁路开关”（DCBS）置于“DBY”位，按压对应侧“门使能”按钮，亮白灯后，同时按压对应侧使能按钮和开门按钮。

（3）若车门仍未开启，参照整侧客室车门未正常打开（开门灯亮）处理。

三、整侧门无法关闭

（1）重新按压司机室侧墙“开门”按钮开门，再次按压“关门”按钮。

（2）将电器柜内门使能选择开关打至相应侧，按压司机台备用“关门”按钮关门。

（3）司机做好广播，同时检查司机室电气柜“门控”开关 DCN 是否跳开，重新断合后，再次按压“关门”按钮。

（4）若以上处理无效，汇报行调，清客后换端尝试关门。

（5）若仍无效，操作门关好旁路退出服务。

四、单个或部分客室车门无法打开，或者客室车门状态在 HMI 显示异常

（1）将门模式打至“MM”位，重新按下侧面板（司机台）上“开门”按钮，观察门是否正常打开。如正常打开，继续运营。

（2）如无法打开，司机做好乘客广播，正常关门作业后通过 HMI 屏观察车门图标显示关闭，“门全关闭”指示灯正常亮起，继续运营；当天如故障门再次发现此故障，马上隔离此单

个或部分故障车门。如车门图标显示异常，司机手动隔离此单个或部分故障车门，继续运营（原则上每节车单侧车门切除 1 个以上，每列车单侧车门切除 3 个及以上，需申请退出服务）。

五、单个或部分客室车门无法关闭，或者客室车门状态在 HMI 显示异常

（1）观察 HMI 屏确认故障门的具体位置，将列车门模式打至“MM”位（如果已在“MM”位，则无须操作），重新打开、关闭车门、站台门，观察 HMI 屏此门是否正常关闭，“门全关闭”指示灯是否点亮，如正常则继续运营。

（2）如无法关闭，手动关闭隔离次车门（原则上每节车单侧车门切除 1 个以上，每列车单侧车门切除 3 个及以上，需申请退出服务）。

（3）若车门机械卡死无法关闭，司机返回司机室汇报行调，根据行调命令清客后操作门关好旁路退出服务。

六、HMI 屏显示客室车门全关到位，门全关指示灯不亮

（1）按压司机室台面上“试灯”按钮，排除灯故障。

（2）按压司机室侧面板“开门”按钮，再次按压“关门”按钮。

（3）报行调，将司机室电气柜“门全关旁路”（DIRS）置于强制位，给出门全关信号，就近清客退出服务。

（4）如列车无法牵引，按照“列车无法牵引”故障执行。

第七节 其他系统故障

其他系统故障处理见表 6-1。

表 6-1 其他系统的故障处理

序号	故障现象	处理建议	说明
1	广播报站故障	（1）全自动报站故障时，通过广播控制台进行半自动报站/人工报站。 （2）停站时间重启“广播控制台 AACN”空开和“广播系统服务器 AADN”，若处理无效，就近清客退出服务	
2	头灯故障	头灯故障，报行调，维持运行	
3	两台相邻空调机组故障（高温 6—10 月）	报行调，终点站退出服务	

续表

序号	故障现象	处理建议	说明
3	至少一节车一半客室照明故障	报行调，终点站退出服务	
	至少两节车一半动态地图故障	报行调，终点站退出服务	
4	站台门无法打开/关闭	（1）单对站台门无法打开或关闭时，司机无须重新开关站台门，应立即汇报行调，按行调指令执行。 （2）整侧站台门无法打开或关闭时，司机通过“PSL”“互锁解除”手动操作站台门一次，无法恢复时报行调，按行调指令执行	
5	主控钥匙能转动，但无法激活	（1）查看 HMI 是否司机室两端同时激活，若同时激活，断开激活端司机室，重新激活运行端。 （2）排查司机室电气柜 MCN1 是否闭合，若断开则复位；若处理无效，则报行调按其指示执行	
6	主控钥匙在断开位多次尝试无法转动激活	更换钥匙，处理无效，报行调按其指示执行	
7	司控器出现异常情况（手柄卡滞等）	操作紧急制动按钮，车辆停车等待救援	

一、填空题

1. 若一个 BCU 中级故障或重大故障，如制动可缓解，限速（　　）km/h，报行调维持运营。如制动不缓解，需到客室内（　　　），报行调维持运营。

2. 1 台充电机故障，可以通过（　　　），汇报行调维持运行。

3. 2 台充电机故障，汇报行调，（　　　）。

4. 全自动报站故障时，通过广播控制台进行（　　　）。

5. 司控器出现异常情况（手柄卡滞等），操作（　　　），车辆停车（　　　）。

二、简答题

1. 简述在运营过程中列车突然被触发紧急制动停车司机处理程序。
2. 简述列车无法牵引司机处理程序。
3. 简述整侧门无法关闭司机处理程序。
4. 简述两个 BCU 中级故障或重大故障司机处理程序。
5. 简述 HMI 屏幕显示客室车门全关到位，门全关指示灯不亮司机处理程序。

第七章 市域动车组突发事件应急处理

本章主要描述突发事件司机的应急处理方法。乘务系统是轨道交通正常运营的基础，市域动车组司机更是保持轨道交通正点、安全运营的直接执行者。市域动车组司机的特殊工作性质，决定了在正线面临突发故障、事件时，司机必须在最短的时间内正确、有效地进行处置，尽量降低对正线运营的影响。

第一节 信息报告原则

一、报告对象

（1）故障发生在正线时，由司机向行调报告。

（2）故障发生在车场时，由司机向场调报告。

二、报告内容

（1）发生时间（年、月、日、时、分）。

（2）发生地点（区间、百米标和上、下行正线）。

（3）列车车次、车组号、关系人员姓名、职务。

（4）事故概况及原因。

（5）人员伤亡情况及车辆、线路等设备损坏情况。

（6）是否需要救援。

（7）其他必须说明的内容及要求。

三、信息传递要求

司机应立即通知当值司机长，司机长逐级向上汇报，并尽快和指导司机前往事发地点（列车），了解有关情况，指导司机后续处置。

应急事件处置完毕，当值司机填写行车事件单，并由当值司机长审核后交安全工程师，必要时直接向中心领导汇报。

第二节 应急处置原则

（1）司机在应急事件处置时应沉着冷静，严格按本处置方案执行，做好乘客疏导和安抚工作，维持乘客秩序和减少乘客恐慌。

（2）优先组织人员疏散、保障乘客人身安全，同时兼顾设备和环境的防护，将损失降至最低限度，并做好现场保护。

（3）在应急处置过程中，列车司机应立即汇报行调或 DCC 值班员，客观描述所见事实，禁止臆测，同时必须严格按照行调或 DCC 值班员的命令执行。

（4）遇到信号灯显示与行调、DCC 值班员或车场调度命令不一致时严禁动车，指令不明确、信号灯显示不清或不正确时禁止动车。

（5）离开司机室处置应急事件必须得到行调或车场调度许可，若双司机值乘时，由副司机前往处置。

（6）司机在应急事件处置时，不得擅自发布相关信息。

（7）本处置方案只考虑发生单一故障或事件的应急处置，当多类事件同时发生时，司机按照本应急处置原则处理。

（8）本处置方案中未涉及的其他应急情况，司机及时汇报行调。

第三节 行车类应急处置

一、接触网悬挂异物应急处置指引

（1）司机正线发现前方接触网上悬挂异物影响行车时，立即降弓（主断 VCB 会自动断开），汇报行调惰行通过异物。越过异物后，停车升弓合主断报行调，并按其指示执行，并做好乘客广播。

（2）司机发现前方接触网上悬挂异物直接影响列车降弓惰行通过时，立即停车做好乘客广播，汇报行调，并按其指示执行。

（3）当惰行通过异物后网压显示不正常或发生其他异常情况时，司机立即停车报行调，按行调指示执行。

二、有障碍物侵入限界应急处置指引

（1）如发现异物，手动驾驶时司机应立即减速运行报行调，当疑似侵限时，立即紧急停车，广播安抚乘客。

（2）若行调要求司机现场处理，司机处理完毕后汇报行调，按行调指令执行，若不能处理或危及人身安全时，将现场情况客观汇报行调，按行调指令执行。

三、列车轧（撞）人应急处置指引

（1）发现轧（撞）人，应紧急停车，报告行调，做好临时停车广播安抚乘客。

（2）做好现场保护，及时将人员伤亡情况汇报行调，并按行调指令执行。

（3）司机心理承受能力不足时，应主动向司机长汇报，司机长应及时安排司机替换。

四、列车事故应急处置指引

1. 列车脱轨、冲突、倾覆、分离应急处置

（1）立即停车，施加停放制动，报告行调，做好乘客广播。

（2）按行调指示前往现场查看乘客有无伤亡，确认事故现场是否影响邻线。

（3）按行调指示下车检查道岔、车辆受损情况，报行调按其指示执行。

（4）服从行调和现场救援负责人的指挥。

2. 列车挤岔应急处置

（1）发现挤岔应立即停车，汇报行调或DCC值班员并施加停放制动，做好临时停车广播。

（2）在救援人员处置前，严禁动车，按行调指示下车查看道岔被挤情况并进行汇报。

（3）按行调指示进行处置。

设备故障类应急处置

一、列车故障应急处置指引

（1）列车发生故障后第一时间报行调，立即按照市域动车组故障处置手册进行故障处置，必要时向指导司机申请技术支援。

（2）遇到市域动车组故障处置手册规定以外的故障时，立即向行调申请维保团队技术支援。

（3）在申请救援前或收到救援指令时，须继续进行故障处理尝试动车。

二、接触网故障或弓网问题应急处置指引

（1）若发现弓网故障及事故，如前方接触网有异常、有火花或听到巨大响声等异常情况时，应立即停车，汇报行调，经行调允许，断开主断，降下受电弓。

（2）将主控手柄置于“快制”位，播放临时停车广播，按行调指令执行。

三、接触网大面积停电应急处置指引

（1）在区间运行时，将司控器手柄至于“0”位，断开 VCB，降弓，尽量依靠惯性维持进站（若处于过分相阶段，则司机直接降弓滑行），滑行时司机需要避免列车停在分相区。

（2）列车刚刚驶出站台，列车尾部尚未出清站台时，司机立即停车，断 VCB、降弓，施加停放制动，做好客室广播，汇报行调。

（3）若迫停区间时，汇报行调，做好乘客广播，按行调指令执行。

（4）列车停车后通过 HMI 屏将空调设置成应急通风模式，由蓄电池维持列车供电；司机时刻关注蓄电池电压，当蓄电池电压低于 94 V 时，司机通过 HMI 屏关闭应急通风，并操作“蓄电池旋钮”至断开位。

（5）供电恢复，行调与司机确认供电正常后，若未关闭应急通风，通过 HMI 屏关闭应急通风，升弓、合 VCB；此时，辅助逆变器输出 380 V，充电机输出 110 V，列车正常工作。司机做好设备检查，发现异常及时汇报行调。

（6）恢复后按行调命令执行。

四、线路坍塌、断裂应急处置指引

（1）列车行驶过程中，若发现列车剧烈摇晃或颠簸等异常，司机立即将模式转为手动模式，减速运行并立即汇报行调。

（2）若发现线路坍塌、断裂，立即采取紧急停车措施，汇报行调，做好乘客广播，按行调指令执行。

第五节 人为因素导致事件应急处置

一、人员擅自进入轨行区应急处置指引

（1）发现人员进入正线轨行区，应立即停车，并上报行调，同时广播安抚乘客。

（2）后续列车按照行调命令行车，运行期间加强瞭望。

（3）司机接到人员出清轨行区通知后，恢复正常运行。

二、发生错开车门事件应急处置指引

（1）发现错开车门后立即关闭错开侧车门，打开正确侧车门，并做好广播，及时汇报行调。

（2）按照行调命令播放清客广播进行清客作业，凭站务员“好了”信号关闭正确侧车门。

（3）关闭站台侧车门，通过 CCTV 查看客室有无乘客滞留，然后打开错开侧车门。

（4）与车站人员共同下轨行区查看是否有人或物掉落轨行区，确定轨行区无相关人员后报行调，按照行调指令执行。若发现有人掉落轨行区，司机迅速协助能够自行移动的伤者行至站台转交站务人员处理，若伤者无法自行移动，立即报控制中心（OCC）请求支援。

三、站台门与车门间隙夹人夹物应急处置指引

（1）司机发现夹人夹物后，重新打开车门和站台门。有人或物影响关门作业时，广播提醒乘客，车站人员前往处置完成后，确认安全后关门动车汇报行调。

（2）在重新关门作业后发现车门和站台门间隙夹人、夹物，重新打开车门和站台门，报告行调，听从行调指示执行。

（3）若动车后列车产生不明原因紧急制动，应立即汇报行调，根据行调命令执行。

四、车厢内人或物被车门夹住应急处置指引

（1）司机若接到车门夹到人或者物的事件信息后，立即汇报行调，及时进行乘客广播，稳定乘客情绪。

（2）若有乘客反映有人员伤亡信息时，司机立即停车汇报行调，经行调允许前往事件车门进行处置。

（3）接乘客报警，若乘客反映物品被夹在车门处，听从行调指令进站处理，处理完毕后汇报行调。

五、乘客操作紧急报警装置应急处置指引

（1）列车正常运行在区间遇客室有乘客紧急报警时，司机应及时接通报警，通过 CCTV 了解情况，原则上以安抚或引导乘客为主，尽量维持列车进站处置，同时将情况上报行调。

（2）列车在站台时，司机报行调，并保持车门为打开状态。

（3）列车在站台即将启动或刚刚启动遇客室有乘客紧急报警时，司机应立即停车，并及时接通报警，通过 CCTV 了解客室情况，同时将情况上报行调。

六、乘客操作紧急解锁装置应急处置指引

（1）列车产生制动停车后，确认车门所在位置，汇报行调后，做好车门解锁应急广播，按行调命令带上手持台、钥匙前往客室处理（离开司机室必须关好间壁门）。

（2）向现场乘客了解有关情况，若车门未打开，复位解锁装置，确认车门锁闭良好，确认显示屏状态正常后报行调动车。若车门打开，询问附近乘客并探身确认是否有人跌落。

（3）若有乘客跌落，乘客意志清醒能够移动，司机救援乘客至车厢，恢复车门报行调后动车。

（4）若乘客不能自行移动，司机报行调请求支援。

（5）车门在区间被解锁，列车可维持进站时（瞬间显示解锁，立即恢复正常），要求司机做好乘客广播，进站后再处理，防止造成乘客恐慌。

第六节 自然灾害类应急处置

一、恶劣天气应急处置指引

（1）当正线能见度低于 200 m（4 根接触网支柱）时，司机及时汇报情况。

（2）遇恶劣气候影响司机瞭望时，应立即向行调汇报，按照行调指令执行。出入场段、进出站、区间弯道、高架区段手动操纵列车时，应采取降速运行、加强瞭望等安全措施，确保列车运营正常。

（3）当能见度较低，不能看到站台前端时，必须鸣笛进站，并将现场情况及时汇报行调，根据行调命令限速运行。在区间运行时，应将能见度情况汇报行调，按行调指令执行。

（4）地面车站及高架站运行的列车，运行过程中发现列车“空转打滑”时及时使用撒砂装置。若长时间空转打滑，应立即汇报行调。

（5）司机发现高架线积雪或严重结冰时，应减速运行并报告行调。

（6）若需停车避风，司机将主控手柄置于“快制”位。

二、区间线路积水应急处置指引

（1）司机在驾驶列车行驶过程中，发现线路积水时，应及时报行调。

（2）当积水漫过轨底时，限速 30 km/h；当积水漫过轨腰时，限速 15 km/h；当积水漫过轨面时，原则上禁止列车通过。

（3）若运行过程中发现列车“空转打滑”等异常现象，降低运行速度。

三、发生地震时应急处置指引

（1）发生地震灾害时，立即紧急停车。

（2）迅速报告行调现场情况，并广播安抚乘客。

（3）按照行调的命令执行，在得到行调清客命令后，立即降下受电弓，施加停放制动，组织乘客疏散。

第七节 火灾、爆炸类应急处置

一、列车在站台区发生火灾的应急处置

（1）发现列车发生火情时，应立即汇报行调，并将主控手柄置于“快制”位。

（2）打开车门和站台门，广播进行清客，施加停放制动，立即降下受电弓。

（3）根据 CCTV 确定火灾发生车厢，经行调允许，带好方孔钥匙、手持台、司机室灭火器、防毒面具及防护用品赶赴现场配合车站人员尝试灭火。

（4）若火势能够扑灭，应立即汇报行调；若火势不能扑灭时，应立即报行调，按行调指示清客并做好自身防护。

二、列车在区间火灾应急处置

（1）接报警信息后，通过 CCTV 确认火情，汇报行调，并广播安抚乘客，指引乘客使用车厢灭火器进行灭火，同时尽量维持运行到车站处置（注：双司机时由监控司机携带司机室灭火器前往现场查看并尝试灭火）。

（2）当列车维持运行到车站后，按照列车在站台区发生火灾处置。

（3）若列车无法维持进站，立即停车汇报行调，降下受电弓按行调指示疏散乘客，并与行调明确疏散方向。

（4）疏散前必须广播通知乘客疏散方向。

① 列车在地面或高架区间时，首先打开驾驶端紧急疏散门及间壁门疏散乘客，从列车下方轨行区赶赴火灾中部车门处解锁车门疏散乘客，最后赶赴非驾驶端打开紧急疏散门疏散乘客，并注意引导乘客疏散方向。

② 列车在地下或隧道区间时，“四编组进隧道”对标后打开逃生平台侧整列客室门疏散乘客。

（5）确认车上乘客疏散完毕后，报行调按其命令处置。

三、区间发生火灾应急处置

（1）接到前方区间火警的信息后按行调指令执行。

（2）发现区间内发生火灾时，立即停车。

（3）如能在着火区域前停车，报告行调，广播安抚乘客，按照行调命令执行。

（4）如停在着火区域位置，立即起动列车离开火灾区域，并报行调，按行调命令执行。

（5）如越过着火区域停车，立即报行调，按照行调命令执行。

四、车站站线火灾应急处置

（1）接到行调命令扣车时，在站台开门待令并做好乘客广播。

（2）接到行调命令在火灾站通过时，做好越站广播并加强瞭望。

（3）发现车站站线发生火灾，应及时拍下紧急停车按钮在着火点前方停车，并立即汇报行调，按行调指令执行。

（4）若不能及时停车，越过着火点后汇报行调，按行调指示运行至下一站与车站人员确认车辆情况，按行调指令执行。

五、在区间发生爆炸时

（1）立即紧急停车并报告行调，广播安抚乘客，使乘客远离爆炸地点，同时降下受电弓，将主控手柄置于“快制”位。

（2）得到行调疏散指令后，按照列车在区间火灾应急处置程序组织疏散。

（3）疏散完毕后携带手持台、司机室灭火器及防护用品赶赴爆炸现场，将现场情况客观汇报行调，按行调指令执行，并保护好爆炸现场，视情况抢救伤员。

六、在车站发生爆炸时

（1）司机立即报告行调，在已经关门的情况下，立即打开客室门、站台门，降下受电弓，将主控手柄置于“快制”位。

（2）广播安抚乘客，保护好现场，并配合车站人员疏散乘客。

第八节 其他事件、事故类应急处置

一、区间疏散的应急处置指引

（1）司机接到行调区间疏散的命令后，必须得到行调疏散方向的明确指令。

（2）疏散前必须广播通知乘客疏散方向，并施加停放制动。

（3）紧急疏散且疏散平台可用时：

① 列车在地下或隧道区间时，“四编组进隧道”对标后开启疏散平台侧车门，同时引导乘客往正确方向进行疏散。

② 乘客疏散完毕，与车站人员确认轨行区人员已全部出清后，关闭客室车门及紧急疏散门。

③ 列车能动车时，按照行调命令动车；列车不能动车时，按行调命令等待救援或撤离现场。

（4）紧急疏散但疏散平台不可用时：

司机先打开驾驶端紧急疏散门和间壁门疏散乘客，然后下车经轨行区赶赴非驾驶端，通过司机室侧门进入司机室并打开紧急疏散门和间壁门疏散乘客，同时引导乘客往正确方向进行疏散。

（5）非紧急疏散时：

① 司机迫停区间后，报告行调停车位置（区间、线别、公里标），并做好乘客广播及疏散前的准备工作，在车站人员到达前按行调命令执行。

② 事故处理主任到达现场后，司机配合车站人员进行疏散。

（6）疏散完毕后，通过 CCTV 查看客室情况，确认清客完毕后报行调。

二、过分相区应急处置指引

市域动车组过分相区应急处置指引见图 7-1。

1．标志设置

市域动车组行进方向（该文件中根据车辆前行方向，第 1 磁钢为 G1、第 2 磁钢为 G2、第 3 磁钢为 G3、第 4 磁钢为 G4，上下行均根据此标号）见图 7-2。

注意：由于司机按下“VCB 断”按钮可能存在误差，车速上可能会存在一定的偏差，当市域动车组以低于 35 km/h 速度通过分相区时，列车 HMI 屏可能会出现供电异常故障，包括列车正常照明、空调、司机室照明在内的一部分 380 V 供电设备可能会自动关闭，当列车通过分相区合 VCB 之后会自行恢复。

2．场景判断与操作

1）场景 1

停车位置：“G1 前确认”标之前。

司机操作：100% 牵引，正常过分相。

当市域动车组因各类情况在“G1 前确认”标之前停车时，无须其他操作，在限速范围内 100% 牵引，正常过分相，见图 7-3。

2）场景 2

停车位置：“G1 前确认”标之后，“G2 前确认”标之前（见图 7-4）。

司机操作：（1）需先检查 VCB 是否已经断开，若 VCB 未断开，则以 10 km/h 限速向前行驶，当蜂鸣器开始蜂鸣、VCB 自动断开后立即停车，并手动闭合 VCB。

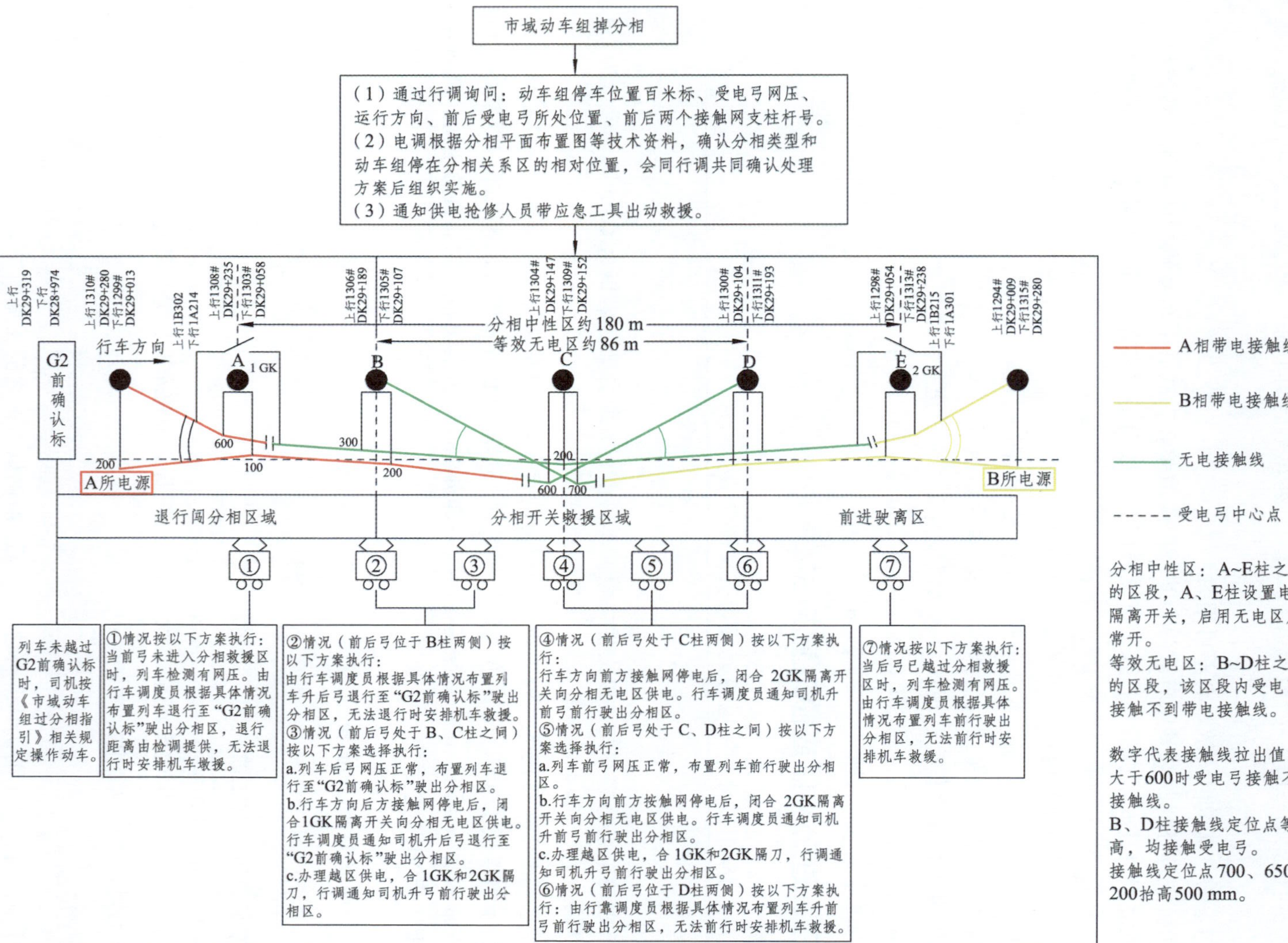

图 7-1　市域动车组过分相区应急处置指引

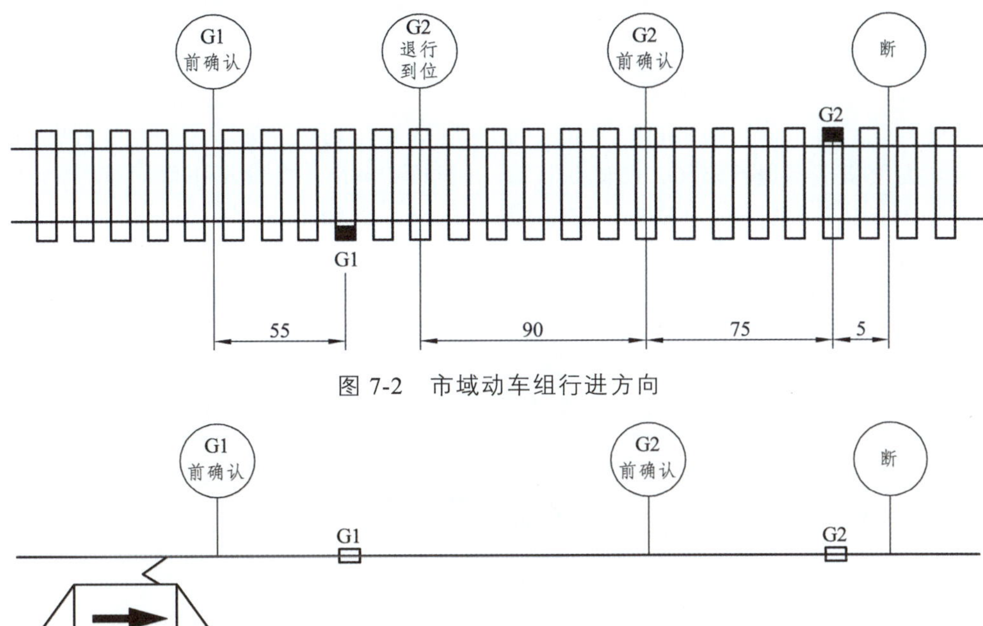

图 7-2　市域动车组行进方向

图 7-3　场景 1

（2）司机确认 VCB 在闭合位，100% 牵引，当看到“断”标时，立即按下“VCB 断”按钮手动断开 VCB。

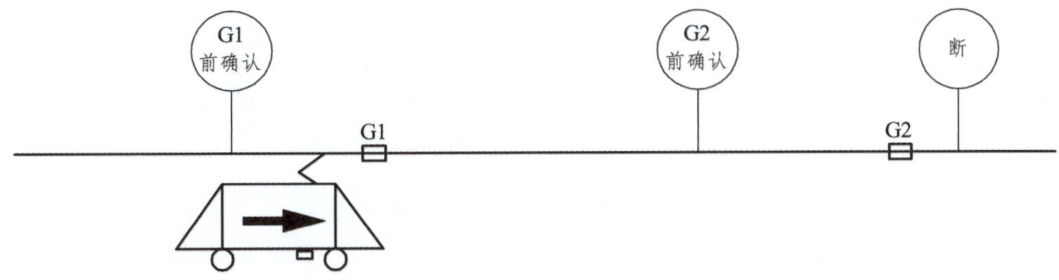

图 7-4　场景 2（一）

若市域动车组在“G1 前确认”标之后、“G2 前确认”标之前停车时（见图 7-5）蜂鸣器已经蜂鸣，并且 VCB 已经断开，这时司机只用重新合 VCB，在限速范围内 100% 牵引向前行驶；当司机看到“断”标时，立即按下“VCB 断”按钮手动断开 VCB；当市域动车组通过无电区后会自动合 VCB。

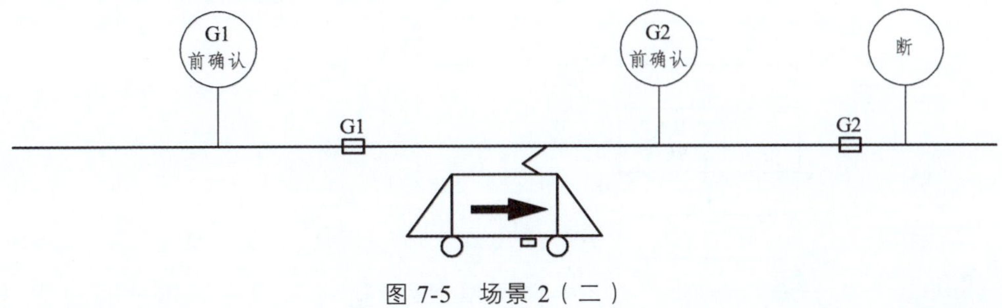

图 7-5　场景 2（二）

3）场景 3

停车位置："G2 前确认" 标之后。

需退行时，采用换端反向运行，反向运行至"G2 退行到位"标即可停车（若后端司机室有摄像头，无须换端，退行至 G2 前确认标处），见图 7-6，并换端至正常运营方向，在限速范围内 100% 牵引向前行驶；当司机看到"断"标时，立即按下"VCB 断"按钮手动断开 VCB；当市域动车组通过无电区后会自动合 VCB。

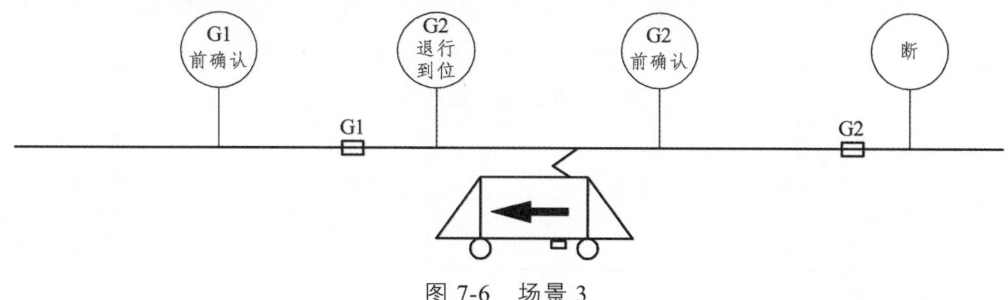

图 7-6　场景 3

3．处理流程

处理流程见图 7-7。

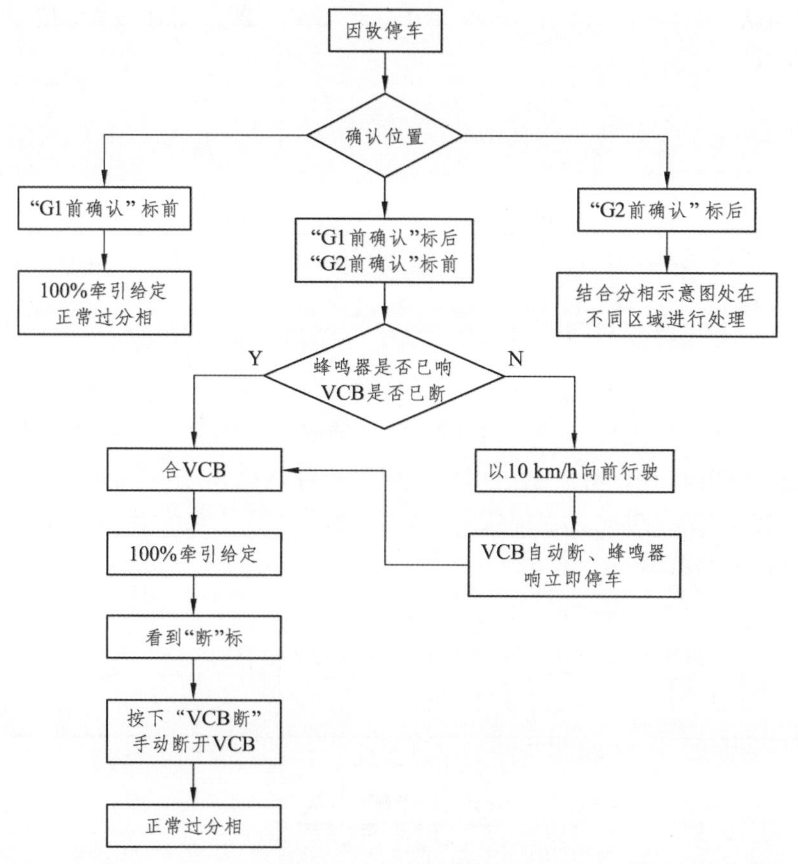

图 7-7　处理流程

三、发生不明气体、投毒事件时应急处置指引

1．车站发生毒气事件时司机的应急处置

（1）列车在车站时，司机按行调命令执行。

（2）后续列车司机接到行调通知后，按行调指令执行，无行调明确指令时，在发生事件车站禁止开门作业。

2．列车发生毒气事件司机的应急处置

（1）司机向行调报告事件信息，并穿戴好防毒面具，维持列车运行至前方车站，同时做好乘客广播，远离事件车厢，关闭通风及客室空调。

（2）列车到达车站后，经行调允许后播放列车清客广播，配合车站人员疏散乘客，并做好个人防护。

（3）清客完毕后，报告行调，关闭车门、站台门，做好列车安全防护后再撤离至安全地点待令。

（4）必须停在区间时，立即关闭通风及空调系统，按照区间疏散程序组织乘客疏散。

1. 简述列车挤岔应急处置指引。
2. 简述接触网悬挂异物应急处置指引。
3. 简述网压为零应急处置指引。
4. 简述发生错开车门事件应急处置指引。
5. 简述乘客操作紧急报警装置应急处置指引。
6. 简述乘客操作紧急解锁装置应急处置指引。
7. 简述列车车站清客应急处置指引。
8. 简述过分相区应急处置指引。
9. 简述有障碍物侵入限界应急处置指引。
10. 简述列车在区间火灾应急处置。

附表 1　车辆转轨调车单

车辆转轨调车单

申请部门：　　　　　　　　　　　　　　　　　　　　______年____月____日　编号：____号

<table>
<tr><td>一、申请转轨</td><td colspan="3">四、批准转轨</td></tr>
<tr><td>申请人：</td><td colspan="3">批准作业时间：____时____分至____时____分</td></tr>
<tr><td>申请时间：</td><td colspan="3">整备开始时间：______整备结束时间：______</td></tr>
<tr><td rowspan="3">内容：今计划将______车于____点___分[□凭自身动力　□用工程车]从______轨道转至______轨道，进行____________作业。
签字：</td><td>序号</td><td>股道/勾种/车数</td><td>记点</td></tr>
<tr><td>1</td><td></td><td></td></tr>
<tr><td>2</td><td></td><td></td></tr>
<tr><td>二、车辆状态</td><td>3</td><td></td><td></td></tr>
<tr><td rowspan="5">市域动车组车辆状态：
1. 转轨前车辆状态是否正常[□是□否]
2. 是否放置止轮器[□是□否]
编号：__________位置：
3. 是否具备转轨条件[□是□否]
原因及备注：
签字：</td><td>4</td><td></td><td></td></tr>
<tr><td>5</td><td></td><td></td></tr>
<tr><td>6</td><td></td><td></td></tr>
<tr><td>7</td><td></td><td></td></tr>
<tr><td>8</td><td></td><td></td></tr>
<tr><td rowspan="5">工程车车辆状态：
1. 转轨前车辆状态是否正常[□是□否]
2. 是否放置止轮器[□是□否]
编号：__________位置：__________
3. 是否具备转轨条件[□是□否]
原因及备注：
签字：</td><td>9</td><td></td><td></td></tr>
<tr><td>10</td><td></td><td></td></tr>
<tr><td>11</td><td></td><td></td></tr>
<tr><td>12</td><td></td><td></td></tr>
<tr><td>13</td><td></td><td></td></tr>
</table>

续表

<table>
<tr><td>三、设备状态</td><td>14</td><td></td><td></td></tr>
<tr><td rowspan="3">1. 接触网设备情况：[□是□否]
2. 线路、道岔情况：[□是□否]
3. 信号设备情况：[□是□否]
4. 限速：　　　km/h
5. 备注：</td><td>15</td><td></td><td></td></tr>
<tr><td>16</td><td></td><td></td></tr>
<tr><td colspan="3">车辆转轨调车单注销时间：</td></tr>
<tr><td colspan="4">备注及安全注意事项：</td></tr>
<tr><td colspan="4">场调确认时间并签字：________　DCC主控值班员确认时间并签字：________
司机确认时间并签字：________　DCC副控值班员确认时间并签字：________</td></tr>
</table>

注：① 车辆转轨前须按规定向场调提出申请。② 市域动车组列车状态由检修调度确认，工程车列车状态由中铁通工程车司机确认。③ 一式两联，一联交给DCC值班员（调车完毕后留存），二联交给司机（调车完毕后由场调交至申请人作为回执）。

附表 2　市域动车组状态记录卡

市域动车组状态记录卡

__________年_____月_____日

车次：	停放位置：	股道：	出段方向	

____________市域动车组技术状态良好，符合运行条件。

检修调度：____________　　　　　　　　时　　　分

车场调度：____________　　　　　　　　时　　　分

<table>
<tr><td rowspan="2">公里数</td><td>________驾驶室__________km</td><td rowspan="2">备注</td><td rowspan="2">出段时间______________
回段时间______________
灭火器□灭火器□安全帽□安全帽□
绝缘棒□绝缘棒□防毒面具□防毒面具□</td></tr>
<tr><td>________驾驶室__________km</td></tr>
</table>

附表 3　备品借用登记簿

备品借用登记簿

序号	日期	借用时间	物品名称	借用人签字	借用部门	借用受理人	归还时间	归还人签字	归还部门	接收受理人	备注
1											
2											
3											
4											
5											
6											
7											
8											
9											
10											
11											

附表 4　手指口呼标准

手指口呼标准

呼唤时机	口呼	手指	备　注
库门前	一度停车	√	停车后，确认安全后再动车
平交道口前			
一度停车牌			
库门前	库门好	√	确认库门开启，无障碍物侵入限界
列车接近道岔	道岔好	√	司机应先确认道岔位置正确后再呼唤，场内道岔做到逐个确认
	停车	√	道岔位置显示不正确时，立即停车
列车在库内出场信号机前	白灯	√	进路信号已开放，并与 DCC 联控完毕后，再次确认信号动车前呼唤
	黄灯	√	信号开放，与 DCC 联控完毕，再次确认信号动车前呼唤；按列车办理时，至转换轨的进路上的蓝灯视为无效
	红灯	√	列车必须在红灯前停车
列车接近调车信号机时	白灯	√	进路信号已开放，并与 DCC 值班员联控完毕后，再次确认信号动车前呼唤
	蓝灯	√	列车必须在蓝灯前停车
	红灯	√	列车必须在红灯前停车
列车进入尽头线	红灯	√	控制好速度，严格按“三、二、一”车限速
进段/场信号开放后	双黄灯	√	列车可以按规定速度进车场停车
	黄灯＋红灯	√	引导信号，限速 25 km/h 进入车场停车
	红灯	√	列车必须在红灯前停车
进站前确认站名标	××站进站注意	√	确认进路正确
进出站时广播的监听	广播正确	√	广播预报站及到站报完后
进站信号机开放后	绿灯	√	列车可以按规定速度进站停车
	黄灯	√	
	双黄灯	√	
	红灯＋黄灯	√	引导信号，限速 30 km/h 进入车站停车
	红色	√	列车必须在红灯前停车

续表

呼唤时机	口呼	手指	备　注
出站信号机开放后	绿灯	√	出站信号机在开放状态，准许列车出站
	黄灯	√	出站信号在开放状态,准许列车折返或回场
	白灯	√	正线调车信号,准许列车越过进行调车作业
	红灯	√	禁止列车越过该信号机
区间信号机开放后	绿灯	√	通过信号机在开放状态，准许列车通过
	黄灯	√	
	黄灯 + 红灯	√	引导信号，限速 30 km/h 越过该架信号机
	红灯	√	禁止列车越过该信号机
过分相时	VCB 断	√	过分相 VCB 断开，网压下降
	VCB 合	√	过分相 VCB 合上，网压正常

附表 5　司机日志

司机日志

<table>
<tr><td>日期</td><td></td><td>接车车次</td><td></td><td>出勤地点</td><td></td><td rowspan="5">运营情况</td><td rowspan="5"></td></tr>
<tr><td>司机</td><td></td><td>副司机</td><td></td><td>退勤地点</td><td></td></tr>
<tr><td>出勤时间</td><td colspan="2"></td><td colspan="2">派班人员</td><td></td></tr>
<tr><td>退勤时间</td><td colspan="2"></td><td colspan="2">派班人员</td><td></td></tr>
<tr><td rowspan="2">注意事项</td><td colspan="5" rowspan="2"></td></tr>
<tr><td>备注</td><td></td></tr>
</table>

填写说明：司机出勤时，到达派班室，根据当日的交路信息及行车注意事项进行填写，并交由派班人员签章确认。行车过程中如实记录当班期间发生的事件，并在退勤时交由派班人员签章确认。

附表 6　市域动车组司机报单

市域动车组司机报单

<table>
<tr><td colspan="8">日期：20__年__月__日　　　星期：____　　　时刻表：______</td></tr>
<tr><td>姓名</td><td></td><td>工号</td><td></td><td>班组</td><td></td><td>出勤时间</td><td></td></tr>
<tr><td>股道</td><td></td><td>出库车组号</td><td></td><td>出库车次</td><td></td><td>派班人员</td><td></td></tr>
<tr><td>序号</td><td>车组号</td><td>车次</td><td>始发站</td><td>发车时间</td><td>终点站</td><td>到站时间</td><td>公里</td></tr>
<tr><td>1</td><td></td><td></td><td></td><td></td><td></td><td></td><td></td></tr>
<tr><td>2</td><td></td><td></td><td></td><td></td><td></td><td></td><td></td></tr>
<tr><td>3</td><td></td><td></td><td></td><td></td><td></td><td></td><td></td></tr>
<tr><td>4</td><td></td><td></td><td></td><td></td><td></td><td></td><td></td></tr>
<tr><td>5</td><td></td><td></td><td></td><td></td><td></td><td></td><td></td></tr>
<tr><td>6</td><td></td><td></td><td></td><td></td><td></td><td></td><td></td></tr>
<tr><td>7</td><td></td><td></td><td></td><td></td><td></td><td></td><td></td></tr>
<tr><td>8</td><td></td><td></td><td></td><td></td><td></td><td></td><td></td></tr>
<tr><td>9</td><td></td><td></td><td></td><td></td><td></td><td></td><td></td></tr>
<tr><td>10</td><td></td><td></td><td></td><td></td><td></td><td></td><td></td></tr>
<tr><td>11</td><td></td><td></td><td></td><td></td><td></td><td></td><td></td></tr>
<tr><td>12</td><td></td><td></td><td></td><td></td><td></td><td></td><td></td></tr>
<tr><td>13</td><td></td><td></td><td></td><td></td><td></td><td></td><td></td></tr>
<tr><td>14</td><td></td><td></td><td></td><td></td><td></td><td></td><td></td></tr>
<tr><td>15</td><td></td><td></td><td></td><td></td><td></td><td></td><td></td></tr>
<tr><td>16</td><td></td><td></td><td></td><td></td><td></td><td></td><td></td></tr>
<tr><td colspan="8">行车记事</td></tr>
<tr><td colspan="8"></td></tr>
<tr><td>退勤时间</td><td></td><td>派班人员</td><td></td><td>行车公里数</td><td colspan="3"></td></tr>
</table>

填写说明：司机出勤时，到达派班室，根据当日的交路信息进行填写，并交由派班人员签章确认，行车过程中如实记录行车信息，并在退勤时由派班人员签章确认后交给派班人员保存。

附表 7　出/退勤登记簿

出退勤登记簿

编号：

年　月　日　班　派班：　星期

出勤											退勤						
序号	股道号	车次	车号	司机	计划时分	实际时分	司机签名	电台号码	主控编号	酒精是否正常	序号	车次	车号	实际时分	司机签名	电台号码	主控编号
1																	
2																	
3																	
4																	
5																	
6																	
7																	
8																	
9																	
10																	
11																	
12																	

续表

出勤											退勤						
序号	股道号	车次	车号	司机	计划时分	实际时分	司机签名	电台号码	主控编号	酒精是否正常	序号	车次	车号	实际时分	司机签名	电台号码	主控编号
13																	
14																	
15																	
16																	
17																	
18																	
19																	
20																	
21																	
22																	
23																	
24																	
本班记事							行车备品记录				文件传阅				交班事项		
															接班派班：		
											领导指示						

附表 8　市域动车组基本词汇

市域动车组基本词汇

序号	词汇	定　义
1	限界	指限定车辆运行及轨道周围构筑物不能超越的轮廓线。限界分车辆限界、设备限界和建筑限界三种，是工程建设、管线和设备安装等必须遵守的依据
2	OCC	运营控制中心（Operation Control Center）
3	DCC	车场控制中心（Depot Control Center）
4	车场	车辆段和停车场的统称
5	ATC	列车自动控制系统（Automatic Train Control system）
6	ATO	列车自动驾驶子系统（Automatic Train Operation subsystem）
7	ATP	列车自动子防护（Automatic Train Protection subsystem）
8	ATS	列车自动监控子系统（Automatic Train Supervision subsystem）
9	CBI	计算机联锁子系统（Computer Based Interlocking subsystem）
10	DCS	数据通信子系统（Data Communication Subsystem）
11	MSS	维护监测子系统（Maintenance Supervision Subsystem）
12	SCADA	电力监控系统
13	DTI	发车时间显示器（倒计时器）
14	ZC	区域控制器
15	CC	车载控制器
16	TOD	司机显示器
17	HMI	人机操作界面
18	LCW	计算机联锁区域现地控制工作站，包含车站 HMI 和车站 ATS 两套界面
19	IBP	综合后备控制盘，设于车站车控室内，可实现紧急停车/紧停解除、扣车/终止扣车、计轴预复位（集中站设置）、紧停报警、报警切除、表示灯测试等功能的控制盘
20	ESB	站台紧急停车按钮，设于站台柱墙上，与车控室内 IBP 控制盘上的紧急停车按钮相连通，当该按钮被激活时，列车的移动授权被收回，相关信号机被关闭
21	站台门	将车站站台与轨道隔开的设备，包括屏蔽门和安全门
22	PSL	站台门就地控制盘
23	TSR	临时速度限制
24	联锁	指信号系统中的信号机、道岔和进路之间建立的一种相互制约的关系

续表

序号	词汇	定 义
25	闭塞	为保证列车运行安全，须保证列车间以一定的安全防护空间运行，这种安全防护空间称为闭塞
26	固定闭塞法	把线路划分为固定区域，在每个区域内只准许一列列车运行，使前行列车和追踪列车之间必须保持一定距离，列车凭地面信号或车载信号显示运行的行车闭塞方法
27	电话闭塞法	正线车站间通过电话联系，确认闭塞区段空闲、道岔位置正确且锁闭，司机凭路票和发车手信号行车，一个闭塞区段只允许一列列车占用的行车闭塞方法
28	电话联系法	车场与相邻车站通过电话联系，确认闭塞区段空闲、道岔位置正确且锁闭，司机凭电话记录号码行车，一个闭塞区段只允许一列列车占用的行车闭塞方法
29	调车作业	除列车在车站的到达、出发、通过以及在区间内运行外，凡机车车辆进行一切有目的移动统称为调车
30	调车方式	在正线站后折返遇联锁设备故障或道岔故障情况列车需要转线时，行调发布命令授权车站控制，具体由车站负责准备列车进路，司机凭车站的“道岔开通”信号动车的一种行车组织方式
31	预复位	当计轴设备出现干扰显示占用或故障预修复后，采用计轴预复位可将某一个区段的进入和出清轮对数清零，该进路经过列车占用、出清后进路解锁，设备恢复正常
32	道岔定/反位	是对道岔位置的描述，正常情况下，道岔开通直股时为“定位”，开通侧股时为“反位”，但也有例外，具体根据设计而定，应在《车站行车工作细则》(简称《站细》)中明确
33	端墙	车站站台门端门处所对应的墙为端墙。每个车站沿上/下行方向均设有2个端墙，列车正常运行停在车站时，与列车头部对应的端墙为头端墙，与列车尾部对应的端墙为尾端墙
34	列车	按规定编组并赋予车次号的客车车组、工程车、单机。列车分为客运列车、其他列车两类
35	市域动车组	指配有列车标志，按规定进行编组，可载客运行的车辆(简称客车)。市域动车组由两组电动车组组成，每组由2节或3节车辆组成
36	工程车	指除客车外，自身带有动力能独立行驶的轨道车辆，包括内燃机车、轨道车、接触网作业车、钢轨打磨车等
37	车辆	指没有自带动力的平板车、综合检测车等
38	机车	指用来调车和牵引车辆的内燃机车
39	推进	在列车尾部驾驶室操纵列车运行，或救援列车在被救援客车尾部推进运行
40	退行	在非正常情况下，列车与原运行方向相反运行为退行，可以推进或牵引运行
41	反方向运行	在上行线开行下行方向列车或在下行线开行上行方向列车，为反方向运行

续表

序号	词汇	定 义
42	车长	开行工程列车时，除司机外，指挥列车运行及监视装载货物安全及负责推进运行时引导和瞭望的人员
43	关门车	关闭制动支管上的截断塞门，车辆能够通风，但不起制动作用的车辆
44	疏散平台	指运营列车在相应区间线路出现紧急情况时，疏散乘客的专用通道
45	检修通道	高架段上下行正线外侧敷设的用于通信、信号等电缆设备检修使用的专用通道，一般带有电缆沟盖板
46	运用车	按列车运行图投入正线运营的市域动车组
47	备用车	符合上线标准随时准备上线替换故障列车或需要加开列车时使用的市域动车组
48	检修车	转为进行计划性检修或故障检修的市域动车组
49	调车	除列车在运营线路上运行、车站或车场到发外，一切机车、车辆或列车有目的移动
50	前方站	指列车运行方向的下一车站
51	后方站	指相对于列车运行方向相反的车站，一般指列车已经越过的车站
52	时刻表	列车在车站（车场）出发 、到达（或通过）及折返时刻的集合
53	列车运行图	指列车时刻表用坐标原理表示列车运行线的一种图解表示
54	信号机内/外方、前/后方	信号机防护的一方为内方，反之为外方；信号机显示的一方为前方，反之为后方。信号机内方即信号机后方，信号机外方即信号机前方
55	行车凭证	指列车占用前方进路的凭据。根据行车组织方式不同，行车凭证分为车载信号、信号机显示的开放信号、路票、调度命令等

附录 A　进出段联控用语

进出段联控用语

序号	呼唤时机	联控用语		备　注
		司　机	DCC 值班员	
1	列车开始整备	（1）DCC 值班员，××道××车开始整备作业	（2）××道××车开始整备，DCC 值班员收到	试验车载无线台
2	列车整备完毕	（1）DCC 值班员，××道××车整备完毕。 （3）××道××车原地待令，司机明白	（2）××道××车整备完毕，司机原地待令	当使用入段线发车时，需告知司机“现使用入段线发车”
		（2）××道至××道进路好，××车可以凭地面信号显示动车，司机明白	（1）××道至××道进路好，××车司机可以凭地面信号显示动车。 （3）正确	信号已开放
3	回段列车进入转换轨时（车载台转换为“车辆段”）	（1）DCC 值班员，转Ⅰ/Ⅱ××车停稳，请求入段。 （3）转Ⅰ/Ⅱ至××道进路好，××车可以凭地面信号显示动车，司机明白	（2）转Ⅰ/Ⅱ至××道进路好，××车司机可以凭地面信号显示动车。 （4）正确	进段信号在开放状态
		（2）转Ⅰ/Ⅱ至牵 3 道进路好，××车可以凭地面信号显示动车，准备洗车作业，司机明白	（1）转Ⅰ/Ⅱ至牵 3 道进路好，××车司机可以凭地面信号显示动车，准备洗车作业。 （3）正确	列车回段需要洗车时
		（2）转Ⅰ/Ⅱ××车，原地待令，司机明白	（1）转Ⅰ/Ⅱ××车司机原地待令	进段信号故障关闭时
		（2）转Ⅰ/Ⅱ至××道进路好，××车凭引导信号显示动车，司机明白	（1）转Ⅰ/Ⅱ至××道进路好，××车司机凭引导信号显示动车。 （3）正确	引导接车时
		（2）转Ⅰ/Ⅱ至××道进路好，允许××车越过关闭的 S/SF 信号机，司机明白	（1）转Ⅰ/Ⅱ至××道进路好，允许××车司机越过关闭的 S/SF 信号机。 （3）正确	进段信号机不能开放正常信号，且引导信号无法开放时

续表

序号	呼唤时机	联控用语		备 注
		司 机	DCC 值班员	
4	检查库接发列车	（2）××道至××道进路好，××车司机可以凭地面调车信号及安全联锁信号显示动车，司机明白	（1）××道至××道进路好，××车司机可以凭地面调车信号及安全联锁信号显示动车。 （3）正确	检查库发车时
		（2）××道至××道进路好，××车司机可越过前方关闭的 S/SF 信号机，人工确认××号道岔位置正确后，可以凭地面调车信号及安全联锁信号显示运行至库内××道，司机明白	（1）××道至××道进路好，××车司机可越过前方关闭的 S/SF 信号机，人工确认××号道岔位置正确后，可以凭地面调车信号及安全联锁信号显示运行至库内××道。 （3）正确	
4	列车停稳	（1）DCC 值班员，××道××车停稳	（2）××道××车停稳，DCC 值班员收到	列车在指定股道停稳后汇报，若无特殊情况时，司机降弓休眠

附录 B　调车作业联控用语

调车作业联控用语

<table>
<tr><th rowspan="2">序号</th><th rowspan="2">呼唤时机</th><th colspan="2">联控用语</th><th rowspan="2">备　注</th></tr>
<tr><th>司　机</th><th>DCC 值班员</th></tr>
<tr><td>1</td><td>列车开始整备</td><td>（1）DCC 值班员，××道××车开始整备作业</td><td>（2）××道××车开始整备，DCC 值班员收到</td><td>试验车载无线台，通知 DCC 准备进路</td></tr>
<tr><td rowspan="2">2</td><td rowspan="2">列车整备完毕</td><td>（1）DCC 值班员，××道××车整备完毕。
（3）××道××车原地待令，司机明白</td><td>（2）××道××车整备完毕，司机原地待令</td><td rowspan="2">信号已开放</td></tr>
<tr><td>（2）××道至××道进路好，××车可以凭地面信号显示动车，司机明白</td><td>（1）××道至××道进路好，××车司机可以凭地面信号显示动车。
（3）正确</td></tr>
<tr><td>3</td><td>司机换端后</td><td>（1）DCC 值班员，××道××车换端完毕。
（3）××道至××道进路好，××车可以凭地面信号显示动车，司机明白</td><td>（2）××道至××道进路好，××车司机可以凭地面信号显示动车。
（4）正确</td><td>司机停稳后报 DCC 值班员</td></tr>
<tr><td>4</td><td>调车/列车信号机故障无法开放时</td><td>（2）××道至××道进路好，允许××车越过关闭的××信号机，司机明白</td><td>（1）××道至××道进路好，允许××车司机越过关闭的××信号机。
（3）正确</td><td></td></tr>
<tr><td rowspan="2">5</td><td rowspan="2">压信号调车</td><td>（1）DCC 值班员，××道××车请求压信号调车。
（3）××道××车原地待令，司机明白</td><td>（2）××道××车司机原地待令。
（4）正确</td><td>前方进路未准备好，不同意压信号调车时</td></tr>
<tr><td>（2）××道至××道进路好，同意××车压信号调车，司机明白</td><td>（1）××道至××道进路好，同意××车司机压信号调车。
（3）正确</td><td>前方进路已准备好，同意压信号调车时</td></tr>
<tr><td>6</td><td>取消调车进路</td><td>（2）取消××道调车进路，××车原地待令，司机明白</td><td>（1）取消××道（××段）调车进路，××车司机原地待令。
（3）正确</td><td>必须确认车辆尚未起动或已停稳，并得到司机应答后，方可取消调车进路</td></tr>
</table>

附录C　车辆段限速标

限速信号牌

5

限速信号牌

注：黄底黑字，黑色边框，主要位于检查库前。

附录 D　无电区防护标

无电区防护标

材料线无电区

注：黄底黑字，黑色边框。

无电区防护标

工程车库无电区

注：黄底黑字，黑色边框。

无电区防护标

前方无电区

注：黄底黑字，黑色边框，位于临修及不落轮镟库入库端前。

附录 E　列车尾端出入检查库及牵出线标志

注：黄底黑字，黑色边框。

注：黄底黑字，黑色边框。

附录 F　洗车线标志标识

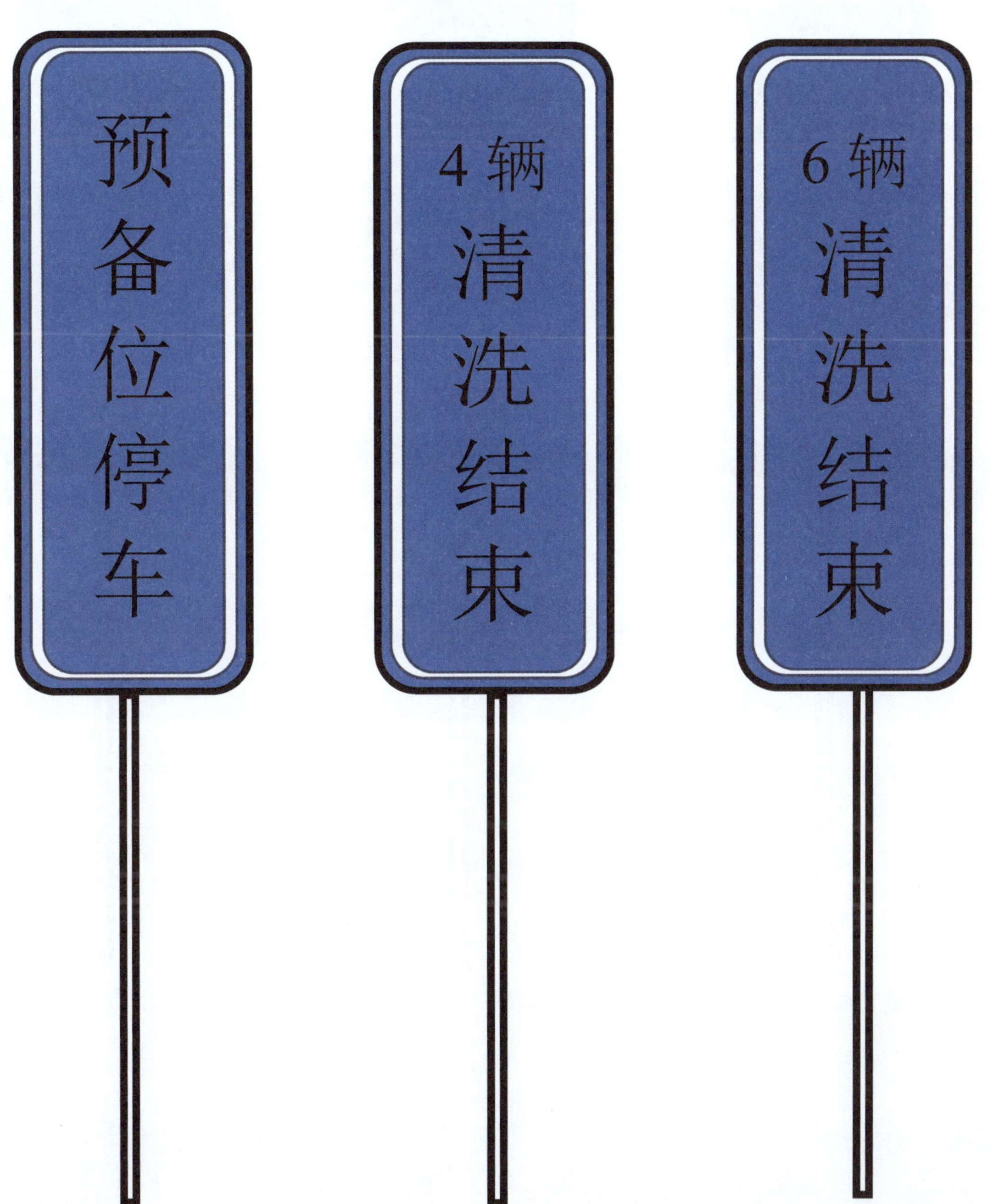

注：蓝底黑字，黑色边框。　　注：蓝底黑字，黑色边框。　　注：蓝底黑字，黑色边框。

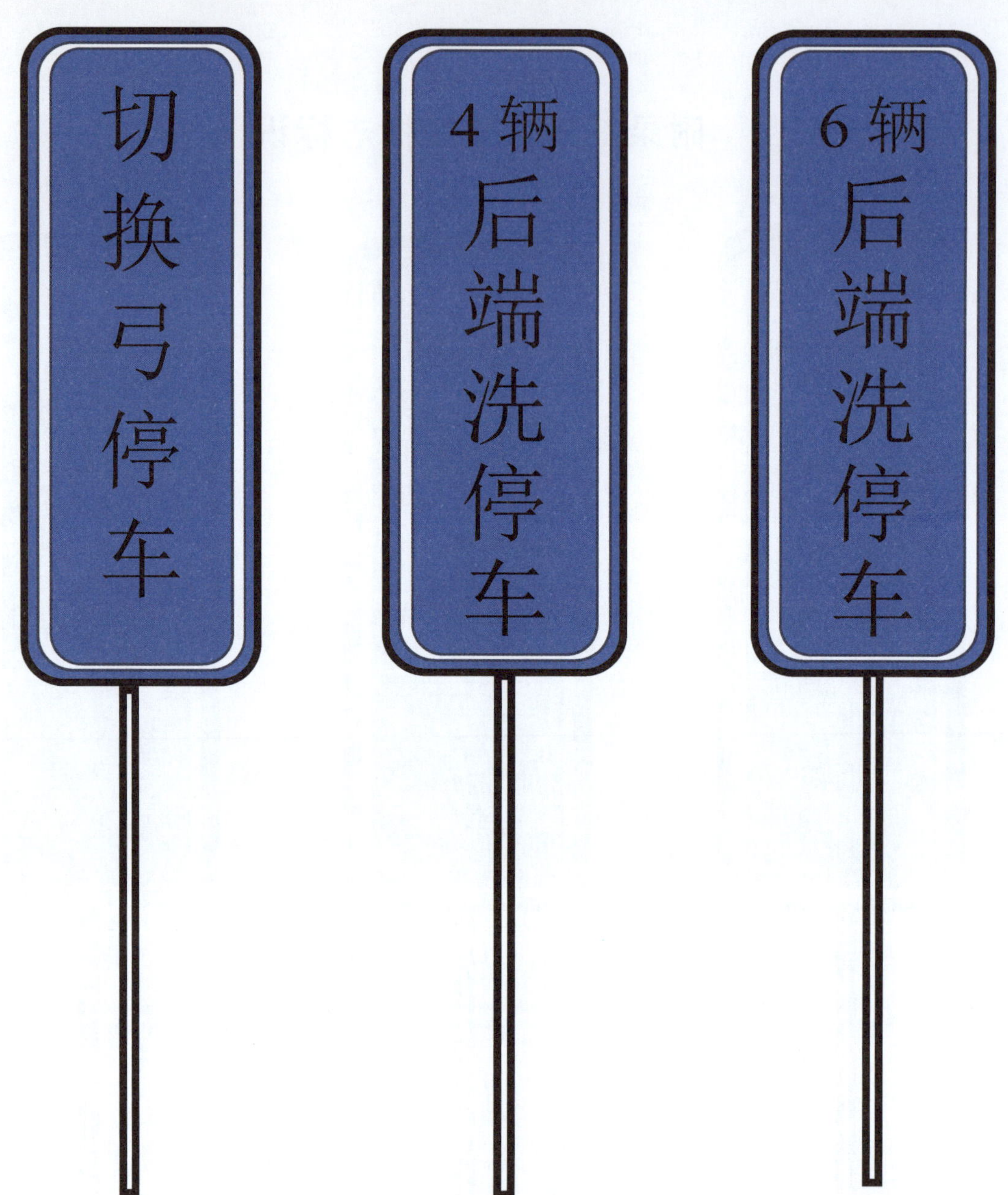

注：蓝底黑字，黑色边框。 注：蓝底黑字，黑色边框。 注：蓝底黑字，黑色边框。

附录 G　正线车辆段分界标

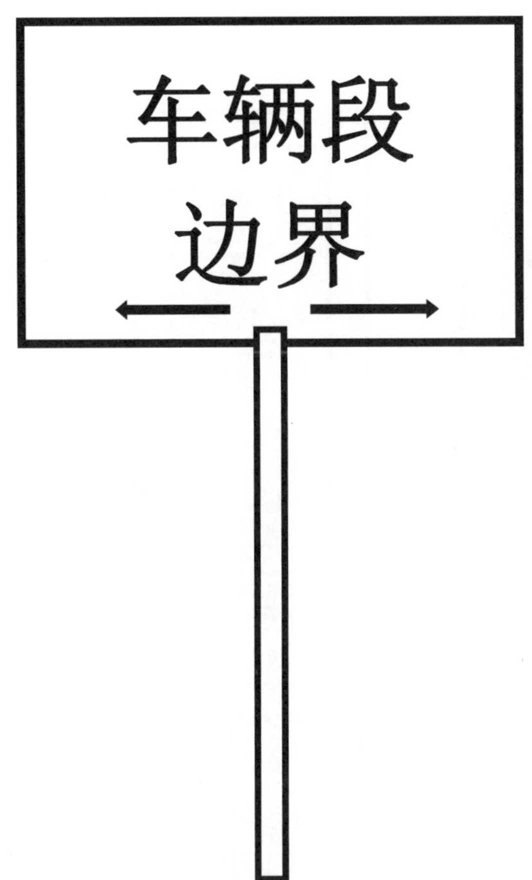

注：白底黑字，黑色边框。

附录 H　车辆段停车标

停车标

注：黄底黑字，黑色边框。

停车位置标

注：白底红字，位于股道末端。

一度停车标

一度停车

注：白底黑字，位于平交道口及部分股道末端。

附录 I　股道标

注：蓝底白字，位于检查库大门上（数字随股道而变）。

注：蓝底白字，位于室外股道末端（用于材料线）。

注：蓝底白字，位于股道线路中间（数字随股道而变）。

附录 J　道岔标及定反位标志

岔 9-29

注：白底黑字，位于两轨道中间，道岔附近，
命名为“9#道岔+道岔编号”。

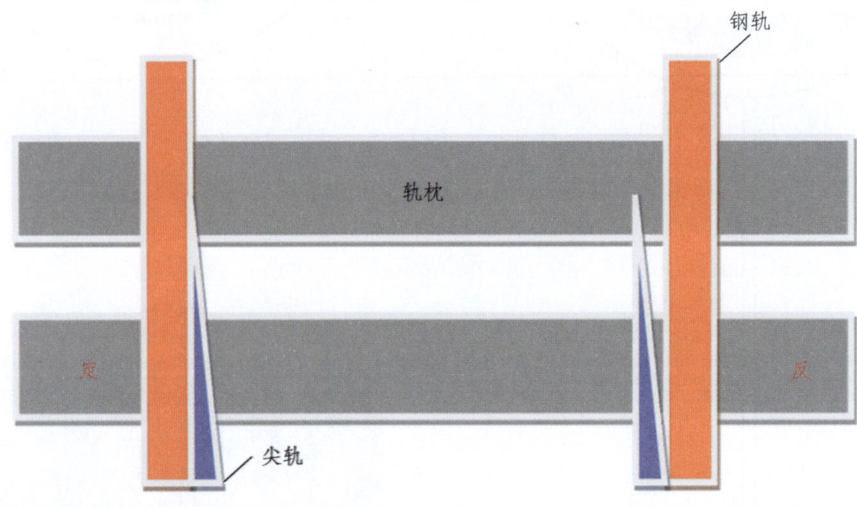

注：定反位标志，“定”“反”为红字，位于尖轨密贴一侧为定位，反之为反位。

附录 K　功能及防护标志

检测结束标

检
测
结
束

注：白底黑字。

提示标志

注：黄底黑字，主要位于车辆段平交道口。

附录 L　限高架

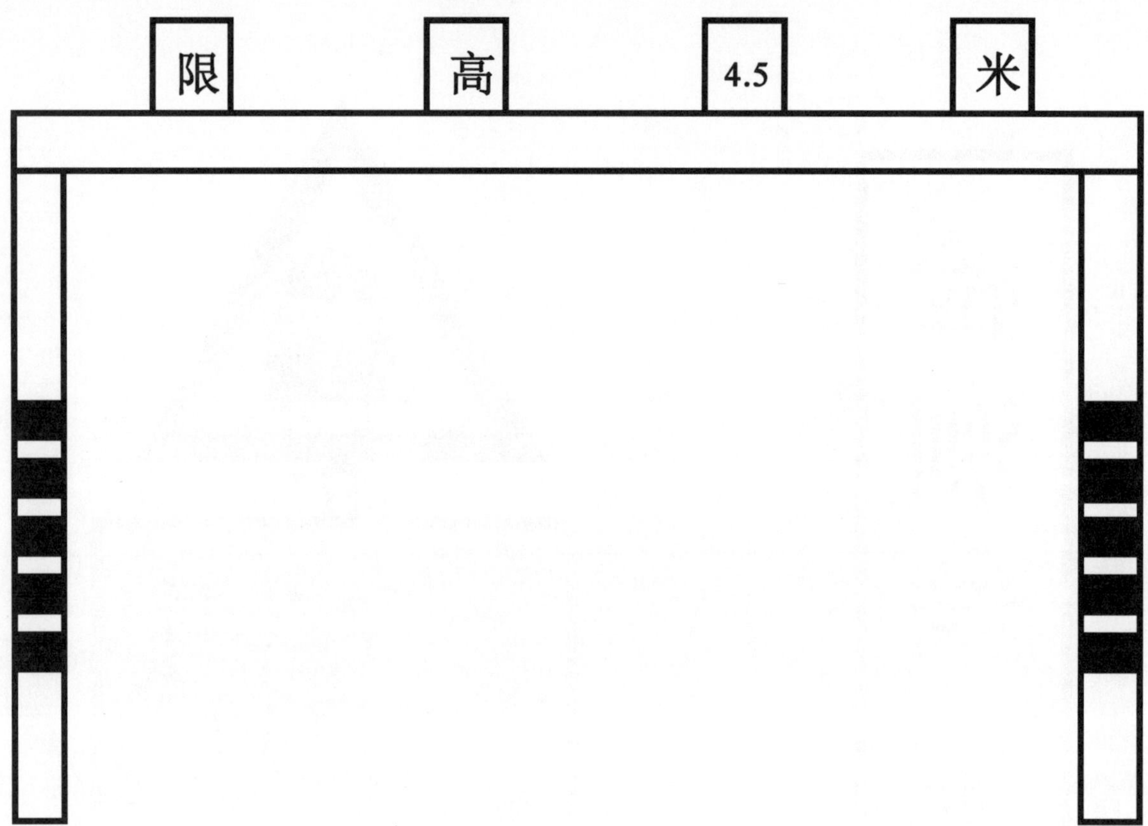

附录 M　洗车信号显示

禁止洗车信号

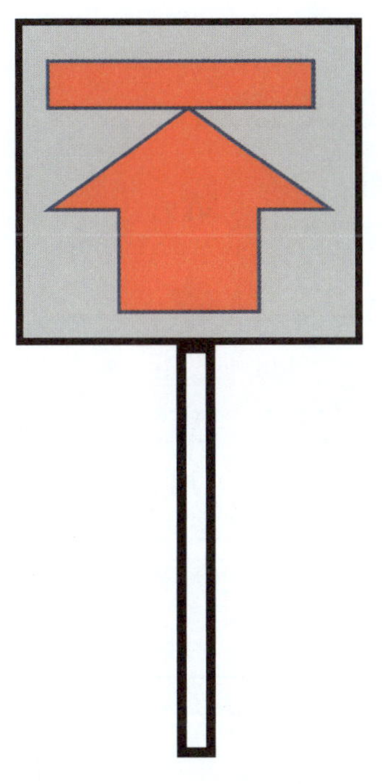

注：位于洗车库，列车运行方向的右侧。

允许洗车信号

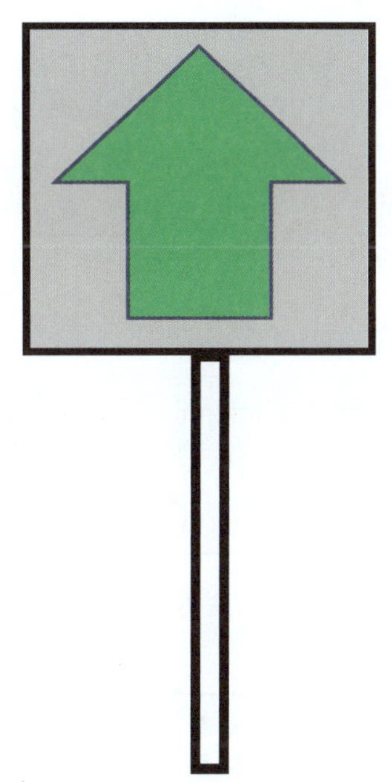

注：位于洗车库，列车运行方向的右侧。

附录N　路票

路　　票　NO：×××××
上行
电话记录第______号
车次/车组号______________
__________站 ➡ __________站
车站值班员：____________
××站 行车专用章
______年____月____日

注：规格75 mm×88 mm，底色为浅蓝色，仅限上行线列车使用，反向运行时加盖“反方向行车”专用章。

路　　票　NO：×××××
下行
电话记录第______号
车次/车组号______________
__________站 ➡ __________站
车站值班员：____________
××站 行车专用章
______年____月____日

注：规格75 mm×88 mm，底色为浅黄色，仅限下行线列车使用，反向运行时加盖“反方向行车”专用章。

附录 O 行调书面命令

调度命令

年 月 日 时 分 第 号

受令处所		行车调度代码	
内 容			

行车专用章____________ 受令人____________

附录P　停车标

注：地面停车标（白底黑字）。

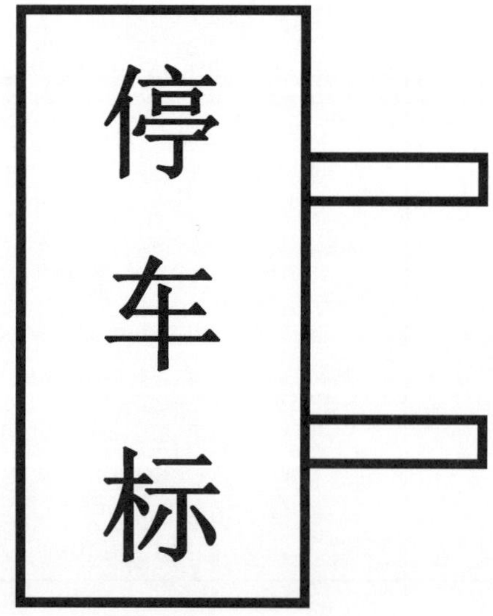

注：地下停车标（白底黑字）。

附录 Q　限速标

限速信号牌

注：黄底黑字，黑色边框。
（隧道内）

限速信号牌

注：黄底黑字，黑色边框。
（地面线）

解除限速信号牌

注：黄底黑字，黑色边框。
（隧道内）

解除限速信号牌

注：黄底黑字，黑色边框。
（地面线）

附录 R　预告标

200 m预告标

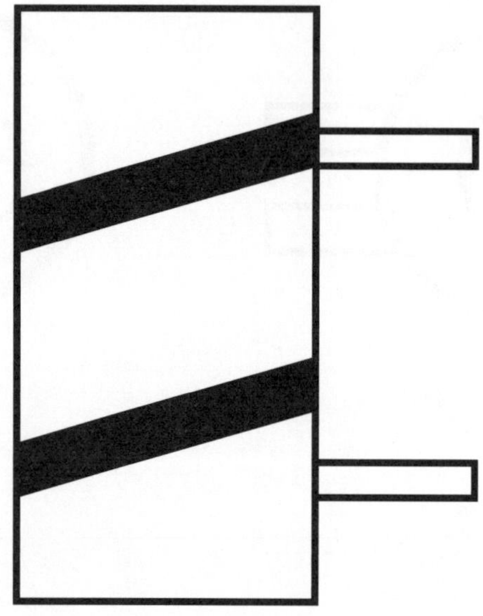

注：白底黑字。

300 m预告标

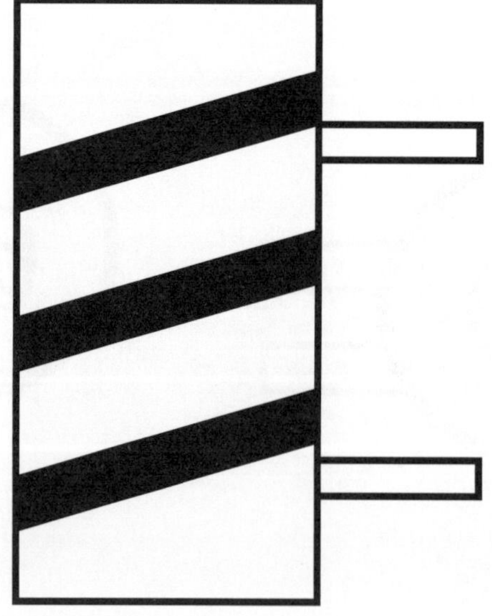

注：白底黑字。

附录 S　站名标

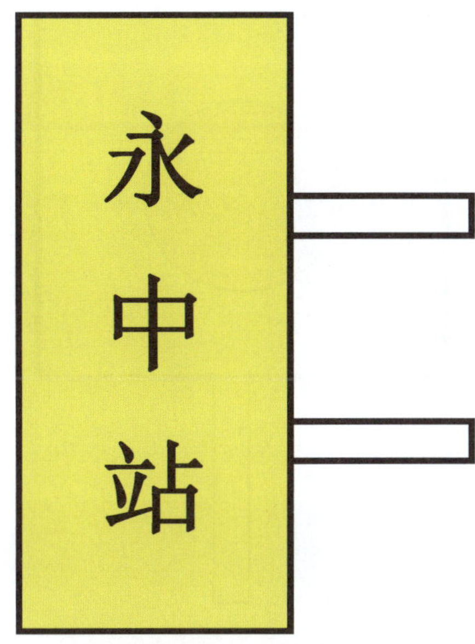

注：黄底黑字（以永中站为例）。

注：黄底黑字（以桐岭站为例）。

附录 T　车挡表示器

注：周围白色，中间为红色。

附录 U　一度停车标、鸣笛标

一度停车标

注：白底黑字。

鸣笛标

注：白底黑字。

附录Ⅴ　接触网边界标

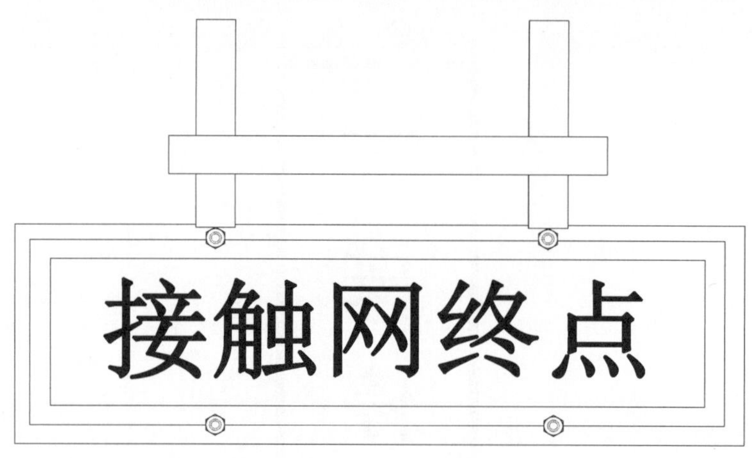

注：白底黑字。

附录 W　警冲标

参考文献

[1] 中国土木工程学会. 市域快速轨道交通设计规范：T/CCES2—2017[S]. 北京：中国建筑工业出版社，2017.

[2] 温州市铁路与轨道交通投资集团有限公司. 市域快速轨道交通设计规范：DB33/T 1160—2018[S]. 杭州：浙江省住房和城乡建设厅，2018.

[3] 中国铁道协会.市域铁路设计规范：T/CRS C0101—2017[S]. 北京：中国铁道出版社，2017.

[4] 国家市场监督管理总局,国家标准化管理委员会. 城市轨道交通市域快线 120 km/h～160 km/h 车辆通用技术条件：GB/T 37532—2019[S]. 北京：中国标准出版社，2019.

[5] 中国城市轨道交通协会. 市域快轨交通技术规范：T/CAMET 01001—2019[S]. 北京：中国标准出版社，2019.